横浜清風高等学校

〈収録内容〉

2024 年度 ……………………………一般（数・英・国）

2023 年度 ……………………………一般（数・英・国）

2022 年度 ……………………………一般（数・英・国）

2021 年度 ……………………………一般（数・英・国）

2020 年度 ……………………………一般（数・英・国）

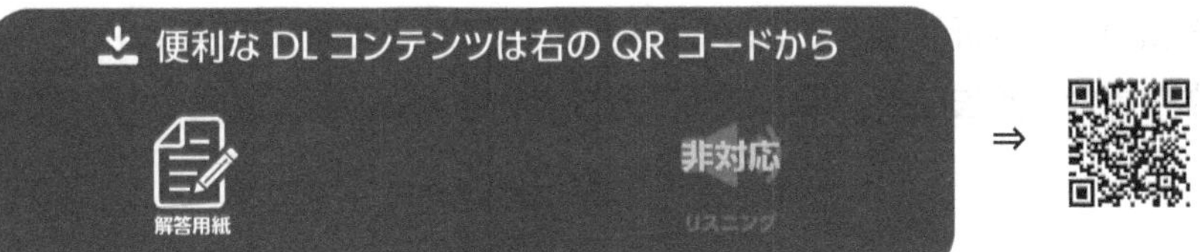

※データのダウンロードは 2025 年 3 月末日まで。
※データへのアクセスには、右記のパスワードの入力が必要となります。 ⇒ 334212

〈合格最低点〉

※学校からの合格最低点の発表はありません。

本書の特長

実戦力がつく入試過去問題集

▶ 問題 …………… 実際の入試問題を見やすく再編集。
▶ 解答用紙 …… 実戦対応仕様で収録。
▶ 解答解説 …… 詳しくわかりやすい解説には、難易度の目安がわかる「基本・重要・やや難」の分類マークつき（下記参照）。各科末尾には合格へと導く「ワンポイントアドバイス」を配置。採点に便利な配点つき。

入試に役立つ分類マーク 

基本 確実な得点源！
受験生の 90%以上が正解できるような基礎的、かつ平易な問題。
何度もくり返して学習し、ケアレスミスも防げるようにしておこう。

重要 受験生なら何としても正解したい！
入試では典型的な問題で、長年にわたり、多くの学校でよく出題される問題。
各単元の内容理解を深めるのにも役立てよう。

やや難 これが解ければ合格に近づく！
受験生にとっては、かなり手ごたえのある問題。
合格者の正解率が低い場合もあるので、あきらめずにじっくりと取り組んでみよう。

合格への対策、実力錬成のための内容が充実

▶ 各科目の出題傾向の分析、合否を分けた問題の確認で、入試対策を強化！
▶ その他、学校紹介、過去問の効果的な使い方など、学習意欲を高める要素が満載！

解答用紙ダウンロード 解答用紙はプリントアウトしてご利用いただけます。弊社ＨＰの商品詳細ページよりダウンロードしてください。トビラのＱＲコードからアクセス可。

UD FONT 見やすく読みまちがえにくいユニバーサルデザインフォントを採用しています。

横浜清風高等学校

Go to the Next Stage with us
青春は学びと部活でできている！

URL	https://www.y-seifu.ac.jp

普通科
生徒数　1366名
〒240-0023
神奈川県横浜市保土ヶ谷区岩井町447
☎045-731-4361
横須賀線保土ヶ谷駅　徒歩8分
京浜急行線井土ヶ谷駅　徒歩15分
相模鉄道線天王町駅　徒歩20分

「智慧」と「慈悲」の教えで個性を育て、伸ばす

弘法大師の開いた日本で最初の私立学校「綜藝種智院」の教育理想を継承し、仏教の教えに基づく「智慧」と「慈悲」の精神の涵養により、誠実で明るく健康な生徒の育成を目指す。校風として、「明るくさわやかで活気に満ちた学校」「健康で知性に満ちた品格ある学校」「希望に満ちた調和のある学校」の３項目を掲げている。2023年、創立100周年を迎えた。

抜群の教育環境

横浜のほぼ中心地、保土ヶ谷の丘陵地に位置し、東にMM21、西に丹沢連峰、霊峰富士を望むことができる。

2013年新校舎を建設。採光を考慮した明るい教室や各階に３箇所の生徒ラウンジ、オープンテラスを併設した食堂、その他多目的ホールや特別教室を配置した本館棟と、３階建ての広さを持つARENA棟からなる。どちらも近代的な最先端の設備が整っている。2018年グラウンド全面人工芝化。

進路に対応する充実のコース制

特進コースは国公立・難関私立大学への現役合格を目標としている。２年次からは、国公立文系・理系、私立文系・理系の４つの受験系統に分かれて授業を選択。特に英語の授業数が充実している。高い学力を身につけるため、早朝０限補習、７限授業、土曜進学講座、長期休暇中の進学補習や学習強化週間なども実施。

総合進学コースは大学進学を中心に多方面への進路実現を目標としている。受験時の希望などにより、コースの中に設けられている選抜進学クラス（より進学に特化した授業を展開）、社会、大学のグローバル化に対応できるグローバルクラス（人数により設置しない場合もある）に入ることができる。２年次からは文系・理系に分かれて授業を選択できると共に、選抜進学クラス、さらには特進コースに移動することも可能。

新校舎「本館」

部活動・学校行事と積極的に参加

本校は学習と部活動の両立を目指し、部活動は、体育系17、文化系13、同好会７あり、多くの生徒が参加し、それぞれ活発に活動している。

過去５年間の主な実績

陸上競技部は2019～2023全国大会出場（通算18回）、2019～2023関東大会出場（通算20回）、ソフトボール部（女子）は2024年東日本大会ベスト8（通算14回出場）、男子バスケットボール部は2023年関東大会出場（通算8回出場）、バトントワーリング部は2023年全国大会出場、関東大会金賞（通算7回出場）、女子バスケットボール部は2019年関東大会出場（通算7回）、ソフトテニス部は2019年関東大会出場（通算5回）、バレーボール部（女子）は2023年関東私学選手権大会出場（通算25回）、アイススケート部は2021～2024全国大会出場、吹奏楽部は2020～2023全国コンクール入賞（連続6回）、写真部は2019年関東大会入選

清風メソッド

進路ガイダンス・進路相談会で、進路についての基礎知識を得て、将来の可能性を探り自己実現のための指導と実践をしている。具体的には全生徒がiPadを所持し、毎日の自主学習時間やポートフォリオを記録。日々の学習計画や目標を振り返り、それをもとに担任の確認やアドバイスを受ける。模擬試験・定期試験に向けた年間計画による自学自習や事後フォローなど、実力アップ、そして希望進路実現のために生徒一人ひとりをサポートしている。

2024年3月卒業生大学合格状況

横浜国立大学、宮崎大学、室蘭工業大学、防衛大学校、慶應義塾大学、東京理科大学、学習院大学、明治大学、青山学院大学、立教大学、中央大学、法政大学、成蹊大学、成城大学、明治学院大学、國學院大學、武蔵大学、日本大学、東洋大学、駒澤大学、専修大学、日本女子大学、東京女子大学、芝浦工業大学、北里大学、麻布大学、亜細亜大学、桜美林大学、大阪総合保育大学、大妻女子大学、学習院女子大学、神奈川大学、神奈川工科大学、鎌倉女子大学、神田外語大学、関東学院大学、工学院大学、国際医療福祉大学、国士舘大学、駒沢女子大学、埼玉工業大学、相模女子大学、産業能率大学、実践女子大学、城西大学、城西国際大学、湘南医療大学、湘南鎌倉医療大学、湘南工科大学、情報経営イノベーション専門職大学、昭和大学、白百合女子大学、洗足学園音楽大学、大正大学、大東文化大学、高千穂大学、拓殖大学、多摩大学、玉川大学、千葉工業大学、鶴見大学、帝京大学、帝京科学大学、帝京平成大学、田園調布学園大学、

進路講演会風景

桐蔭横浜大学、東海大学、東京医療保健大学、東京医療学院大学、東京工科大学、東京工芸大学、東京国際大学、東京電機大学、東京都市大学、東京農業大学、東京未来大学、東北学院大学、東洋学園大学、二松学舎大学、日本経済大学、日本獣医生命科学大学、日本女子体育大学、日本体育大学、フェリス女学院大学、文化学園大学、文教大学、文京学院大学、武蔵野大学、武蔵野美術大学、明海大学、明星大学、目白大学、横浜商科大学、横浜創英大学、横浜美術大学、横浜薬科大学、立正大学、和光大学　など

国際社会で活躍できる人を目指して

国際化の時代に対応できる力を身につけて、将来の進路の方向性を広げていくことができる生徒の育成のために、グローバル教育に力を入れている。グローバルクラスを設置して（人数により設置しない場合も）実践的な英語コミュニケーション能力や発信力を養うことを重視した指導をおこなっている。全校でも、グローバルな視点と英語力を向上させるための様々な活動として、海外語学研修・交流（オーストラリア、フィリピン、台湾、中国等）、本校とアメリカの高校の単位を平行取得できるデュアルディプロマ制度、海外修学旅行（ハワイ　希望制）、国際的に活躍している方の講座などをおこなっている。

INFORMATION

● 学校説明会

第１回	10月26日（土）	10:00～11:15 13:30～14:45
第２回	11月９日（土）	10:00～11:15 13:30～14:45
第３回	11月23日（土・祝）	10:00～11:15 13:30～14:45
第４回	11月30日（土）	13:30～14:45

● 夏休みミニ説明会
８月８日（木）　10:00～11:30
８月９日（金）　10:00～11:30

● オープンスクール
８月８日（木）・８月９日（金）
第１部　13:00～13:50
第２部　14:10～15:00
２日間とも２部制です。

● 文化祭
９月21日（土）　10:00～14:00

● 夜間相談会
11月15日（金）　17:30～19:00

＊駐車場はありません。お車でのご来校はできません。
＊上記イベントの参加には、すべてホームページからの事前予約が必要です。

過去問の効果的な使い方

① **はじめに**　入学試験対策に的を絞った学習をする場合に効果的に活用したいのが「過去問」です。なぜならば，志望校別の出題傾向や出題構成，出題数などを知ることによって学習計画が立てやすくなるからです。入学試験に合格するという目的を達成するためには，各教科ともに「何を」「いつまでに」やるかを決めて計画的に学習することが必要です。目標を定めて効率よく学習を進めるために過去問を大いに活用してください。また，塾に通われていたり，家庭教師のもとで学習されていたりする場合は，それぞれのカリキュラムによって，どの段階で，どのように過去問を活用するのかが異なるので，その先生方の指示にしたがって「過去問」を活用してください。

② **目的**　過去問学習の目的は，言うまでもなく，志望校に合格することです。どのような分野の問題が出題されているか，どのレベルか，出題の数は多めか，といった概要をまず把握し，それを基に学習計画を立ててください。また，近年の出題傾向を把握することによって，入学試験に対する自分なりの感触をつかむこともできます。

過去問に取り組むことで，実際の試験をイメージすることもできます。制限時間内にどの程度までできるか，今の段階でどのくらいの得点を得られるかということも確かめられます。それによって必要な学習量も見えてきますし，過去問に取り組む体験は試験当日の緊張を和らげることにも役立つでしょう。

③ **開始時期**　過去問への取り組みは，全分野の学習に目安のつく時期，つまり，9月以降に始めるのが一般的です。しかし，全体的な傾向をつかみたい場合や，学習進度が早くて，夏前におおよその学習を終えている場合には，7月，8月頃から始めてもかまいません。もちろん，受験間際に模擬テストのつもりでやってみるのもよいでしょう。ただ，どの時期に行うにせよ，取り組むときには，集中的に徹底して取り組むようにしましょう。

④ **活用法**　各年度の入試問題を全問マスターしようと思う必要はありません。できる限り多くの問題にあたって自信をつけることは必要ですが，重要なのは，志望校に合格するためには，どの問題が解けなければいけないのかを知ることです。問題を制限時間内にやってみる。解答で答え合わせをしてみる。間違えたりできなかったりしたところについては，解説をじっくり読んでみる。そうすることによって，本校の入試問題に取り組むことが今の自分にとって適当かどうかが，はっきりします。出題傾向を研究し，合否のポイントとなる重要な部分を見極めて，入学試験に必要な力を効率よく身につけてください。

数学

各都道府県の公立高校の入学試験問題は，中学数学のすべての分野から幅広く出題されます。内容的にも，基本的・典型的なものから思考力・応用力を必要とするものまでバランスよく構成されています。私立・国立高校では，中学数学のすべての分野から出題されることには変わりはありませんが，出題形式，難易度などに差があり，また，年度によっての出題分野の偏りもあります。公立高校を含め，ほとんどの学校で，前半は広い範囲からの基本的な小問群，後半はあるテーマに沿っての数問の小問を集めた大問という形での出題となっています。

まずは，単年度の問題を制限時間内にやってみてください。その後で，解答の答え合わせ，解説での研究に時間をかけて取り組んでください。前半の小問群，後半の大問の一部を合わせて50％以上の正解が得られそうなら多年度のものにも順次挑戦してみるとよいでしょう。

英語

英語の志望校対策としては，まず志望校の出題形式をしっかり把握しておくことが重要です。英語の問題は，大きく分けて，リスニング，発音・アクセント，文法，読解，英作文の5種類に分けられます。リスニング問題の有無(出題されるならば，どのような形式で出題されるか)，発音・アクセント問題の形式，文法問題の形式(語句補充，語句整序，正誤問題など)，英作文の有無(出題されるならば，和文英訳か，条件作文か，自由作文か）など，細かく具体的につかみましょう。読解問題では，物語文，エッセイ，論理的な文章，会話文などのジャンルのほかに，文章の長さも知っておきましょう。また，読解問題でも，文法を問う問題が多いか，内容を問う問題が多く出題されるか，といった傾向をおさえておくことも重要です。志望校で出題される問題の形式に慣れておけば，本番ですんなり問題に対応することができますし，読解問題で出題される文章の内容や量をつかんでおけば，読解問題対策の勉強として，どのような読解問題を多くこなせばよいかの指針になります。

最後に，英語の入試問題では，なんと言っても読解問題でどれだけ得点できるかが最大のポイントとなります。初めて見る長い文章をすらすらと読み解くのはたいへんなことですが，そのような力を身につけるには，リスニングも含めて，総合的に英語に慣れていくことが必要です。「急がば回れ」ということわざの通り，志望校対策を進める一方で，英語という言語の基本的な学習を地道に続けることも忘れないでください。

国語

国語は，出題文の種類，解答形式をまず確認しましょう。論理的な文章と文学的な文章のどちらが中心となっているか，あるいは，どちらも同じ比重で出題されているか，韻文(和歌・短歌・俳句・詩・漢詩)は出題されているか，独立問題として古文の出題はあるか，といった，文章の種類を確認し，学習の方向性を決めましょう。また，解答形式は，記号選択のみか，記述解答はどの程度あるか，記述は書き抜き程度か，要約や説明はあるか，といった点を確認し，記述力重視の傾向にある場合は，文章力に磨きをかけることを意識するとよいでしょう。さらに，知識問題はどの程度出題されているか，語句(ことわざ・慣用句など)，文法，文学史など，特に出題頻度の高い分野はないか，といったことを確認しましょう。出題頻度の高い分野については，集中的に学習することが必要です。読解問題の出題傾向については，脱語補充問題が多い，書き抜きで解答する言い換えの問題が多い，自分の言葉で説明する問題が多い，選択肢がよく練られている，といった傾向を把握したうえで，これらを意識して取り組むと解答力を高めることができます。「漢字」「語句・文法」「文学史」「現代文の読解問題」「古文」「韻文」と，出題ジャンルを分類して取り組むとよいでしょう。毎年出題されているジャンルがあるとわかった場合は，必ず正解できる力をつけられるよう意識して取り組み，得点力を高めましょう。

出題傾向の分析と合格への対策

●出題傾向と内容

本年度の出題数は大問が4問で例年通り。問題1から問題3はその中がさらに問1と問2に大きくわかれた出題になっている。

出題内容は，第1問の問1が数や式の計算，問2が平方根や2乗に比例する関数の変域，方程式の文章題で食塩水の濃さ，倍数の個数，確率に関する小問群。第2問は問1が因数分解，問2が方程式の問題。第3問の問1が空間図形の計量問題，問2は図形と関数・グラフの融合問題。第4問が箱ひげ図に関する問題。中学数学の各分野からまんべんなく出題されているが，特別に難易度の高い問題はなく，基本から標準レベルの問題で構成されている。

✔学習のポイント

計算，関数，計量，確率の問題を中心に多くの問題を解き，時間内で手早く正確に解けるようにしておこう。

●2025年度の予想と対策

年度によって出題内容に多少の差異はあるものの，出題形式や出題数はここ数年変わっていないので，来年度も質・量ともに例年並みと考えられる。

中学数学のどの分野から出題されてもいいように，教科書の内容をよく確認し理解しよう。特に計算分野，図形と関数・グラフの融合問題，平面図形，確率は，ここ数年必ず出題されているので，標準レベルの問題集で繰り返し練習し，公式や定理，典型的な解法などをしっかり身につけておこう。また，三角定規の辺の比を利用する問題もよく出題されるので，しっかりおさえておくとよいだろう。

▼年度別出題内容分類表 ・・・・・・

出題内容			2020年	2021年	2022年	2023年	2024年
数と式		数の性質	○	○		○	○
		数・式の計算	○	○	○	○	○
		因数分解	○	○	○	○	○
		平方根	○	○	○	○	○
方程式・不等式		一次方程式	○	○	○	○	○
		二次方程式	○	○	○	○	○
		不等式			○		
		方程式・不等式の応用		○	○		○
関数		一次関数	○	○		○	○
		二乗に比例する関数	○	○	○	○	○
		比例関数		○			○
		関数とグラフ	○	○		○	○
		グラフの作成					
図形	平面図形	角度	○	○			
		合同・相似					
		三平方の定理	○	○	○		
		円の性質	○	○			
	空間図形	合同・相似	○				
		三平方の定理	○	○		○	○
		切断	○	○		○	
	計量	長さ	○	○	○	○	○
		面積	○	○	○	○	○
		体積				○	○
		証明					
		作図					
		動点			○	○	
統計		場合の数					
		確率	○	○	○	○	○
		統計・標本調査				○	○
融合問題		図形と関数・グラフ	○	○		○	○
		図形と確率			○		
		関数・グラフと確率			○		
		その他					
その他						○	

横浜清風高等学校

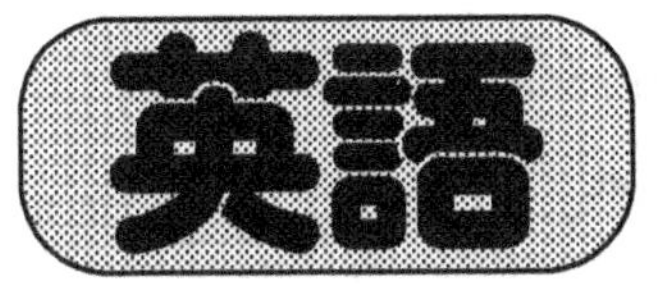

出題傾向の分析と 合格への対策

●出題傾向と内容

本年度は，リスニング問題，対話文完成，適語選択補充問題，語句整序問題，会話文，長文読解問題2題の大問計7題が出題された。内容，レベルともに例年通りの出題であった。

和訳問題は正しい訳文を選択する形式となっている。

長文読解問題2題，いずれも内容的に難度は高くない。内容理解を問う問題がほとんどであるが，文法問題も含まれる総合問題となっている。

記述式の問題はなく，全問選択問題となっているが，中学学習範囲の幅広い文法知識と正確に英文を読む力が求められている。

学習のポイント

中学校で習う基本的な文法事項をよく理解しておこう。さまざまなタイプの英文をより多く読んでおこう。

●2025年度の予想と対策

来年度も，リスニング問題は引き続き出題されると予想される。普段から英文を聞く機会を多くもって，慣れておくようにしたい。

文法問題については，基本的な内容を中心に，正確に理解しておくように努めたい。何度も読み書きをくり返す練習を重ねておくとよい。

長文問題に関しては，基礎的なものでよいので，出来るだけ多くの長文を読んでおくようにしたい。その場合，読むのに必要な時間を少しでも縮める努力をするべきであるし，細かな部分まで正確に読み取れなければならない。また，色々なスタイルの長文に親しむようにしよう。

▼年度別出題内容分類表……

	出題内容	2020年	2021年	2022年	2023年	2024年
話し方・聞き方	単語の発音					
	アクセント					
	くぎり・強勢・抑揚					
	聞き取り・書き取り	○	○	○	○	○
語い	単語・熟語・慣用句				○	○
	同意語・反意語					
	同音異義語					
読解	英文和訳(記述・選択)		○	○		
	内容吟味	○	○			
	要旨把握	○	○	○	○	○
	語句解釈	○	○	○	○	○
	語句補充・選択		○	○	○	○
	段落・文整序					
	指示語	○	○	○	○	○
	会話文	○	○	○	○	○
文法・作文	和文英訳					
	語句補充・選択	○	○	○	○	○
	語句整序	○	○	○	○	○
	正誤問題					
	言い換え・書き換え					
	英問英答					
	自由・条件英作文					
文法事項	間接疑問文	○			○	○
	進行形			○		○
	助動詞	○	○	○	○	○
	付加疑問文					
	感嘆文					
	不定詞	○	○	○	○	○
	分詞・動名詞	○	○	○	○	
	比較	○	○	○	○	
	受動態	○	○	○	○	
	現在完了	○	○	○	○	○
	前置詞	○	○	○	○	○
	接続詞	○	○	○		○
	関係代名詞	○	○	○	○	○

横浜清風高等学校

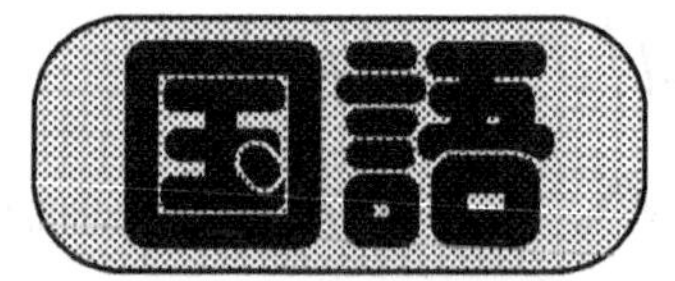

出題傾向の分析と 合格への対策

●出題傾向と内容

本年度も，漢字の読み書きの独立問題が1題，現代文の読解問題が2題と古文の読解問題が1題の計4題の大問構成であった。

論理的文章では論説文が採用され，文脈把握や内容吟味を通して筆者の考えを正確に捉えさせる出題となっている。文学的文章は小説が採用され，情景や心情の理解が主に問われている。語句の意味の知識問題も大問に含まれて出題されている。古文は『十訓抄』からの出題で，内容吟味を中心に主語の把握や心情などが問われている。

解答形式は，漢字の書き取りも含めて，すべてマークシート方式となっている。

学習のポイント

総合的な国語の知識を高めることを目指したい。知識問題の対策だけでなく，心情や論旨をとらえるための語彙力をつけよう。

●2025年度の予想と対策

現代文の読解問題を中心に，古文の読解問題と，漢字の読み書きに関する独立問題という大問構成が予想される。

論理的文章の読解問題では，指示語や接続語に注目して，文脈把握の力を身に付けることが大切だ。さらに，筆者の主張をとらえられるような実力を養っておきたい。

文学的文章の読解問題では，情景を思い浮かべながら人物の心情に注目するような読み取りを心がけよう。

古文は仮名遣いや文法などの基本的な知識を身につけた後，古文に触れる機会を増やす。

設問数が多いので，日頃から時間を意識した学習を重ねよう。

▼年度別出題内容分類表 ……

		出題内容	2020年	2021年	2022年	2023年	2024年
内容の分類	読解	主題・表題					
		大意・要旨	○	○	○	○	○
		情景・心情	○	○	○	○	○
		内容吟味	○	○	○	○	○
		文脈把握	○	○	○	○	○
		段落・文章構成					
		指示語の問題		○			○
		接続語の問題	○				○
		脱文・脱語補充	○	○	○	○	
	漢字・語句	漢字の読み書き	○	○	○	○	○
		筆順・画数・部首					
		語句の意味	○	○	○	○	○
		同義語・対義語	○				
		熟語					
		ことわざ・慣用句			○	○	○
	表現	短文作成					
		作文(自由・課題)					
		その他					
	文法	文と文節					○
		品詞・用法					○
		仮名遣い		○	○	○	
		敬語・その他					
	古文の口語訳		○	○	○	○	○
	表現技法		○	○		○	○
	文学史		○	○		○	○
問題文の種類	散文	論説文・説明文	○	○	○	○	○
		記録文・報告文					
		小説・物語・伝記	○	○	○	○	○
		随筆・紀行・日記					
	韻文	詩					
		和歌(短歌)					
		俳句・川柳					
	古文		○	○	○	○	○
	漢文・漢詩						

横浜清風高等学校

2024年度 合否の鍵はこの問題だ!!

数学　第3問

第3問の問2は図形と関数・グラフの融合問題。関数のグラフの中で三角形の面積を扱う問題は頻出。どの高校でもよく出題されるので，数多くの問題に触れておきたい。今回は，A，B，C 3点の座標が容易に求まるので，面積の求め方もあまり悩まなかっただろう。縦に並んだ2点間の距離がy座標の差，横に並んだ2点間の距離がx座標の差で求まることが基本になる。三平方の定理を利用して2点間の距離を求めることも可能だが，この分野の問題で三平方の定理を利用することはあまり多くない。(2)の△ABCはBCの長さ＝Bのy座標－Cのy座標で求まるので，これを底辺として考えればよい。(3)では四角形OABCの面積を求める必要があるが，直線ABとx軸の交点をDとし，△DBC－△AODとするか，y軸の左右にわけて三角形と台形の和と求めるか，解説のように2つの三角形の和として求めるかのいずれかになる。△OABのように，y軸をはさむ三角形の問題は，y軸で左右の三角形に分けて，その和として求めるのが定番，この方法はぜひ身につけておきたい。原点を通り四角形OABCの面積を二等分する直線は，直線ABあるいは直線BCと交わることになる。どちらになるかは，△OBCの面積を求めてみるとよい。

問4のような統計資料を分析する問題も出題が多くなってきた。まずはこの単元特有の言葉や箱ひげ図の読み方を覚えることから始まる。新しい分野であり過去問は多くないので，1つ1つの問題を大切にしたい。

英語　問7

全体を通して難問は出題されていないが，文章量が多い出題となっているため，読解問題をすばやく処理をしないと試験時間が不足してしまうかもしれない。中でも問7の問題は比較的長い英文であるため，速く正確に読めるようにしよう。長文読解問題を解く際には，以下の点に注意をして取り組もう。

① 設問に目を通し，英文は事前に日本語訳しておく。また，本文の内容を予測することができるので，日本語で書かれている問題や選択肢は必ず読んでおこう。

② 文法事項に関する設問は本文を読む前に解く。この問題では46が該当する。

③ 段落ごとに読み進める。

④ 英文を読むときには，きちんと日本語訳をしながら読む。

⑤ その段落に問題となる部分があれば，その場で解く。特に49は，一つの段落を読み終えるたびに，内容に一致するかどうかを確かめよう。

これらの解き方を身につけると，長文読解が速く解けるようになるはずである。きちんと習得できるように様々な問題に触れるようにしたい。

国語　三　問十一

★合否を分けるポイント

大阪商人はどうあるべきなのかという吾平の考えを問うと同時に，吾平が暖簾分けをしたかつての使用人たちから孝平が原草昆布を融通してもらえない理由を明らかにする設問でもある。大阪商人としての吾平と孝平親子の考えをとらえられるかどうかがポイントになる。まず，「へそ」がどのような意味で用いられているのかを考えることから始めよう。

★こう答えると「合格できない」！

傍線部⑬の「日本のへそ」を日本の中心にある場所としてしまうと，「大阪は日本の中心となる場所」とある1を選んでしまい，また，「闇稼ぎ」という言葉を見落としてしまうと「大阪商人らしさ」とある2を選んでしまい，「合格」できない。

★これで「合格」！

まず，傍線部⑬の「へそ」は重要な部分という意味で用いられていることを確認しよう。大阪商人こそが日本の真の商人なのだから，戦後の混乱期だとはいえ大阪商人が不当な値段をつけて荒稼ぎをするような闇商売をしては，日本に商人と呼べるような人はいなくなると吾平は考えているのだ。この大阪商人であることの自負が吾平と孝平親子に通じる思想であるとして，4を選べば「合格」だ！最終場面の「ぼろい稼ぎ口を持って来たオートバイ乗りの吉本を追い返した時の気持のままを守って，ひっそり隠居仕事をしていた」から，闇取引を持ち掛けてきた吉本を吾平が断ったことが，孝平が原草昆布を融通してもらえなかった理由であることも読み取っておきたい。

2024年度

★★★★★★★★★★★★★★★★★★★★★★★★★

入　試　問　題

2024年度

横浜清風高等学校入試問題

【数　学】（50分）〈満点：100点〉

【注意】1. 数値が負の分数の場合，分子の方に符号「－」をつけてマークしなさい。

例えば，$\frac{\boxed{エオ}}{\boxed{カ}}$ に $-\frac{4}{5}$ と答えたいときは，$\frac{-4}{5}$ として答えなさい。

2. 分数は，約分できる場合は約分して答えなさい。

例えば，$\frac{6}{8}$ は，$\frac{3}{4}$ として答えなさい。

3. 根号(ルート)の中は，最も小さい自然数で答えなさい。

例えば，$2\sqrt{8}$ は，$4\sqrt{2}$ として答えなさい。

第1問

問1 次の計算をした結果として正しいものを解答群の中から選び，1つだけマークしなさい。

（1）$(-3)-(-4)=$ $\boxed{ア}$

$\boxed{ア}$ に当てはまる解答群

① -1　② 1　③ -7　④ 7
⑤ -12　⑥ 12　⑦ いずれでもない

（2）$-\frac{1}{2}+\frac{1}{5}=$ $\boxed{イ}$

$\boxed{イ}$ に当てはまる解答群

① $-\frac{1}{10}$　② $\frac{1}{10}$　③ $-\frac{1}{3}$　④ $\frac{2}{3}$
⑤ $-\frac{3}{10}$　⑥ $\frac{3}{10}$　⑦ いずれでもない

（3）$\sqrt{24}-\sqrt{96}+\sqrt{54}=$ $\boxed{ウ}$

$\boxed{ウ}$ に当てはまる解答群

① $3\sqrt{2}$　② $-3\sqrt{2}$　③ $9\sqrt{6}$　④ $\sqrt{6}$
⑤ $-3\sqrt{3}$　⑥ $3\sqrt{3}$　⑦ いずれでもない

（4）$(\sqrt{6}-2)^2=$ $\boxed{エ}$

$\boxed{エ}$ に当てはまる解答群

① 2　② 32　③ $10-4\sqrt{6}$　④ $10+4\sqrt{6}$
⑤ $10-2\sqrt{6}$　⑥ $10+2\sqrt{6}$　⑦ いずれでもない

（5）$\frac{5}{6}\div\left(-\frac{1}{3}\right)^2=$ $\boxed{オ}$

$\boxed{オ}$ に当てはまる解答群

① $\frac{15}{2}$　② $-\frac{15}{2}$　③ $\frac{5}{54}$　④ $-\frac{5}{54}$

⑤ 5　⑥ -5　⑦ いずれでもない

（6） $\frac{3(x+3y)}{4}-\frac{7(x-2y)}{8}=$ [カ]

[カ] に当てはまる解答群

① $\frac{x-4y}{32}$　② $\frac{4x-y}{32}$　③ $\frac{-x+32y}{8}$　④ $\frac{-x+4y}{4}$

⑤ $\frac{x-4y}{4}$　⑥ $-x+4y$　⑦ いずれでもない

（7） $(x-5)(x+5)-(x+3)^2=$ [キ]

[キ] に当てはまる解答群

① $-6x-34$　② $-6x-16$　③ $6x-16$　④ $2x^2+4x+20$

⑤ $2x^2-6x+34$　⑥ $2x^2+6x+34$　⑦ いずれでもない

問2　次の設問の答えとして正しいものを解答群の中から選び，1つだけマークしなさい。

（1） $n \leqq 3\sqrt{17} < n+1$ を満たす自然数 n を求めると，$n=$ [ク] である。

[ク] に当てはまる解答群

① 9　② 10　③ 11　④ 12

⑤ 13　⑥ いずれでもない

（2） $\sqrt{5}-1$ の整数部分を a，小数部分を b とするとき，$4a^2+4ab+b^2$ の値は [ケ] である。

[ケ] に当てはまる解答群

① $9-2\sqrt{5}$　② $9+2\sqrt{5}$　③ 0　④ 5

⑤ 10　⑥ いずれでもない

（3） a は1以下の定数とする。関数 $y=3x^2$ について，x の変域が $a \leqq x \leqq 1$ のときの y の変域が $0 \leqq y \leqq 12$ である。このとき，$a=$ [コ] である。

[コ] に当てはまる解答群

① -3　② -2　③ -1　④ 0

⑤ 2　⑥ いずれでもない

（4） 10%の食塩水300gに2%の食塩水を混ぜて4%の食塩水を作るとき，2%の食塩水を [サ] gだけ混ぜれば良い。

[サ] に当てはまる解答群

① 800　② 825　③ 850　④ 875

⑤ 900　⑥ いずれでもない

（5） 1から100までの整数のうち，3または5で割り切れる整数の個数は [シ] 個である。

[シ] に当てはまる解答群

① 32　② 37　③ 42　④ 47

⑤ 52　⑥ いずれでもない

（6） 右の図のように，正五角形ABCDEがあり，点Pははじめに頂点Aの位置にある。1から6までの目のある2個のさいころを同時に1回投げて，出た目の数の和だけ点Pは時計回りに頂点を順に1つずつ移動する。このとき，点Pが頂点Cの位置に移動する確率は［ス］である。

ただし，それぞれのさいころにおいて，1から6までのどの目が出ることも同様に確からしいものとする。

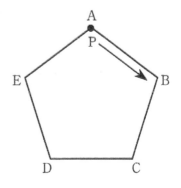

［ス］に当てはまる解答群

① 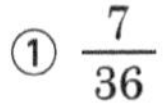 $\frac{7}{36}$　② $\frac{2}{9}$　③ $\frac{1}{4}$　④ 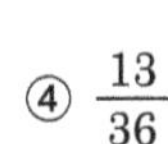 $\frac{13}{36}$

⑤ 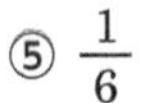 $\frac{1}{6}$　⑥ いずれでもない

第2問

問1　左辺を因数分解した結果として，右辺の空欄に当てはまる適切な記号や数字をマークしなさい。

（1） $2x^2+10x-72=$［ア］$(x+$［イ］$)(x-$［ウ］$)$

（2） $3xy-6x-y+2=($［エ］$x-$［オ］$)(y-$［カ］$)$

問2　次の空欄に当てはまる適切な記号や数字をマークしなさい。

（1） $-4x+1=3(x-2)$を解くと，$x=$［キ］である。

（2） $x^2-9x-52=0$を解くと，$x=$［クケ］，［コサ］である。
（ただし，［クケ］<［コサ］とする。）

（3） $x^2-8x=-16$を解くと，$x=$［シ］である。

（4） $3x^2-6x+2=0$を解くと，$x=\dfrac{［ス］\pm\sqrt{［セ］}}{［ソ］}$である。

（5） $\begin{cases} 2x-3y=7 \\ 5x+4y=6 \end{cases}$ を解くと，$x=$［タ］，$y=$［チツ］である。

第3問

問1

次のページの図のように，1辺の長さが6である立方体ABCD－EFGHがあり，この立方体の各面の正方形の対角線の交点を頂点とする正八面体をつくる。

このとき，次の各問について，空欄に当てはまる適切な記号や数字をマークしなさい。

（1） 正八面体の1辺の長さは［ア］$\sqrt{［イ］}$である。

（2） 正八面体の体積は［ウエ］である。

（3） 立方体ABCD－EFGHを4点A，C，G，Eを通る平面で切断する。
このとき，正八面体の切り口にできる図形の面積は［オ］$\sqrt{［カ］}$である。

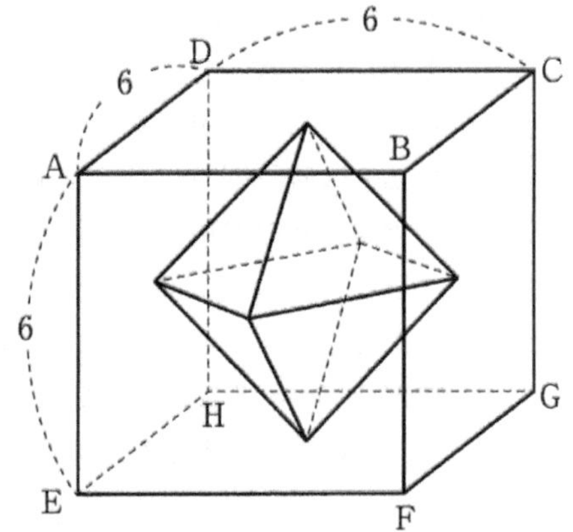

問2

右下の図のように，関数$y=\frac{1}{4}x^2$，$y=\frac{1}{2}x+2$，$y=\frac{a}{x}$（aは定数）のグラフがある。関数$y=\frac{1}{4}x^2$，$y=\frac{1}{2}x+2$の交点をA，Bとし，点Bのx座標を正の数とする。関数$y=\frac{a}{x}$は点Aを通るものとする。

また，点Bからy軸と平行になるように直線を引き，その直線と関数$y=\frac{a}{x}$との交点をCとする。

このとき，次の各問について，空欄に当てはまる適切な記号や数字をマークしなさい。

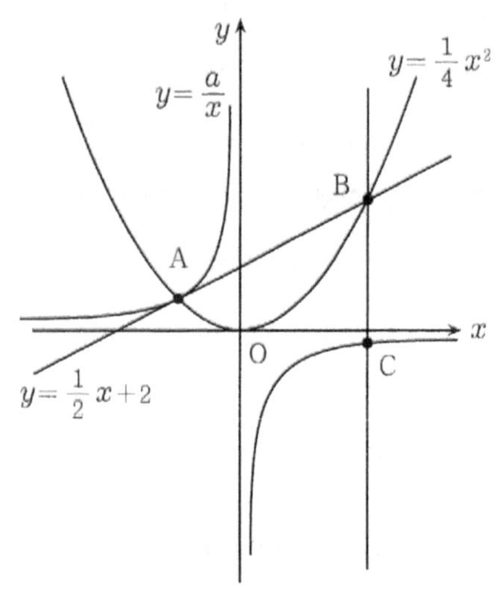

（1） $a=$［キク］である。

（2） 三角形ABCの面積は$\frac{［ケコ］}{［サ］}$である。

（3） 原点Oを通り，四角形OABCの面積を二等分する直線の式は$y=\frac{［シス］}{［セソ］}x$である。

第4問

右の表は，ある学校の1組と2組の生徒の1ヶ月の学習時間を調べ，1日の平均学習時間をまとめた度数分布表である。

このとき，次の各問について，空欄に当てはまる適切な記号や数字をマークしなさい。

階級（分）	度数（人）1組	度数（人）2組
0以上30未満	1	5
30 ～ 60	1	3
60 ～ 90	4	1
90 ～ 120	2	1
120 ～ 150	4	1
150 ～ 180	5	1
180 ～ 210	2	4
210 ～ 240	1	4
計	20	20

（1） 1組の平均学習時間の中央値が含まれる階級の階級値は［アイウ］（分）である。

（2） 2組の平均学習時間を表した箱ひげ図として矛盾しないものを選ぶと，下図の **エ** となる。 エ に当てはまるものを選び，1つだけマークしなさい。

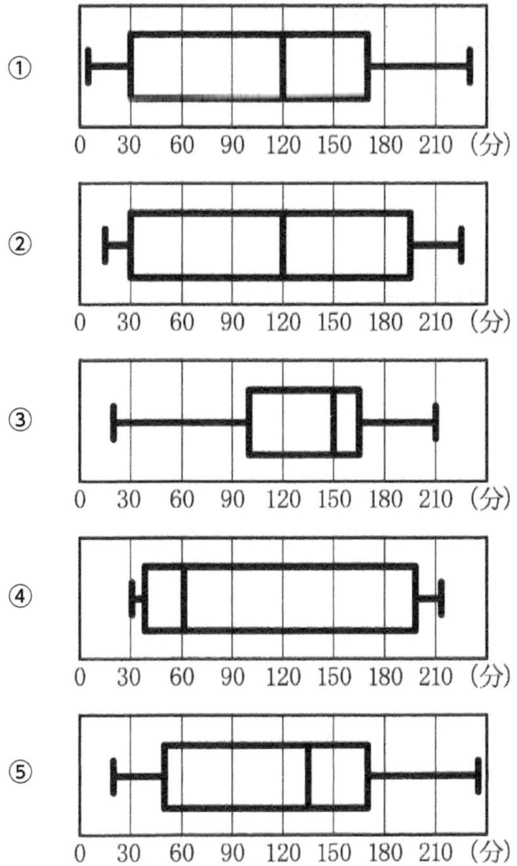

（3） 次の文章は，清太さんと風子さんが教室で1組と2組の学習時間について話し合った際の会話の一部である。会話文を読んで，後に続く問に答えよ。

------------------------------ここから会話文------------------------------

清太さん：1組と2組では，どちらのクラスに学習時間の長い人が多いのかな。

風子さん：比べるための基準によって，変わると思うわ。

清太さん：今回は「個人の平均学習時間が1組と2組の生徒40名の平均学習時間よりも長い人が多いのはどちらのクラスか」で考えてみようよ。

風子さん：そうしましょう。でも平均学習時間の求め方も色々とあるわね。私は度数分布表を用いて，階級値を利用して1組と2組の生徒40名の平均学習時間を求めてみるわ。計算してみると **オカキ** 分になったわ。

清太さん：僕は生徒個々の実際の学習時間を元に1組と2組の生徒40名の平均学習時間を求めてみるね。すると，117分となったよ。

風子さん：計算に使うデータによって，平均学習時間もかわってくるんだね。今回は清太さんが求めてくれた117分をもとに，どちらのクラスが学習時間が長い人が多いかを考えてみましょう。

清太さん：1組の生徒で，平均学習時間117分より多く学習している生徒は，度数分布表から考えると少なくとも［クケ］人以上いることがわかるね。

風子さん：2組の生徒で，平均学習時間117分より多く学習している可能性がある生徒は，度数分布表から考えると多くとも［コサ］人だわ。

清太さん：この人数で比較すると，［シ］の方が1ヶ月の学習時間が長い人が多いと言えそうだね。

------------------------ここまでが会話文------------------------

問

（ⅰ）［オカキ］，［クケ］，［コサ］に当てはまる数を答えよ。

（ⅱ）［シ］に当てはまるものを解答群の中から選び，1つだけマークしなさい。

［シ］に当てはまる解答群

① 1組　　② 2組

【英　語】（50分）〈満点：100点〉

【注意】 リスニング問題は試験開始10分後に放送されます。

リスニング問題

問１　(解答番号[1]〜[5])

A．次のNo.1からNo.5の対話文を聞き，最後の発言に対する相手の応答として最も適当なものを，4つの選択肢①～④から1つずつ選び，その番号をマークしてください。

放送は2回繰り返されます。放送中にメモをとってもかまいません。

[1]
① He is 18 years old.
② He lives in London.
③ He works at a hospital.
④ He graduated from high school last year.

[2]
① Yeah, we should buy some food.
② Well, tickets for that movie are sold out.
③ Well, I'd like to see something funny.
④ Hmm, I have already seen that movie.

[3]
① The park closes at 5:00 p.m.
② That will be 1,200 yen.
③ The total would be 700 yen.
④ You can feed the dolphins for 500 yen.

[4]
① OK. What are you going to buy?
② OK. Thanks for the map.
③ I'm happy to see you next week.
④ Wait there. I'll come and get you.

[5]
① Sorry, it's dangerous to drive in this weather.
② Sorry, I can't buy a car for you.
③ Sorry, I filled the car with gas.
④ Sorry, I'm not a driver.

(解答番号[6]〜[10])

B．はじめに英文が放送されます。その内容について，次のNo.6からNo.10のそれぞれの問いに対する答えとして最も適当なものを，4つの選択肢①～④から1つずつ選び，その番号をマークしてください。

放送は2回繰り返されます。放送中にメモをとってもかまいません。

[6]
① Museum.
② Learning center.
③ Training room.
④ Café.

[7]
① She is from a multicultural family.

② Her father is from Vietnam.
③ She came to the library by herself.
④ She doesn't like the school library.

8 ① To speak to their friends.
② To eat something special.
③ Not to make noise.
④ Not to be scolded.

9 ① To be an English teacher.
② To be a broadcaster.
③ To be a librarian.
④ To be an interpreter.

10 ① They read the book which they chose.
② They enjoyed talking about reading.
③ They were looking for new movies.
④ They bought some interesting books.

筆記問題

問2 （解答番号11～15）

次の会話が成り立つように，（　　）に入る最も適当なものを，4つの選択肢①～④から1つずつ選び，その番号をマークしてください。

11 A：Do you have any plans for this weekend?
B：Yes,（　　　　　）How about you?
① I have nothing to do.
② I will go there with my family.
③ I'm planning to go to see a movie.
④ I'm not sure.

12 A：I don't understand this question, teacher?
B：（　　　　　）What part is difficult for you? I'll help you.
A：This question is hard for me.
① Read your textbook carefully.
② Don't worry about it.
③ I can't help you. I'm so busy.
④ I'm going to the cafeteria now.

13 A：（　　　　　）But I'm not sure which one is good.
B：Just check some online reviews.
A：That's a good idea.
① I want to buy a new smartphone.
② We went to my favorite Chinese restaurant.
③ I've used my smartphone for five years.

④ I need to find my wallet which I lost yesterday.

14 A：Excuse me, (　　　　　)

B：Of course! It's just around the corner, next to the entrance.

A：Got it. Thanks for your help!

① can I try this on?

② can you help me find the restroom?

③ could you pass me the map please?

④ do you have any bigger ones?

15 A：Did you enjoy the school festival?

B：Of course, I did.

A：(　　　　　)

B：We had a haunted house, and it was a big hit!

① Where did your class choose for that performance?

② Where did your class do for it?

③ When did it finish?

④ What did your class do for it?

問3 (解答番号16～25)

次の英文中の(　　)に入る最も適当なものを，4つの選択肢①～④から1つずつ選び，その番号をマークしてください。

16 Ken went shopping yesterday and bought a (　　　　　) of shoes.

① piece　② pair　③ slice　④ space

17 My brother is a musician. He teaches me (　　　　　) to play the guitar.

① how　② who　③ that　④ what

18 Her English has a British accent because she was (　　　　　) in the United Kingdom.

① seen off　② put down　③ looked for　④ brought up

19 The necklace that was stolen from the jewelry store was very (　　　　　).
It was $50,000.

① difficult　② private　③ expensive　④ official

20 The bus crashed into the car (　　　　　) came down the hill.

① who　② which　③ what　④ whose

21 This clock was made early in the 20th (　　　　　), so it's about 100 years old.

① area　② century　③ moment　④ tournament

22 Please be quiet. I (　　　　　) on a difficult question.

① am working　② have worked　③ worked　④ work

23 I am sorry to have kept you (　　　　　).

① to wait　② wait　③ waiting　④ waited

24 As (　　　　　) as she got up, she left home.

① much　② far　③ long　④ soon

25 He swam ( ) the river to the other side.
① across ② along ③ up ④ down

問4 (解答番号26～30)

次の文章を読み，その内容を示す英文として最も適当なものを，4つの選択肢①～④から1つずつ選び，その番号をマークしてください。

26 When you get up in the morning, do you say to your family "Good morning?" Everybody knows "Good morning" is a greeting. Greetings are words you use or something you do when you meet someone. If you hear a warm greeting like "Good morning" from your friends on your way to school, you will start the day with happy feelings. Greetings sometimes give you great pleasure. In your life, they have important meanings.

① Greetings in some cultures cause bad communication.
② Greetings will make you happy.
③ Greetings are words you use when you get angry or sad.
④ Greetings do not have any important meanings.

27 Last Sunday I went to see a movie with my father. Before the movie started, my father turned off his smartphone. Then there was an announcement. "Please turn off your smartphone." When we were enjoying the movie, we suddenly heard a sound. I was surprised. It was the melody from a smartphone. It stopped soon. The movie was very good, but I got angry. Someone didn't turn off their smartphone before the movie started.

① My father turned off his smartphone after an announcement to do so.
② A sound from a smartphone was heard during the movie.
③ I was surprised to hear a sound from my father's smartphone.
④ Someone didn't turn off their smartphone, but I didn't care about it.

28 Tim is an ALT from Australia. On his first visit to Kyoto, his friends said that he should see *Kinkaku-ji*, the Golden Temple, and *Ginkaku-ji*, the Silver Temple. So he first visited *Kinkaku-ji* and found that the temple was covered with gold. He was very impressed with the beautiful golden color of the temple.

① Tim didn't visit Kyoto because his friends said it was not as famous as Tokyo.
② Tim visited Kyoto and saw its famous temple covered with gold and silver.
③ Tim was so moved by the beauty of a famous temple in Kyoto.
④ Tim took a trip to Kyoto because he has been there so many times.

29 Haruka was asked to teach a dance to her classmates because she studied at a dance school. She thought that helping each other was important for the school festival. So she answered, "Yes." Making a dance was difficult for Haruka, but she finished it at last. Then she began to teach her dance to her classmates. They practiced hard every day and gave a great performance.

① Haruka and her classmates practiced dancing hard and performed well.
② Haruka's classmates were asked to teach a dance to Haruka.

③ Haruka asked her classmates to make a dance for the school festival.

④ The school festival was so famous that Haruka was nervous about a dance performance.

30 Tomoko's grandmother smiled and said, "You should put something in the vase with the flowers." "What is it?", Tomoko asked. "It's sugar." she said. "Put some sugar in the vase. Then you can keep them beautiful and for longer." Tomoko changed the water in the vase every day and put some sugar in it. A few days later she was very surprised because the sugar kept the flowers beautiful. Tomoko was happy and said to her grandmother, "You are great! You know a lot of things."

① Tomoko gave water and sugar to the flowers but they didn't keep their beauty.

② Tomoko's grandmother advised Tomoko not to give too much water to the flowers.

③ Tomoko's grandmother stays healthy with sugar.

④ Tomoko kept the flowers beautiful with sugar as her grandmother advised.

問5 (解答番号31～35)

次の文が英文として成立するように(　　)内の語句を並べかえ，(　　)内において2番目と4番目にあてはまるものの番号の組み合わせとして最も適当なものを，4つの選択肢①～④から1つずつ選び，その番号をマークしてください。ただし，文頭にくる文字も小文字で示されています。

(例)『1と2』 2番目…1　　4番目…2

31 (1. know　2. he　3. you　4. do　5. where) came from?

① 1と4　② 2と5　③ 3と4　④ 3と5

32 How (1. have　2. times　3. been　4. many　5. you) there?

① 2と5　② 2と3　③ 1と3　④ 4と5

33 I (1. you　2. could　3. wish　4. there　5. go) with me.

① 1と4　② 1と5　③ 2と5　④ 3と5

34 (1. don't　2. bring　3. to　4. you　5. your　6. have) own racket.

① 1と3　② 1と6　③ 5と4　④ 6と3

35 I (1. many　2. is　3. think　4. useful　5. books　6. reading) for the students.

① 2と4　② 5と4　③ 6と5　④ 6と2

問6 (解答番号36～42)

次の会話文を読み，以下の問題に答えてください。

Josh：Hey Ai, I wanted to ask you something. Have you ever been *involved in any *extracurricular activities during high school?

Ai：Hey Josh. Yes, I have. I was a part of the school newspaper and the debate team. Why do you ask?

Josh：I was thinking about joining some extracurricular activities myself, but I'm not sure if they're worth it. Do you think they really make a difference?

Ai：*Absolutely! Extracurricular activities can help you *develop important skills and make you *stand out from other students when *applying for college or jobs.

Josh：That's interesting. Which activities do you think are the most useful?

Ai　：Well, it depends on your interests and goals. If you're looking to improve your leadership skills, joining *student council or a club can be a great option. If you're interested in sports, joining a sport team can help you build teamwork and develop your communication skills. And if you're interested in the arts, there are usually drama and music clubs that can be great options.

Josh：I see. Do you think it's necessary to join a lot of activities to make an impact?

Ai　：No, *not necessarily. It's more important to find one or two activities that you're *passionate about and *commit to them. Then you can make a *meaningful impact and develop your skills and interests more deeply.

Josh：[　(1)　] But what about the *time commitment? I'm worried about not being able to balance my extracurricular activities with schoolwork and other *responsibilities.

Ai　：It's *definitely important to manage your time well. But the good thing is that many extracurricular activities can be *flexible and *work around your schedule. And if you're worried about falling behind in your classes, you can always talk to your teachers and see if they can help you *come up with a plan to *stay on track.

Josh：That's great to hear. But I'm still not sure which activity to join.

Ai　：(2)<u>That's</u> totally normal! I would *recommend starting by attending some meetings or events for different activities that you are interested in. That way, you can get a feel for what each one is like and see which ones you enjoy the most.

Josh：Thanks, Ai. I think I'm going to give it a try and join a couple of activities this *semester. It sounds like they can really make a difference.

Ai　：That's right, Josh. I'm sure you'll find something that you enjoy and that helps you grow as a person. Good luck!

＊involved「参加した」　＊extracurricular activity「課外活動」　＊absolutely「絶対に」
＊develop「～を伸ばす」　＊stand out from「～よりずば抜けている」　＊apply「応募する」
＊student council「生徒会」　＊not necessarily「そうとは限らない」　＊passionate「熱中している」
＊commit「専念する」　＊meaningful「意味のある」
＊time commitment「時間的制約」　＊responsibility「やらなければならないこと」
＊definitely「間違いなく」　＊flexible「融通のきく」　＊work around～「～に合わせる」
＊come up with～「～を考え出す」　＊stay on track「うまくやり続ける」
＊recommend「～を勧める」　＊semester「学期」

以下の[36]～[42]のそれぞれの質問に対する答えとして最も適当なものを，4つの選択肢①～④から1つずつ選び，その番号をマークしてください。

[36]　Aiが高校時代に行っていた課外活動の組み合わせはどれですか。

① 学校新聞部と生徒会

② 生徒会と演劇部

③ 学校新聞部とディベートチーム
④ 音楽部とディベートチーム

37 Aiは課外活動を選ぶ時に何を基準とするべきだと考えていますか。
① 興味と時間
② 学校の成績と目標
③ 授業で出される課題と時間
④ 興味と目標

38 Aiはスポーツチームに入ればどんな能力が伸ばせると考えていますか。
① リーダーシップ
② コミュニケーション能力
③ 身体能力
④ 行動力

39 会話の流れに合うように，空欄 (1) に入る最も適当なものはどれですか。
① I have something to ask you.
② Please listen to me.
③ I've already known about that.
④ That's a good point.

40 下線部(2)の内容を表すものとして最も適当なものはどれですか。
① どの課外活動に参加すべきかまだ決められていないこと。
② 何種類の課外活動に参加すべきか迷っていること。
③ 学校で出される課題と課外活動のバランスがとれるかどうか心配なこと。
④ 課外活動の特色についてまだよく理解できていないこと。

41 There are some good points if you join extracurricular activities. Answer one of the good points which Ai thinks of.
① To be able to make new friends and communicate with them.
② To be able to stand out from others when you enter college or find jobs.
③ To be able to solve your time management problems.
④ To be able to make an impact when you talk to your teachers.

42 What is Josh going to do this semester to find an activity he can enjoy the most?
① He is going to think which extracurricular activity is the best for him and choose one activity to join.
② He is going to ask his teachers if they can help him come up with a plan to balance his extracurricular activities with school work and other activities.
③ He is going to attend some meetings or events for different activities that he is interested in.
④ He is going to start by trying as many extracurricular activities as possible.

問7 (解答番号43～50)

次の英文を読み，以下の問題に答えてください。

Are you a ①"bookworm"? If you are, then you must enjoy reading. Did you know that it is healthy to read? It's true. We all know that reading makes us smarter, and remember calling the smart kids "bookworms" as the more we read the more we'll learn. The role books play in our life is extremely important and obvious. However, the question of what type of book to choose an e-book or a traditional paper one, has been actively discussed and more attention has been paid all over the world for the past few years. One of the most common arguments pointed out is that owning printed books feels different from owning e-books. Many may or may not agree, but there are *numerous advantages and disadvantages of both e-books and paper books.

You might be surprised, since e-books were introduced, many people have prefered to use them because it is truly an eco-friendly option and has other *benefits for nature it brings. And for no *apparent reason, sometimes, traditional physical books are expensive. So, people cannot buy them. Now, because of the increased access to e-books, it has made online study more convenient and *affordable. Also it is becoming the *educational standard for students. And let's be honest, e-books give readers the greatest *comfort and convenience.

The *progress of technology may seem unstoppable, and all digital things may have more to do before they *replace the traditional book. However, recent *surveys show that most of the readers globally still prefer traditional books over electronic ones. Our preference for physical books is *nothing more than an old habit. The sentimental factor of paper books is something that can't be *ignored. For many students, the library is a safe and calming space ②that brings good memories. Many believe that paper books are better than e-books for reading. The good old printed book with real pages that people turn with their fingers makes parents, teachers and students *interact more than they ③do when reading with an electronic book. Also, there are health benefits and happiness people get from reading real books.

The digital development is here to stay. Printed books vs digital books is an age-old argument. There are and will be people who support printed books as well as electronic ones. (　④　) we should remember that they have their own *features and they differ from person to person on which to use. It greatly depends on the personality and own preference of a reader. It also depends on which form helps a certain situation.

* numerous 「多数の」	* benefit 「利益，恩恵」	* apparent 「明らかな」
* affordable 「手頃な」	* educational 「教育の」	* comfort 「快適さ」
* progress 「進歩」	* replace 「～に取って代わる」	* survey 「調査」
* nothing more than ～ 「～でしかない，すぎない」		* ignore 「～を無視する」
* fond 「楽しい」	* interact 「コミュニケーションをとる」	* feature 「特徴」

以下の43～50のそれぞれの質問に対する答えとして最も適当なものを，4つの選択肢①～④から1つずつ選び，その番号をマークしてください。

43　下線部① "bookworm"の説明として最も適当なものはどれですか。

① 読書をすることで心が温かくなること

② 読書をすること

③ 読書を非常に好む人

④ 昆虫について書かれている本

44 電子書籍の利点として述べられていないものはどれですか。

① 他の人とデータを共有することができること

② 実際の書籍と比べて安価であること

③ 利便性が高いこと

④ オンライン学習で使用することができること

45 多くの人が紙の書籍を好む理由として述べられていないものはどれですか。

① 安心感があるから

② 賢さをアピールすることができるから

③ 健康効果と幸福感を得られるから

④ 人との交流がより盛んになるから

46 下線部②と同じ用法のthatを含む文はどれですか。

① He wants to buy that new racket.

② I'm reading a book that I borrowed from the library.

③ The movie that was made in America is now popular in Japan.

④ Parents believe that their children will be happy.

47 下線部③のdoが意味するものはどれですか。

① print　② turn　③ make　④ interact

48 空欄(　④　)に入る最も適当なものはどれですか。

① Because　② After　③ If　④ But

49 本文の要旨として最も適当なものはどれですか。

① 紙の書籍と比べて電子書籍の方が利点が多いため，これから人々はますます電子書籍を選ぶようになるだろう。

② 読書をする際，電子書籍と紙の書籍のどちらを選ぶかは個人の好みや状況次第である。

③ 科学技術の進歩の一方で昔からある紙の辞書の良さが再認識されるようになった。

④ 近年，若者は読書をする機会が減ってきているので，積極的に電子書籍を普及させる必要がある。

50 本文のタイトルとして最も適当なものはどれですか。

① How to Enjoy Reading

② A Bookworm

③ The Advantage of E-Books

④ Why Students Have to Read Books

問六、 傍線部⑧「あはれをうかべたる」の心情として適当なものを次の選択肢の中から一つ選びなさい。（解答番号は44）

1、松の枝から天に向かって飛ぼうとした僧の勇気に感嘆している。

2、急斜面の山の崖から谷に向かって飛んだ僧の無謀さにあきれている。

3、岩の上から下に生えていた松の枝に向かって飛んだ僧の姿に感動している。

4、谷の底から松の枝まで飛び上がってきた僧の姿に驚いている。

問七、 傍線部⑨「いらへもせず」の理由として適当なものを次の選択肢の中から一つ選びなさい。（解答番号は45）

1、大切にしていた水瓶が割れてしまい、飛べなかったこと以上に辛かったから。

2、思うように飛べなかった言い訳を考え、弟子や従者の言葉を聞いていなかったから。

3、谷底の岩に体を打ちつけて怪我をし、まるで死んだような状態だったから。

4、仙人となって空を飛び回ることに失敗し、恥ずかしくて言葉が出なかったから。

問八、 本文の内容と一致するものを次の選択肢の中から一つ選びなさい。（解答番号は46）

1、谷に落ちた僧が坊へかつぎ込まれる様子を見て、集まっていた人は大笑いした。

2、二、三年松の葉を食べ続けて心が軽くなり、僧は飛ぶことへの恐怖がなくなった。

3、僧と共に旅に出た弟子たちは、なじみの人々との別れのために辛い日々を送った。

4、谷に落ちてしまった僧を見た人々は、その死を悲しみながら家へと帰って行った。

人々、目をすまし、⑧あはれをうかべたるに、いかがしつらん、心や臆したりけん、かねて思ひしよりも、身重く、力浮き浮きとして、弱りにければ、飛びはづして、谷へ落ち入りぬ。

人々、あさましく見れども、「これほどのことなれば、やうあらむ。さだめて、飛び上がらむずらむ」と見るほどに、谷の底の巌に当りて、水瓶も割れ、また、わが身も散々打ち損じて、ただ死にしたれば、弟子・眷属（けんぞく）[注4]、騒ぎ寄りて、「いかに」と問へど、⑨いらへもせず。わづかに息のかよふばかりなりけれど、とかうして、坊へかき入れつ。ここに集まれる人、笑ひののしりて、帰り散りぬ。

（『十訓抄』より）

注1「河内国」……旧国名の一つ。現在の大阪府の一部。
注2「坊」……僧侶の住居。
注3「丈」……長さの単位の一つ。一丈は約三・〇三メートル。
注4「眷属（けんぞく）」……家来。配下の者。

問一、 傍線部①「よく食ひおほせつれば、仙人ともなりて、飛びありく」の口語訳として適当なものを次の選択肢の中から一つ選びなさい。（解答番号は**37**）

1、毎日食べていると、仙人が現れて、空を飛べるようになる。
2、毎日食べていると、仙人とともに、空を飛び回れる。
3、十分に食べ尽くすと、仙人ともなって、空を飛び回る。
4、十分に食べ尽くすと、仙人のように、空を飛べるようになる。

問二、 傍線部②「五穀」・⑤「名残」の読みとして適当なものを次の選択肢の中からそれぞれ選びなさい。（解答番号②は**38**、⑤は**39**）

②「五穀」
1、ごこう　　2、いつこく　　3、いったけ
4、ごこく

⑤「名残」
1、なごり　　2、めいざん　　3、めいせん
4、なのこり

問三、 傍線部③「言ひ」・⑥「集ひたりける」の動作の主として適当なものを次の選択肢の中からそれぞれ選びなさい。（解答番号③は**40**、⑥は**41**）

1、仙人　　2、僧　　3、弟子　　4、同朋
5、聞き及ぶ人　　6、眷属

問四、 傍線部④「登りなば、仙衣を着るべし」の口語訳として適当なものを次の選択肢の中から一つ選びなさい。（解答番号は**42**）

1、天に登ったら、仙人の衣を着てみたい。
2、天に登ったら、仙人の衣を着るのだろう。
3、天に登れたら、仙人の衣を着てみよう。
4、天に登れたら、仙人の衣を着るのが良い。

問五、 傍線部⑦「かの巌の上より、下に生ひたりける松の枝に居て遊ばん」の理由として適当なものを次の選択肢の中から一つ選びなさい。（解答番号は**43**）

1、もしうまく飛べなくても松の枝を言い訳にできると思ったから。
2、もしうまく飛べなくても松の枝に守られると思ったから。
3、自分が勇気ある人間であることを人々に示そうと思ったから。
4、自分が飛ぶ姿を集まった人々に見せようと思ったから。

いて納得し、すぐに堺へ戻ろうという気持ち。

問十、傍線部⑫「そんな孝平を見ても、吾平は黙っていた」について、この頃の孝平の様子の説明として**ふさわしくないもの**を次の選択肢の中から一つ選びなさい。（解答番号は35）

1、大阪から神戸へ直行できるようになったぶん利益が増えて、魚より高価な豚肉を毎日食べられるようになった。

2、大きな荷物を背負って満員電車に乗っているため、荷物を縛っているロープが毎日体に食い込み、肌にロープの跡が残っている。

3、魚類より栄養価の高い豚肉をたくさん食べても痩せてしまうほど、体を酷使して資本を稼ごうとしている。

4、毎日重く大きな荷物を背負いながら満員電車に乗るため、肉体的にも精神的にも苦しいが、この状況を耐え忍んでいる。

問十一、傍線部⑬「大阪商人は、日本のへそや、大阪商人が闇稼ぎしたら、日本中にほんまの商人無うなってしまいよる」について、このときの吾平の心情の説明として適当なものを次の選択肢の中から一つ選びなさい。（解答番号は36）

1、大阪は日本の中心となる場所であって、その場所で闇市が開かれたら日本中に波及してしまうという考え。

2、辰平のように商いを仕込むことができなかった孝平には、大阪商人らしさに欠けているため、ともに商売はできないという考え。

3、大学を出ていない自分であっても、新しいやり方で商売を始めた孝平を見習って動き出すべきだという考え。

4、大阪商人こそが真の商人であり、その大阪商人が闇商売を始めてしまったら、日本には真の商売がなくなってしまうという考え。

四、次の文章を読んで、後の問いに答えなさい。

（解答番号は37～46）

河内国[注1]、金剛寺とかやいふ山寺に侍りける僧の、「松の葉を食ふ人は、五穀を食はねども苦しみなし。①よく食ひおほせつれば、仙人ともなりて、飛びありく」といふ人ありけるを聞きて、松の葉を好み食ふ。まことに食ひやおほせたりけむ、②五穀のたぐひ、食ひのきて、ややう両三年になりにけるに、げにも身も軽くなる心地しければ、弟子などにも、「われは仙人になりなむとするなり」と、つねは言ひて、「今、今」とて、うちうちにて、身を飛び習ひけり。

「すでに飛びて、登りなん」と③言ひて、坊[注2]も何も弟子どもに分け譲りて、④「登りなば、仙衣を着るべし」とて、形（かた）のごとく腰にものを一重巻きて出で立つに、「わが身には、これよりほかは、いるべきものなし」とて、年ごろ、秘蔵して持たりける水瓶ばかりを腰に付けて、すでに出でけり。

弟子・同朋、⑤名残惜しみ悲しぶ。聞き及ぶ人、遠近、市のごとくに集りて、「仙に登る人、見む」とて、⑥集ひたりけるに、この僧、片山のそばにさし出でたる巌の上に登りぬ。「一度に空へ登りなんと思へども、近くまづ遊びて、ことのさま、人々に見せ奉らむ」とて、⑦「かの巌の上より、下に生ひたりける松の枝に居て遊ばん」とて、谷より生ひ上がりたる松の上、四五丈[注3]ばかりありけるを、さげざまに飛ぶ。

選択肢の中から一つ選びなさい。（解答番号は30）

1、栄七は孝平のために仕入れてあった原草昆布を闇値で売ることを孝平に提案したが、金のない孝平はそれを受け入れることができずに立ち去ったということ。

2、栄七らのもくろみに対して対抗する意志を見せ、求めていた原草昆布があることに気づいていながら見向きもせず立ち去ったということ。

3、栄七が自分に対して原草昆布を売るつもりがまったくないことを知り、他者の手に回るであろう隠された原草昆布を見て悔しさを胸に立ち去ったということ。

4、孝平は自分のために仕入れられていた原草昆布が質の低いものであることを一目で見抜き、質の低い昆布は売らないという信条を貫くために拒否して立ち去ったということ。

問六、傍線部⑦「今までの、『商人の氏、素性は暖簾なり』などという考え方」の説明として適当なものを次の選択肢の中から一つ選びなさい。（解答番号は31）

1、代々暖簾を下げてきた老舗の商人であれば信用が置けるという考え方。

2、下げている暖簾が違えば、商売をする上で価値観も異なるものだという考え方。

3、どの暖簾を下げている店の商人かがわかれば、数多くいる商人を見分けることができるという考え方。

4、老舗であろうが新しい店であろうが、暖簾を下げている者は一人前の商人として扱われるという考え方。

問七、傍線部⑧「丁稚精神で起ち上る」の説明として適当なものを次の選択肢の中から一つ選びなさい。（解答番号は32）

1、大学で学んだ商売の知識を活かして他の商人より一歩先へ進んでやろうという考え。

2、つらい力仕事であろうと地道に積み重ねて商人として成長してやろうという考え。

3、父の威光を頼りに、縁がある商人たちを訪ねて資本を手に入れてやろうという考え。

4、現在利益を得ている商人達をすぐさま追い抜いてやろうという考え。

問八、傍線部⑨「蟻が小さな穴に……鈴なりになって走る」で用いられている表現技法として適当なものを次の選択肢の中から一つ選びなさい。（解答番号は33）

1、擬人法　　2、直喩法　　3、引用法　　4、倒置法

問九、傍線部⑪「せっかく下ろした荷物だったが、すぐ包み直しにかかった」孝平の心情の説明として適当なものを次の選択肢の中から一つ選びなさい。（解答番号は34）

1、昆布の質のよしあしを見抜くこともできない相手には昆布を売りたくないという気持ち。

2、事前に聞いていたよりも安い値がつけられたため、より高い値で買ってくれる相手を探そうという気持ち。

3、予想していたよりも高い値をつけてくれたため、今すぐにでも昆布を売ろうという気持ち。

4、安い値であっても何往復かするほうが利益が出るという話を聞

2、誤解を与えるような言葉選びをされた
3、明言を避けてあいまいに言われた
4、発言を無視された

⑤「揉み手した」
1、謝罪した
2、頼みごとをした
3、握りつぶした
4、せき立てた

⑩「厚かましい」
1、図々しくて遠慮がない
2、馬鹿げている
3、相手を思いやる心が強い
4、物事に熱心ではない

問二、傍線部①「口数が少なくなり」について吉蔵の「口数が少なくな」った理由として適当なものを次の選択肢の中から一つ選びなさい。（解答番号は27）

1、自分は原料となる原草昆布の仕入れを栄七に任せており、孝平の力になれないと思ったから。
2、自分の商売がうまくいっておらず、孝平と商売の話をする自信がないから。
3、自分たちが行っている昆布を専門とする商売へ、孝平が加わることに消極的だったから。
4、闇値の商売を行っているため、孝平に対し後ろめたい気持ちがあるから。

問三、傍線部③「うずたかく重ねられた黒褐色の昆布に手の出るような執着を感じた」の説明として適当なものを次の選択肢の中から一つ選びなさい。（解答番号は28）

1、記憶の中にある質の高い昆布を思い出し、思わず手に取りたくなってしまったということ。
2、山のような数の昆布を目の前にして、叩き落としたい衝動にかられたということ。
3、高く重ねられた昆布の山を見て、必ず自分が手に入れようと感じたということ。
4、父の手伝いで慣れ親しんできた昆布を見て、再び昆布を専門に商売したいと感じたということ。

問四、傍線部④「裸一貫の孝平が、初めて知った世の中」の説明として適当なものを次の選択肢の中から一つ選びなさい。（解答番号は29）

1、父からの信頼を得て暖簾分けされた者であっても、今は何も持たない自分に一切の融通を利かせることのない世の中。
2、丁稚から下積みを重ねていった父と違い、商売の経験の浅い自分は、商売人として扱われることさえない世の中。
3、今は何も持たない自分であっても、世話になった父への恩を思い出し、商売を手助けしてくれる者があらわれる世の中。
4、今すでに成立している商売の関係を崩してでも、暖簾分けした主家の息子である孝平を第一に考える者がいる世の中。

問五、傍線部⑥「孝平は固い背中をみせ、店先に菰をかぶせて隠した原草昆布に眼もくれずに帰った」の説明として適当なものを次のかった。

　一月目から、わざわざ堺から大阪へ運び、大阪から神戸へ運ばなくても、大阪から直接神戸へ運べるようになった。堺のブローカーが、大阪へも出店を持つようになったから、そこから神戸へ直行出来るようになったのだった。これで、堺、大阪間の往復一時間半が浮き、孝平は一日、二回の運搬を三回に増し、うまく電車の便が行った日には四往復という無理を押し通した。それまで、魚類の淡泊食を好んでいた孝平が、いつの間にか豚肉を貪るように食べながらも、一向に肥えなかった。体の無理が目だって顔がやつれて来た。

　⑫そんな孝平を見ても、吾平は黙っていた。激変した時代に即応する商業道徳も、仕来も知らなかったから、吾平は孝平をやかましく躾けなかった。しかも、戦死した長男の辰平のように、手元に引き据えて厳しく商いを仕込む暇もなく戦地へ出て行った孝平のことであり、変った時代には、孝平の決めた通りやらすよりほかはないと料簡[注17]していた。しかし、自分だけは、⑬『大阪商人は、日本のへそや、大阪商人が闇稼ぎしたら、日本中にほんまの商人無うなってしまいよる』と、ぼろい稼ぎ口を持って来たオートバイ乗りの吉本を追い返した時の気持のままを守って、ひっそり隠居仕事をしていた。

（山崎豊子『暖簾』より）

注1「立売堀」……大阪市西区の地名。
注2「丁稚奉公」……丁稚（商家・職人に従って勤める年少者）として召し使われること。また、その者。
注3「叩き上げ」……下積みから苦労して一人前になること。また、その人。
注4「暖簾分け」……商家で、長年よく勤めた使用人などに新たな店を出させ、同じ屋号を名乗らせること。後述にある、新たな店を「別家」という。
注5「五尺四寸」……「尺」・「寸」ともに長さの単位。一寸は約三・〇三センチメートル、一尺は約三〇・三センチメートル。
注6「ぼんぼん」……（関西地方で）良家の若い息子。若旦那。
注7「相好をくずす」……顔をほころばせて心から喜ぶ様子。
注8「手代」……商家で番頭と丁稚との間に位置する使用人。
注9「原草昆布」……未加工の昆布。
注10「べんちゃら」……口先だけのお世辞を言って相手の機嫌をとること。
注11「莚」……まこもを粗く織ってつくったむしろ（敷きもの）。
注12「新円」……第二次世界大戦終了後のインフレーション抑制策として、金融緊急措置令が発令され、従来通用していた「旧円」が停止され、「新円」に切り替わった。
注13「ラバウル」……パプアニューギニアにある都市。太平洋戦争では旧日本海軍航空隊の前線基地が置かれた。
注14「貫目」……「貫」に同じ。重さの単位の一つ。一貫は三・七五キログラム。
注15「力」……ねばり。
注16「口銭」……江戸時代、問屋、仲買が生産者や荷主から徴収する手数料をいう。
注17「料簡」……考えをめぐらせること。

問一、傍線部②「言葉を濁された」・⑤「揉み手した」・⑩「厚かましい」の本文中での意味として適当なものを次の選択肢の中からそれぞれ選びなさい。（解答番号②は24、⑤は25、⑩は26）

②「言葉を濁された」

1、急に話題を変えられた

物資をひけらかす商人と、必死で買い漁るブローカーとで喧噪を極めていた。濛々とたちこめる塵埃と人波の中から物資が見え、物資の中から人の流れが見えた。日本人、中国人、韓国人、何人だっていいのだ。高く買って呉れる相手、安く売って呉れる相手だけが、互いに探しあてている目標物だった。孝平はガード下の西寄りの方にある昆布の露天商人に、昆布を売り込んだ。農村から米を持って来、貯蔵のきく昆布を買い占めて帰る田舎ブローカーたちを相手にしている昆布専門の闇商人だった。頑健そうな太い首に毛糸の首まきを二重に巻きジャンパーの上に、軍隊オーバーを重ねている五十四、五のおやじだった。

「おっさん、昆布や、ええ注15力やで、買いに廻ってんか」

「なんや、新顔のくせに⑩厚かましい奴や、なんぼや、品と値次第や」

「大阪もんの上等で、貫、三八（一貫目三千八百円）でどうや」

「ふん、若いのにええ値つけるやないか、まあ、そこへ荷物おきいや」

　孝平は、地面に寝転ぶように体を倒してから、どさりっと荷を下ろした。おやじはすぐ荷を開け、出し昆布の端を千切ってしがんでみた。

「まあ、ましやなあ、そやけど値があかん、ええとこ貫、三〇（一貫目三千円）や」

「あかん、止めとくわ、注16口銭になれへん」

　孝平は、そのえげつなさにむうっとした。大阪で、神戸へさえ持って行けば、三千五百円にはなると聞いて来ている。

　⑪せっかく下ろした荷物だったが、すぐ包み直しにかかった。

「まあ、そないにすぐ怒ったら話になれへん、ほんなら、三〇と三八の間をとって、三四でどうや、その代り、うちは昆布専門やよって、これからずっと、なんぼでも買うたるぜ、そんな大きな荷物持って、闇市うろうろする暇あったら、もう一往復やることや」

　考えてみるとそうだった。はじめての闇取引でいきりたっていたが、最初のあたりにしては、値切られたが取引ははずされずにすんだ。

「よっしゃ、そんならその値で、どんどん買うてんか」

　孝平の堺から運んで来た一貫目、千七百円の昆布がここで、三千四百円と倍になった。これが、孝平が還ってから自分で儲けた最初の金である。堺から神戸までの往復時間が四時間かかった。朝の七時から孝平は、二往復した。十貫目の荷物は、満員電車の人波にもまれてずり落ちそうになる。うしろから首を締め上げられるような苦しさである。ぐうっと両足を踏んばって耐え、背中の荷物を元通りに揺すぶりあげる。

「阿呆んだら！　こんなでっかい荷物背負い込みやがって」

「おお、どこの餓鬼や思うたら、この荷物、半貫ぐらいの大きい子供やぞォ！」

　罵声と冷笑が、孝平のすぐそばから起る。孝平は、黙って眼を閉じて、荷物を背負っている。うしろから突き倒されないように、さらに両足を広げて踏んばった。背中にがんじがらめに縛ったロープが、肩に食い込みそうだった。一週間もすると、十文字に縛ったロープにそって、肩から胸にかけて兵隊服の上衣が擦り切れて来た。裸になると、猿股の紐通しのように、肌にあかいロープの跡が残って消えなれでもかまへん、しかし、一体、なんの魂胆があってわいには品もん廻せへんのや。今日ははっきり聞かして貰おうやないか」

孝平も譲らなかった。憤りたい気持を押えて、栄七の店へ足を運んで来た半月間の押し殺したような不快さが膨れ上って来た。

「いえ、それが……」

「それがやない、吉蔵の店へは、わいに内証でというて、品もん廻したってるやないか、あれはどないなるねん」

こんなつまらん手代あがりを相手にしてと思いながらも、孝平は怒りが押え切れなかった。

「わいからいうたろか、お前はわいに売るのがいややねん、わいの親父に遠慮して、わいには無茶な闇値をふっかけられへんからやろ、まだある、お前ら、昔の老舗がこわいのや、このどさくさに息の根止めたいのやろが、そうはいかへん、わいは、丁稚から叩き上げた親父の子や」

ど根性があるのやとまでは、こんなところで云い切りたくなく、⑥孝平は固い背中をみせ、店先に菰注11をかぶせて隠した原草昆布に眼もくれずに帰った。

孝平は、再び家の焼跡の前に立っていた。帰還してから二度目のことだった。晩秋の沈んだ陽ざしが、雑草と瓦礫の間に降り落ちていた。何時の間にか澄んだ秋の気配も冷やかになり、冬が近づいているようだった。肌寒くなって来る夕方まで、孝平は焼跡でうずくまっていた。

――いろんな人の足音が聞え、表情が見える。わっという騒音が聞えたかと思うと、ひそひそと耳打ちするしのび声がする。そして、もう、立売堀の浪花屋もあかん、しまいやと嘲笑する声が、いきなり聞える。思いもかけなかった酷薄、侮蔑、揶揄の顔が重なるにつれ、さらにその嘲笑が大きくなる。――孝平は起ち上って、頭を振った。

――金が要る。商売の資本になる新円注12がいま要る。混乱した経済状態の中でどうすればよいか解らないが、ともかくこの混乱の中へ飛び込んで行って、そこから糸口を見つけ出して行くしか方法がない。⑦今までの『商人の氏、素性は暖簾なり』などという考え方は無くなってしまったのだ。商人としての名門や、大学を出たことなど何の役にもたたない。今は⑧丁稚精神で起ち上ることしかないのだ。方法や理屈などはそれからのことだ――。孝平はこう心に決めた。

その翌日から、孝平はもう一度、帰還する時に着ていた兵隊服に着換えた。注13ラバウルの捕虜収容所で継ぎをあてた上衣とズボンである。戦闘帽を目深に冠って、泉大津から近い堺の闇市へ出かけて行った。見知らぬ昆布ブローカーから、出し昆布を十貫目注14買い、その場で帆布にくるみ、背中に背負い込んだ。十貫目の昆布は、七、八歳の子供を背負ったように、孝平のうしろ膝の関節まで丈長に大きな荷物になった。電車が着く、入口に向ってわっと人間が群がる。⑨蟻が小さな穴に群がり入るように、押し倒し、押し返し、入口になだれ込み、乗りはぐれた者は、連結部に鈴なりになって走る。孝平も電車に群がって堺から神戸の三ノ宮闇市へ、昆布を運んで売った。

三ノ宮闇市は、日中韓の三ヵ国の闇商人が全国から集まっている国際的なブラック・マーケットだった。神戸港を控えて国産品はもちろん、外国品もここへさえ来れば何でも集められた。三ノ宮駅から元町駅まで続くガード下は、屋台を広げた闇商人で埋まっている。大声でる。」

三ヵ月も経つと、もともと健康な体の孝平は、一年ほどの捕虜生活で衰えた体力を、殆(ほとん)ど取り戻した。小柄な父に似合わず大柄な[注5]五尺四寸の背丈に肉の厚味がつき、広い額の下に眼ばかり目だたせていた顔にも肉付きができ、薄い鼻柱が尖(とが)らなくなった。

体力を整えた孝平は、まっ先に前田吉蔵の店へ行った。吉蔵は、吾平の店の番頭から別家した男だった。大阪駅の闇市近くで、電車通りの角に一間ほどの間口の店を開いていた。店先から表へはみ出した台の上に、山出し昆布や、とろろ昆布が積み上げられ、思いがけないほどの繁昌(はんじょう)だった。吉蔵は、兵隊服をジャンパーに直したような服を着て、白い上っ張りを重ねて店先で袋包みをしていた。

「吉蔵はん、わいや、還って来たぜェ」

吉蔵は、振り返って、一瞬、驚いたように黙ったが、すぐ早口に喋(しゃべ)り出した。

「へえ、何時(いつ)お還りになったんでっか、[注6]ぼんぼんがお還りやいうこと解ってましたら、泉大津までお祝いに参じましたんやのに、それで、旦那はんもお元気でお過しでごわっしゃろか」

と[注7]相好(そうごう)をくずしたが、商品と輸送力の乏しい時に、どんな方法で原料を仕入れるかの商売の話になると、①口数が少なくなり、

「わては、ほら、[注8]手代(てだい)してました栄七どんから、うまいこと廻(まわ)してもろてまんので」

②体よく言葉を濁された。

栄七は、大阪港に近い港区九条通りに、バラック建てだったが、ちょっとした倉庫のような店を構えていた。吉蔵の説明では、闇船で大阪港へあがる[注9]原草昆布(げんそうこんぶ)を、栄七の地の利を得た店へ素早くひっぱり込み、ここから吉蔵などの仲間へ捌(さば)かれて行くのだった。孝平は、栄七の店の前で、六年前、父の吾平に手伝わされて来た昆布の匂(にお)いと手触りを思い出した。③うずたかく重ねられた黒褐色(こっかっしょく)の昆布に手の出るような執着を感じた。

「ええな、栄七どん、わいも商いしたいねんけど、なんぼで売ってくれるのや」

こう口をきると、それまで女中あがりの女房と一緒に、調子のい[注10]いべんちゃらを並べたてていた栄七は、

「えらいすんまへん、あすこへ積んであるもん、みんな売れ口ついてしもてまんねん、つぎの船で来るので、さっそく、ぼんぼんとこは都合させていただきます」

急に口が重くなった。これが帰還した孝平が、はじめて会った浪花屋吾平の暖簾分け一族の人間たちだった。そして、

④裸一貫の孝平が、初めて知った世の中だった。憤(いきどお)るとか、辛(つら)いと歯噛(はが)みする余裕もなく孝平は狼狽(ろうばい)した。

栄七の言葉を頼りにして三日にあげず、原草昆布の仕入れを催促したが、入荷が遅れているの一点張りだった。半月目には、

「ええか、わいは毎日のように来てるのやぜェ、明日はきっとか」

「へェ、明日こそは、ほんまだすねん」

固い約束をしておきながら、やはりその日も、

「すんまへん」

と、⑤揉(も)み手(で)した。

「もう、ええ、お前はわいに都合しようという気は一つもないのや、そ

として適当なものを次の選択肢の中から一つ選びなさい。（解答番号は21）

1、方言という用語も言語という用語も定義が曖昧だという問題があるから。

2、セルビア語とクロアチア語はもともと同じ言語であるという事実があるから。

3、津軽弁と鹿児島弁では意思の疎通が非常に困難だという事実があるから。

4、ある言語をどう分類するかというのは多くの要素が関わってくる問題だから。

問九、本文の内容として**ふさわしくないもの**を次の選択肢の中から一つ選びなさい。（解答番号は22）

1、ロシア語の語形変化の複雑さと、中国語の音調などの複雑さは比較が難しく、全体として複雑さは変わらないと考えられる。

2、現在の日本の標準語は、東京の山の手地域で話されていた方言に基づいており、標準語も元をただせば方言のひとつにすぎない。

3、英語にはアメリカ、イギリス、オーストラリアに方言と呼べるいろいろな変種があるが、標準語としての英語は世界に共通した一つのものである。

4、ウェストバージニア州の人々が自分たちの方言を恥ずかしがるのは、地域のアイデンティティを形成する産業やスポーツがないことと関係がある。

問十、波線部「標準語に対して、方言の価値が低いと感じる人が多いのなぜでしょうか」について、この質問に対する答えとして最も適切な考え方を示したものを次の選択肢の中から一つ選びなさい。（解答番号は23）

1、母親の胎内で聞いた言葉が『世界で一番美しい言語』になりやすいため、特定の方言を聞くよりも標準語を聞きながら生まれてくる可能性の方がはるかに高いから。

2、高度経済成長時代に都会へ出て来て方言をしゃべった多くの人が差別されていたにもかかわらず、そのような人々を補償し後押しする社会制度が整備されていなかったから。

3、方言は自分の土地を離れると使う人が少数派になってしまい、相手にとっては受け入れがたい変種の言語であるという否定的なニュアンスが自然と付きまとうから。

4、違う国の言語であるセルビア語とクロアチア語が通じる一方で、日本の方言は津軽弁と鹿児島弁のように、まったく通じない種類や差異が発生しているから。

三、次の文章を読んで、後の問いに答えなさい。

（解答番号は24～36）

［孝平の父・吾平は、生まれ育った淡路島から大阪の立売堀（いたちぼり）注1に出て、昆布を専門に扱う商家「浪花屋（なにわや）」に注2丁稚奉公（でっちぼうこう）してきた叩き上げ（たた）注3である。奉公から十三年目に浪花屋本家から暖簾分け（のれんわ）注4が許され、店も繁盛した。しかし、戦災に遭った店はやっとのことで持ち出した暖簾を残して焼け落ち、商売を仕込んでいた長男の辰平も戦地で失ってしまった。次の文章は次男の孝平が戦地から帰還して三ヵ月後の場面であ

（解答番号は16）

1、「華やかな」＝副詞・「なかなか」＝名詞
2、「華やかな」＝形容動詞・「なかなか」＝副詞
3、「華やかな」＝副詞・「なかなか」＝連体詞
4、「華やかな」＝形容動詞・「なかなか」＝感動詞

問四、 傍線部④「科学技術の議論ができない言語」についての筆者の考えとして適当なものを次の選択肢の中から一つ選びなさい。（解答番号は17）

1、科学技術を議論するときに他の言語に置き換えなければならないため、言語的に劣っていると見なされる。
2、科学技術にまつわる語彙がまだ導入されていないだけであって、決して言語的に劣っているわけではない。
3、日本に初めて蘭学が入ってきたときと同じで、科学技術の用語を翻訳する人だけが苦労する目にあっている。
4、今の日本語なら科学技術の議論を問題なく扱えるので、西洋の言語にひけをとらない言語になったと言える。

問五、 傍線部⑤「凍り付いたような雰囲気」になった理由として適当なものを次の選択肢の中から一つ選びなさい。（解答番号は18）

1、子どもたちが標準語も方言の一つであるという事実に気づかされた瞬間だったから。
2、子どもたちにとって方言はふだん聞き慣れない意味不明な言語であったから。
3、子どもたちにとって方言を使用するかどうかは非常に興味深い問題だったから。
4、子どもたちにとって興奮した人の使う広島弁を聞き取ることは難しかったから。

問六、 傍線部⑥「社会的な自信」が当てはまる例として適当なものを次の選択肢の中から一つ選びなさい。（解答番号は19）

1、初めての顔合わせでインパクトを持たせてみんなに覚えてもらうために、その時に限り方言で自己紹介をする場合。
2、関西のタレントがテレビで使っていた関西弁を、面白そうなので真似をして人前で使って見せようとする場合。
3、東京に引っ越して数年が経った後も、標準語に直さずなれ親しんだ出身地の方言を使い続けようとする場合。
4、東京で使われている標準語こそ正規の日本語だと信じ、どの地方に行っても出身地を隠して標準語を使い続ける場合。

問七、 傍線部⑦「英語の変種ＡＡＥ（African-American English）」の説明として**ふさわしくないもの**を次の選択肢の中から一つ選びなさい。（解答番号は20）

1、地域による変種でもあれば、民族集団の社会的階層による変種でもある。
2、文法面を中心として標準英語とはかなり異なるが、共通する語彙も多い。
3、たんなる英語の方言であり、標準英語が崩れた価値の低いものであると見なされがちである。
4、ＡＡＥが英語の方言だと言ってよいかどうかについて、まだ議論の余地を残している。

問八、 傍線部⑧「『方言』と『言語』は、明確な線引きが難しい」理由

変種もあります。たとえば、アメリカのアフリカ系アメリカ人（黒人）が話す⑦英語の変種ＡＡＥ（**African-American English**）は、地域を超えた広がりをみせています。

この変種は、実は、標準英語とはかなり異なり、特に文法が大きく異なっているのですが、標準英語の話者は、語彙が共通する部分が多いので、たんなる英語の方言だと思っているのがふつうです。さらに、一般的には、標準英語が正しく、価値があり、ＡＡＥは標準英語の崩れた、価値の低い変種だと思われています。しかし、あとで[注2]触れますが、ＡＡＥが英語の方言かどうかについては論争があるのです。

さて、さきほどから、方言と言ったり、言語と言ったり、あまり用語がはっきりしないと感じている読者の方もいるかもしれません。実は⑧「方言」と「言語」は、明確な線引きが難しいのです。

よく出される例は、セルボ＝クロアチア語です。旧ユーゴスラビアでは、セルボ＝クロアチア語というひとつの言語と考えられていましたが、ユーゴスラビアが分裂したあとはセルビア語、クロアチア語と、別の言語となっています。この二つは実はほとんど同じで、お互い意思疎通できるので、方言と言ってもいいくらいです。また、あまり知られていませんが、ノルウェー語、デンマーク語、スウェーデン語も、ほとんど同じで方言のようなものです。インドネシア語とマレーシア語も同様。しかし、これらはすべて別の言語と考えられています。

一方、津軽弁しかしゃべらない人と鹿児島弁しかしゃべらない人が話したら、意思疎通は難しいでしょう。しかし、この二つはふつうは日本語という「言語」の「方言」と考えられています。

このように、方言も言語も、言語のある変種であることに変わりはなく、どう呼ぶかは多くの要素に関わっています。どれくらい似ているかとか、起源が同じかというのは言語学的要因ですが、それ以外に政治的要因、特に「国境」という要因が重要です。

（白井恭弘『ことばの力学』より）

注1「第2章」……『ことばの力学』第2章「国家と言語——言語政策」のこと。

注2「あとで」……『ことばの力学』本文引用外に詳述。英語の発音や語彙が、地域や環境、出身国等で多種多様であるため、黒人英語全てを「方言」として一くくりに出来ないことが論争になっている。

問一、〈　Ａ　〉～〈　Ｄ　〉に入るべき言葉として適当なものを次の1～9からそれぞれ選び、番号で答えなさい。

（解答番号Aは[11]、Bは[12]、Cは[13]、Dは[14]）

1、あるいは　2、たとえば　3、ところで
4、なぜなら　5、そのうえ　6、しかし
7、だから　8、および　9、つまり

問二、傍線部①「そういう主張」を説明したものとして適当なものを次の選択肢の中から一つ選びなさい。（解答番号は[15]）

1、標準語は方言に比べると価値が高いという主張。
2、世界で一番美しい言語は何であるのかという主張。
3、日本には俳句などの伝統的な文学があるという主張。
4、日本語は世界でもっとも美しい言語だという主張。

問三、傍線部②「華やかな」・③「なかなか」の品詞の組み合わせとして適当なものを次の選択肢の中から一つ選びなさい。

ます。このあとは、まったく広島弁を話さなくなってしまいました。

　同じ方言でも、関西弁はちょっと違うようです。関西の人は、関東に来ても自信を持って関西弁を話す人が多い。これは、テレビなどで関西出身のコメディアンが関西弁を話すので、市民権を得ているということもあるでしょう。ただ、それよりもずっと前から、関西人は関東でも堂々と関西弁を話していました。筆者自身も大学時代の友人が関西弁を話していたために、影響を受けて関西弁っぽいしゃべりが移ってしまったことがあります。

　これは、政治や経済から来る、⑥社会的な自信ではないかと考えられています。日本の政治の中心は長い間京都であり、そのころは京都のことばの価値が高く、関東のことばは、野蛮なものと考えられていたわけです。鎌倉時代に関東に政治が移ったあとも、文化の中心は天皇のいる京都であり、また大阪も商業の中心として栄えていました。明治時代に政治・経済すべての中心が東京に移った後も、東に対する対抗意識とともに、西のプライドが関西弁を強くしているのでしょう。

　このように見ていくと、経済、政治、文化など「言語の本質とは関係のない」要因が、言語、方言に対する評価を決めるということがわかります。

　当然ですが、方言は日本語だけでなく、どの言語にもあります。英語の場合、アメリカの変種、イギリスの変種、オーストラリアの変種など、いろいろです。また、それぞれの国が標準語を持っています。イギリスでは、キングズ・イングリッシュあるいはクイーンズ・イングリッシュと呼ばれるものが標準語となっています。

　筆者はアメリカ東部ペンシルバニア州のピッツバーグ大学で教えていますが、ここには、ピッツバーグ語（**Pittsburghese**）という方言があります。街の人々は、自信を持ってこの言葉を使っています。ピッツバーグ語に関する研究も多数あります。たとえば、標準英語で **This needs to be washed / This needs washing** と言うところを **This needs washed** と言ったり、**you** の複数形が **yunz** だったり、いろいろ面白い現象があります。“**Pittsburghese**”と、「言語」を表す接尾辞 **-ese**（例：**Japanese, Chinese** など）を使っていることも、この自信の反映でしょう。

　一方、南隣りのウェストバージニア州の人々は、自分たちの方言を恥ずかしいと思っているという実情があります。この違いについてピッツバーグの人に聞いてみると、ピッツバーグは昔から鉄鋼業の街として栄えていて、プライドがあるとのことでした。また、アメリカではスポーツが地域のアイデンティティにとっては非常に重要な役割を果たしており、ピッツバーグでは「宗教」ともいわれるフットボールチームのスティーラーズが地元に対するプライドの形成に大きく寄与しているだろうということでした。日本の関西でいえば、阪神タイガースにあたるでしょうか。ウェストバージニアには、そのような産業もなければ、スポーツのチームもないというのです。

　「方言」ということば自体に、否定的なニュアンスがすでについてしまっているという現実にも注意しなければなりません。先の「東京の中流階級の使う東京方言」という表現に違和感を感じた読者の方もいるでしょう。しかし、言語学においては、言語のすべての変種が方言と呼ばれます。

　方言には地域による変種に限らず、社会階層や民族集団などによることがあるという意味で希な(まれ)ケースです。フランスという国の持つ華やかなイメージに影響されている可能性も高いでしょう。②

この問題を科学的に明らかにするのは実はなかなか大変です。③まず考えられる方法は、外国や外国語について何も知らない子どもに、どの言語が一番美しく聞こえるか実験することでしょう。〈　C　〉、これまでの研究によって、子どもは生まれた瞬間から自分の母語を好む、ということがわかっています。お母さんの胎内で聞いていた音がいいのです。ということは、産まれたばかりの赤ん坊でも、言語について何も知らないとは言えないわけです。

このように、「世界で一番美しい言語」を決定するのは、難しいことです。それでも、「世界で一番美しい言語は……」という言説はなくなりません。なぜでしょうか。

言語学の世界では、ある言語のほうが他の言語よりも、本質的に優れている、ということはありません。もちろん、形態的にどちらの言語のほうが複雑ということはあります。〈　D　〉、ロシア語やナバホ語は、中国語に比べたら、語形変化などはずっと複雑です。だからといってロシア語のほうが難しいということはなく、中国語は別の側面(たとえば音調)が複雑で、全体としては、複雑さは変わらないと考えられています。ましてや、どちらが優れているか、というのは、科学的には決めようがない。つまり、世界の言語はすべて平等です。

言語の優位性についてよく誤解されるのが、④科学技術の議論ができない言語がある、という事実です。そのような場合は英語など、他の言語を使わなければならないので、その言語は劣っている、というわけです。しかしこれは、「言語そのもの」に問題があるのではなく、科学技術の語彙(ごい)がその言語にはまだ導入されていないので、英語などの教科書を使った方が(短期的には)早い、というだけのことです。日本でも、江戸時代に初めて西洋の学問が入ってきたときには、同じ問題がありました。オランダ語の医学書を訳した蘭学者の苦心はよく知られています。今では日本語で科学技術を扱うことはできない、など考える人は誰もいません。必要さえあれば、世界のどの言語も、科学技術を扱えることになるのです。

実は、標準語も、方言のひとつにすぎません。[注1]第2章で述べますが、東京の山の手地域で話されていた方言が標準語となり、現在にいたっています。

しかし標準語に対して、方言の価値が低いと感じる人が多いのはなぜでしょうか。

高度成長時代には、東北地方から多くの人が東京に出て来て、東北弁を話すことによって、東京人に「ズーズー弁」と言われて笑われ、差別の対象となりました。

筆者は東京生まれですが、小学校一年から四年までを広島で過ごし、広島弁を習得したのち、五年生で関東に引っ越して来ました。そして、(今から考えると)方言の使用について非常に興味深い経験をしました。転校して間もない頃のことです。子どもごころに、広島弁はよくないと思っていたのでしょうか、なるべく話さないようにしていたのです。ところがあるとき、何かに興奮して、広島弁が思わず出てきてしまったのです。

「そうで、違うんで、あのの」(そうだよ、違うんだよ、あのね)

そのときの周りの⑤凍り付いたような雰囲気は今でも鮮明に覚えてい

【国語】（五〇分）〈満点：一〇〇点〉

一、次の傍線部のカタカナを漢字に直したときに適当なものを選択肢の中からそれぞれ選びなさい。（解答番号は1～10）

(1) 幅広いカンシンを持って勉強に取り組んだ。（解答番号は1）
1、観心　2、関心　3、寒心　4、甘心

(2) 子供たちはみな立派にセイチョウして頑張っている。（解答番号は2）
1、正長　2、生長　3、整腸　4、成長

(3) 彼は早寝早起きのシュウカンがある。（解答番号は3）
1、終巻　2、習慣　3、週間　4、週刊

(4) 人事イドウで海外に転勤することになった。（解答番号は4）
1、異動　2、移動　3、異同　4、井道

(5) 会議で提案された企画にイギを唱えた。（解答番号は5）
1、異議　2、意義　3、異義　4、威儀

(6) 同窓会で久しぶりに友達とアう。（解答番号は6）
1、阿　2、遭　3、合　4、会

(7) 具体例をアげてわかりやすく説明する。（解答番号は7）
1、揚　2、上　3、挙　4、亜

(8) 税金をオサめることは国民の義務である。（解答番号は8）
1、収　2、治　3、納　4、修

(9) リードされた場面で逆転のホームランをウつ。（解答番号は9）
1、討　2、打　3、撃　4、伐

(10) これまでの人生を振り返って自分史をアラワす。（解答番号は10）
1、顕　2、現　3、表　4、著

二、次の文章を読んで、後の問いに答えなさい。（解答番号は11～23）

標準語とは何でしょうか。国語辞典を見ると、「一国の規範となる言語として、公用文や学校・放送・新聞などで広く用いられるもの。日本語では、おおむね東京の中流階級の使う東京方言に基づくものとされている。」（広辞苑第六版）

（　A　）、規範となる、正しいとされる言語です。標準語は、ただ単に公文書、学校、全国メディアで使われる共通語というだけでなく、方言に比べて価値が高いとみなされています。それはなぜでしょうか。

よく、「～語は世界一美しい言語だ」という話を聞きます。たとえば、英語はシェークスピアの美しい文学作品をつくりだした言語である。（　B　）世界一美しい。日本語についても同様です。古くからの伝統的文学、俳句、和歌などがあることにもとづいて、①そういう主張がなされます。フランス語については、その文学的背景もさることながら、音声的に美しい、という主張がなされます。ウェブで「世界で一番美しい言語（**the most beautiful language in the world**）」と検索すると、いろいろな意見がでてきます。ハワイ語、ウクライナ語、スペイン語、フランス語、アラム語、などなど。

おおむね、自分の国の言語を美しいと主張する人が多いようですが、フランス語については、他国の人も「その音声が美しい」と言う

2024年度

解　答　と　解　説

《2024年度の配点は解答欄に掲載してあります。》

＜数学解答＞ 《学校からの正答の発表はありません。》

第1問 問1 (1) ア ② (2) イ ⑤ (3) ウ ④ (4) エ ③ (5) オ ①
(6) カ ③ (7) キ ① 問2 (1) ク ④ (2) ケ ④ (3) コ ②
(4) サ ⑤ (5) シ ④ (6) ス ②

第2問 問1 (1) ア 2 イ 9 ウ 4 (2) エ 3 オ 1 カ 2
問2 (1) キ 1 (2) ク － ケ 4 コ 1 サ 3 (3) シ 4
(4) ス 3 セ 3 ソ 3 (5) タ 2 チ － ツ 1

第3問 問1 (1) ア 3 イ 2 (2) ウ 3 エ 6 (3) オ 9 カ 2
問2 (1) キ － ク 2 (2) ケ 2 コ 7 サ 2
(3) シ 1 ス 3 セ 1 ソ 6

第4問 (1) ア 1 イ 3 ウ 5 (2) エ ② (3) (i) オ 1 カ 2
キ 3 ク 1 ケ 2 コ 1 サ 1 (ii) シ ①

○推定配点○
第1問・第2問 各3点×20 第3問 問1(1) 3点 (2) 4点 (3) 6点 問2(1) 3点
(2) 4点 (3) 6点 第4問(1) 2点 (2) 3点 (3) オカキ 3点
クケ，コサ，シ 各2点×3 計100点

＜数学解説＞

第1問 (数・式の計算，平方根，展開，式の値，因数分解，2乗に比例する関数の変域，食塩水，整数，確率)

基本 問1 (1) $(-3)-(-4)=-3+4=1$

(2) $-\frac{1}{2}+\frac{1}{5}=-\frac{5}{10}+\frac{2}{10}=\frac{-5+2}{10}=-\frac{3}{10}$

(3) $\sqrt{24}-\sqrt{96}+\sqrt{54}=2\sqrt{6}-4\sqrt{6}+3\sqrt{6}=\sqrt{6}$

(4) $(\sqrt{6}-2)^2=(\sqrt{6})^2-2\times\sqrt{6}\times2+2^2=6-4\sqrt{6}+4=10-4\sqrt{6}$

基本 (5) $\frac{5}{6}\div\left(-\frac{1}{3}\right)^2=\frac{5}{6}\div\frac{1}{9}=\frac{5\times9}{6}=\frac{15}{2}$

(6) $\frac{3(x+3y)}{4}-\frac{7(x-2y)}{8}=\frac{6(x+3y)-7(x-2y)}{8}=\frac{6x+18y-7x+14y}{8}=\frac{-x+32y}{8}$

(7) $(x-5)(x+5)-(x+3)^2=x^2-25-(x^2+6x+9)=x^2-25-x^2-6x-9=-6x-34$

問2 (1) $n\leqq3\sqrt{17}<(n+1)$ いずれも正の数なので，2乗しても大小関係は変わらない。$n^2\leqq153<(n+1)^2$ $12^2=144$，$13^2=169$より，$n=12$

(2) $4<5<9$より$2<\sqrt{5}<3$であり，$\sqrt{5}$の整数部分は2 $\sqrt{5}-1$の整数部分$a=1$，元の数＝整数部分＋小数部分なので，小数部分$b=(\sqrt{5}-1)-1=\sqrt{5}-2$ $4a^2+4ab+b^2=(2a+b)^2=\{2\times1+\sqrt{5}-2\}^2=(\sqrt{5})^2=5$

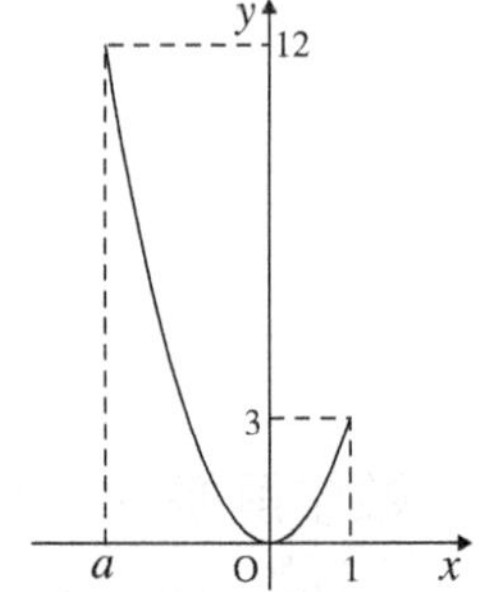

(3)　$y=3x^2$のグラフは上に開いた放物線で，y軸を軸とした線対称なグラフ。変域に$y=0$が含まれているのでグラフは原点を含んでおり，$x=1$のときは$y=3\times1^2=3$であり，$y=12$となるのは$x=a$であることがわかる。$3a^2=12$より$a^2=4$　$a<0$より$a=-2$

(4)　求めるものをxとし，食塩水に含まれる食塩について方程式をたてる。

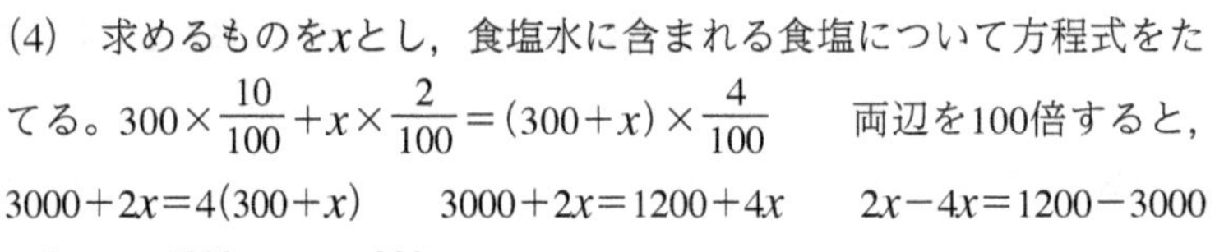

$300\times\frac{10}{100}+x\times\frac{2}{100}=(300+x)\times\frac{4}{100}$　両辺を100倍すると，$3000+2x=4(300+x)$　$3000+2x=1200+4x$　$2x-4x=1200-3000$　$-2x=-1800$　$x=900$

(5)　1から100までの中に3で割り切れる整数は$3\times1\sim3\times33$の33個，5で割り切れる整数は$5\times1\sim5\times20$の20個，3でも5でも割り切れる整数は15の倍数であり$15\times1\sim15\times6$の6個。3または5で割り切れる整数の個数は$33+20-6=47$(個)

(6)　点Pが頂点Cに移動するのは，2個のさいころの出た目の数の和が2または7または12のとき，さいころ2個の目の出方は全部で$6\times6=36$(通り)。目の数の和が2になるのは2つのさいころの目が(1，1)になる1通り。目の数の和が7になるのは(1，6)，(2，5)，(3，4)，(4，3)，(5，2)，(6，1)の6通り。目の数の和が12になるのは(6，6)の1通り，全部で$1+6+1=8$(通り)のとき頂点Cに移動することになるので，その確率は$\frac{8}{36}=\frac{2}{9}$

第2問　(因数分解，1次方程式，2次方程式，連立方程式)

問1　(1)　共通因数でくくってから公式を考える。$2x^2+10x-72=2(x^2+5x-36)=2(x+9)(x-4)$

(2)　xが含まれている項と含まれていない項にわけて，同じかたまりを作る。$3xy-6x-y+2=3x(y-2)-(y-2)=(3x-1)(y-2)$

問2　(1)　$-4x+1=3(x-2)$　$-4x+1=3x-6$　$-4x-3x=-6-1$　$-7x=-7$　$x=1$

(2)　$x^2-9x-52=0$　$(x+4)(x-13)=0$　$x=-4,\ 13$

(3)　$x^2-8x=-16$　$x^2-8x+16=0$　$(x-4)^2=0$　$x=4$

(4)　$3x^2-6x+2=0$　$x=\frac{-(-6)\pm\sqrt{(-6)^2-4\times3\times2}}{2\times3}=\frac{6\pm\sqrt{12}}{6}=\frac{6\pm2\sqrt{3}}{6}$　$x=\frac{3\pm\sqrt{3}}{3}$

(5)　$2x-3y=7$…①は4倍すると$8x-12y=28$…①×4　$5x+4y=6$…②は3倍すると$15x+12y=18$…②×3　①×4＋②×3は$23x=46$　$x=2$　②に代入すると$10+4y=6$　$4y=-4$　$y=-1$

第3問　(空間図形の計量，三平方の定理，図形と関数・グラフの融合問題)

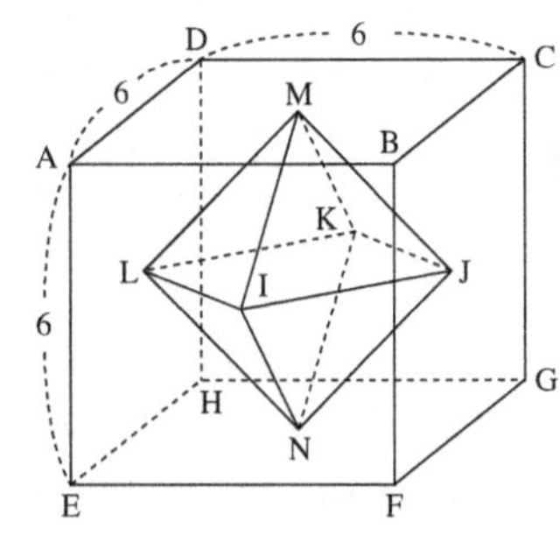

問1　(1)　右図のように正八面体の頂点に名前をつける。I，J，K，L，M，Nは正方形の対角線の交点である。また，四角形IJKLは底面EFGHと平行であり，対角線の長さLJ＝6の正方形になる。したがって1辺の長さ$\text{IJ}=\frac{6}{\sqrt{2}}=3\sqrt{2}$

(2)　正八面体は正四角錐M－IJKL2つ分となり，底面IJKL，高さ3の正四面体2つと考えればよい。$(3\sqrt{2})^2\times3\times\frac{1}{3}\times2=18\times2=36$

やや難　(3)　LIの中点をP，KJの中点をQとすると，切り口はひし形MPNQとなり，対角線$\text{PQ}=\text{IJ}=3\sqrt{2}$，対角線MN＝6　したがってその面積は$3\sqrt{2}\times6\times\frac{1}{2}=9\sqrt{2}$

問2 (1) 点A，Bは$y=\frac{1}{4}x^2$と$y=\frac{1}{2}x+2$の交点なので，方程式$\frac{1}{4}x^2=\frac{1}{2}x+2$を解けば$x$座標が求まる。両辺を4倍して$x^2-2x-8=0$ $(x+2)(x-4)=0$ $x=-2$，4 Bのx座標が正の数なので，A$(-2, 1)$，B$(4, 4)$となる。Aが$y=\frac{a}{x}$上の点なので，$1=\frac{a}{-2}$ $a=-2$

重要 (2) Cはx座標がBと等しく$x=4$，$y=-\frac{2}{x}$上の点なので，$y=-\frac{2}{4}=-\frac{1}{2}$ C$\left(4, -\frac{1}{2}\right)$ △ABCはBCを底辺とみて，$\triangle ABC=\frac{1}{2}\times\left(4+\frac{1}{2}\right)\times(4+2)=\frac{1}{2}\times\frac{9}{2}\times6=\frac{27}{2}$

やや難 (3) 四角形OABC＝△OAB＋△OBC$=\frac{1}{2}\times2\times(4+2)+\frac{1}{2}\times\left(4+\frac{1}{2}\right)\times4=\frac{1}{2}\times2\times6+\frac{1}{2}\times\frac{9}{2}\times4=6+9=15$ BC上にPをとり，△OPCが$\frac{15}{2}$となるようにすればよい。$\frac{1}{2}\times CP\times4=\frac{15}{2}$ $CP=\frac{15}{4}$ CPのy座標$=-\frac{1}{2}+\frac{15}{4}=\frac{13}{4}$ P$\left(4, \frac{13}{4}\right)$ 直線OPは原点を通る直線なので$y=mx$とおけるが，Pを通ることから$\frac{13}{4}=4m$ $m=\frac{13}{16}$ 原点を通り，四角形OABCの面積を二等分する直線の式は$y=\frac{13}{16}x$

第4問 (統計)

(1) 20人の中央値は下から10番目と11番目の平均値となるが，1組においてはどちらも120～150分の階級に含まれるので，その階級の階級値は(120＋150)÷2＝135(分)

重要 (2) 2組の中央値は，90分以上120分未満の下から10番目と120分以上150分未満の下から11番目の平均になるので，(90＋120)÷2＝105分以上(120＋150)÷2＝135分未満 したがって，選択肢の③，④は違う。第一四分位数は0分以上30分未満の下から5番目と30分以上60分未満の下から6番目の平均になるので(0＋30)÷2＝15分以上(30＋60)÷2＝45分未満 したがって選択肢⑤も違う。第三四分位数は180分以上210分未満の下から15番目と16番目の平均になるので180分以上210分未満なので，選択肢①も違う。すべてあてはまるのは②だけ。

(3) (ⅰ) (0＋30)÷2＝15(分)が1＋5＝6(人)，(30＋60)÷2＝45(分)が1＋3＝4(人)，(60＋90)÷2＝75(分)が4＋1＝5(人)，(90＋120)÷2＝105(分)が2＋1＝3(人)，(120＋150)÷2＝135(分)が4＋1＝5(人)，(150＋180)÷2＝165(分)が5＋1＝6(人)，(180＋210)÷2＝195(分)が2＋4＝6(人)，(210＋240)÷2＝225(分)が1＋4＝5(人)とし，その平均は(15×6＋45×4＋75×5＋105×3＋135×5＋165×6＋195×6＋225×5)÷(20＋20)＝4920÷40＝123(分) 1組の生徒で平均学習時間が117分より多く学習しているのは，少なく考えて120cm以上の4＋5＋2＋1＝12(人)以上 2組の生徒で平均学習時間が117分より多く学習しているのは，多く考えて90分以上の1＋1＋1＋4＋4＝11(人)

(ⅱ) 1組は12人以上，2組は多くても11人なので，1組

★ワンポイントアドバイス★

第4問のような箱ひげ図など統計資料の分析の問題も出題される。中学数学の広い範囲からの出題が考えられるので，あらゆる分野の基本事項を確認しておこう。

＜英語解答＞《学校からの正答の発表はありません。》

問1　リスニング問題解答省略

問2　11 ③　12 ②　13 ①　14 ②　15 ④

問3　16 ②　17 ①　18 ④　19 ③　20 ②　21 ②　22 ①　23 ③
24 ④　25 ①

問4　26 ②　27 ②　28 ③　29 ①　30 ④

問5　31 ④　32 ①　33 ②　34 ①　35 ③

問6　36 ③　37 ④　38 ②　39 ④　40 ①　41 ②　42 ③

問7　43 ③　44 ①　45 ②　46 ③　47 ④　48 ④　49 ②　50 ①

○推定配点○

各2点×50　　計100点

＜英語解説＞

問1　リスニング問題解説省略。

問2　(会話文)

11　AがBに週末の予定を尋ね，Bが「はい」と返答し，さらにAに同じ質問を投げ返しているので，予定を答えていると判断できる。

12　Aが質問を理解できないと先生に伝え，B(先生)はどの部分が難しいのかを具体的に尋ねていることから判断できる。

13　どのモデルが良いか分からないと悩んでおり，Bがオンラインでレビューをチェックすることを提案しているので，Aはスマートフォンを買いたいと思っているとわかる。

14　Bが「もちろんです！すぐ角を曲がったところ，入り口の隣です」と答えているため，場所を尋ねているとわかる。

15　Bは自分のクラスがお化け屋敷をしたことと，それが大成功だったことを説明しているので，文化祭で何をしたのか尋ねているとわかる。

基本　問3　(語句選択問題：熟語，不定詞，単語，関係代名詞，進行形，接続詞，前置詞)

16　靴は a pair of ～ の形で数える。

17　how to ～「～の仕方，方法」

18　bring up「育つ」

19　「高価な」 expensive

20　which came down the hill は前の名詞を修飾する主格の関係代名詞である。

21　20th century で「20世紀」となり，時計が作られた時期を表す。

22　「難しい問題に取り組んでいる」という意味が適切なので，現在進行形を用いる。

23　〈keep ＋人＋ ～ing〉「人を～させ続ける」

24　as soon as「～するとすぐに」

25　across「横切って」

問4　(長文読解問題：要旨把握)

26　挨拶は人と会ったときに使う言葉や行動だ。Good morning のような挨拶を聞くと，その日を幸せな気持ちで始めることができる。挨拶は大きな喜びを与えることがあり，人生において重要な意味を持つ。

「挨拶はあなたを幸せにする」と述べており，挨拶が幸せな気持ちをもたらすという本文の内容と一致する。

27 父親と映画を見に行った。映画が始まる前に父親がスマートフォンを消音にしたが，映画中に他の誰かのスマートフォンの音がして，驚き，怒りを感じた。

「映画中にスマートフォンの音が聞こえた」と述べており，映画を楽しんでいる最中に予期せぬ音がしたという本文の出来事と一致する。

28 ティムはオーストラリアから来たALTで，初めて京都を訪れ，金閣寺(Kinkaku-ji)と銀閣寺(Ginkaku-ji)を訪れることを友人から勧められた。彼は金閣寺の美しい金色にとても感動した。

「ティムは京都の有名な寺の美しさに感動した」と述べており，金閣寺の金色に感動したという本文の内容と一致する。

29 ハルカはダンススクールで学んだ経験があり，学園祭でダンスを教えるように頼まれた。彼女は最終的にダンスを完成させ，クラスメートに教え，彼らは一生懸命練習し，素晴らしいパフォーマンスをした。

「ハルカと彼女のクラスメートは一生懸命ダンスの練習をして，上手に演じた」と述べており，ダンスの練習とパフォーマンスについての本文の内容と一致する。

30 トモコの祖母は花瓶に砂糖を入れることを勧めた。トモコは毎日水を変え，砂糖を加えた結果，花が美しく長持ちした。トモコはその結果に驚き，祖母を称賛した。

「トモコは祖母のアドバイス通り，砂糖を使って花を美しく保った」と述べており，祖母のアドバイスを受けて砂糖で花を長持ちさせたという本文の内容と一致する。

重要 問5 （語句整序問題：間接疑問文，現在完了，仮定法，助動詞，動名詞）

31 Do you know where he (came from?) 間接疑問文の語順は〈疑問詞＋主語＋動詞〉の語順になる。

32 (How) many times have you been (there?) How many times を用いると，回数を尋ねる疑問文になる。

33 (I) wish you could go there (with me.) 〈I wish ＋過去形〉で「～ならいいのに」という仮定法の文になる。

34 You don't have to bring your (own racket.) don't have to ～「～する必要はない」

35 (I) think reading many books is useful (for the students.) reading many books「たくさんの本を読むこと」が主語の英文を作ればよい。

問6 （会話文：語句補充，指示語，要旨把握）

（全訳） ジョシュ：やぁ，アイ。君に尋ねたいんだ。高校時代に課外活動に参加したことはある？

アイ　　：こんにちは，ジョシュ。うん，あるよ。学校新聞部とディベートチームに所属していました。なぜ聞いたの？

ジョシュ：自分も課外活動に参加しようかと考えているんだけど，本当に価値があるのかどうかわからないんだ。本当に重要だと思う？

アイ　　：絶対に価値があるよ！課外活動は大切な技術を身につける手助けをしてくれるし，大学や仕事に応募する際に他の学生よりずば抜けるよ。

ジョシュ：それは興味深いな。どの活動が最も役立つと思う？

アイ　　：それはあなたの興味や目標によって異なるよ。リーダーシップスキルを向上させたいなら，生徒会や部活動に参加するのがいいと思う。スポーツに興味があるなら，スポーツチームに参加することでチームワークを築き，コミュニケーション能力を開発するのに役立つよ。芸術に興味があるなら，通常，選択肢になりうるのは演劇や音楽の部活動があるね。

ジョシュ：なるほど。多くの活動に参加する必要があるかな？

アイ　　：必ずしもそうではないよ。情熱を持って専念する一つか二つの活動を見つけるのがより大切だよ。そうすれば，意味のある影響を与え，技術や興味を深く発展させることができます。

ジョシュ：(1)それは良い点だね。でも，時間的制約はどう？課外活動と学業や他のやらなければならないこととのバランスが取れないことが心配だな。

アイ　　：時間管理をうまく行うことは間違いなく重要だね。でも，良い点は，多くの課外活動は柔軟で，あなたのスケジュールに合わせることができるよ。そして，授業で遅れをとってしまうことが心配なら，いつでも先生たちに相談して，うまくやり続けるための計画を立てる手助けをしてもらえるよ。

ジョシュ：それはいいことを聞いた。でも，どの活動に参加すべきかまだ決めかねているんだ。

アイ　　：(2)それは全く普通のことだよ！興味のあるさまざまな活動の会議やイベントに出席してみることから始めるのをお勧めするな。そうすれば，それぞれがどのようなものかを感じ取り，どれが最も楽しめるかを見極めることができるよ。

ジョシュ：ありがとう，アイ。この学期にいくつかの活動に参加してみることにするよ。本当に効果がありそうだね。

アイ　　：その通りだよ，ジョシュ。きっと楽しみながら成長できる活動が見つかるよ。頑張ってね！

36 Ai は学校新聞部とディベートチームのメンバーであったと述べている。

37 Ai は興味や目標に基づいて活動を選ぶことを推奨している。

38 スポーツチームに参加することで，チームワークを築き，コミュニケーション能力が向上するとAi は言っている。

39 ジョシュはAi の発言を聞いて，良い点だと共感していると判断できる。

40 直前の部分のジョシュがどの活動に参加すべきかまだ決めかねていると述べている点を指している。

41 課外活動に参加することの良い点について，Ai は課外活動が大学や仕事への応募時に他の学生と差をつけるのに役立つと言っている。

42 ジョシュはこの学期に，興味のあるさまざまな活動の会議やイベントに参加することで，最も楽しめる活動を見つけるつもりだと述べている。

重要 問7 (長文読解・説明文：語句解釈，指示語，語句補充，要旨把握)

(全訳)　あなたは①「本の虫」か？もしそうなら，読書を楽しんでいるはずだ。読書が健康に良いことを知っているか？それは本当である。私たちはみんな，読書が私たちを賢くすることを知っており，読むほどに学ぶことが増えるので，賢い子供たちを「本の虫」と呼んでいる。書籍が私たちの生活において果たす役割は非常に重要で明白だ。しかし，電子書籍か紙の本のどちらを選ぶかという問題が，過去数年間にわたり世界中で活発に議論され，注目されてきた。よく指摘される議論の一つに，印刷された本を所有することは電子書籍を所有することとは異なる感覚があるというものだ。多くの人が同意するかもしれないし，しないかもしれないが，電子書籍と紙の本の両方には多くの利点と欠点がある。

驚くかもしれないが，電子書籍が導入されて以来，多くの人々がそれらを使用することを好むようになった。なぜならそれは真に環境に優しい選択肢であり，自然にもたらす他の利益があるからだ。また，明らかな理由はなく，伝統的な物理的な本は時として高価である。だから人々がそれらを購入できないこともある。今では，電子書籍へのアクセスが増えたことで，オンライン学習がより便利で手頃になった。また，それは学生にとって教育の標準になりつつある。正直に言って，電子書籍は読者に最大の快適さと便利さを提供する。

技術の進歩は止まることなく見えるが，すべてのデジタルなものが伝統的な本に取って代わるにはもっとすることがある。しかし，最近の調査では，世界中のほとんどの読者が電子書籍よりも伝統的な本を好むことが示されている。物理的な本への私たちの好みは，単なる古い習慣に過ぎない。紙の本の感傷的な要素は無視できないものだ。多くの学生にとって，図書館は良い記憶をもたらす安全で落ち着く空間である。多くの人々が，電子書籍よりも紙の本の方が読書に適していると信じている。実際のページを指でめくる古き良き印刷された本は，親、教師，そして学生が電子書籍を読むときに③するよりもより多くコミュニケーションを取る。また，実際の本を読むことから得られる健康上の利益と幸福感もある。

デジタル開発は普及している。印刷された本対デジタル本は古くからの議論だ。今もそしてこれからも，電子的な書籍同様，印刷された本を支持する人々もいる。④しかし，私たちは，それぞれが独自の特徴を持ち，使用するかどうかは人によって異なることを覚えておくべきだ。それは読者の個性や好み，特定の状況にどの形式が役立つかに大きく依存している。

43 「本の虫」なら読書を楽しんでいるはずであると述べられていることから判断できる。

44 データの共有については述べられていない。

45 健康効果や幸福感，人と交流が盛んになること，安心感があることが述べられているが，賢さをアピールすることができるという点は触れられていない。

46 本文の that は関係代名詞として使われており，3の that も同様に主格の関係代名詞として使われている。

47 本文中で interact は，人々が互いにコミュニケーションを取ることを意味しており，この文脈での do も直前のこの動詞を指している。

48 前の文でデジタル書籍と紙の書籍の特性について述べられており，But はそれに続く対立する考えを導くために適切である。

49 本文全体を通じ，紙の書籍と電子書籍のどちらにも長所と短所があると述べられており，選択は個人の好みに依存すると結論付けられている。

50 紙の書籍と電子書籍それぞれについて触れられているので，「読書の楽しみ方」が適切である。

★ワンポイントアドバイス★

比較的取り組みやすい問題が多いが，問題数が多くなっている。過去問を何度も解いて，出題傾向をつかみ，すばやく解けるように練習をしよう。

<国語解答> 《学校からの正答の発表はありません。》

一　(1)　2　(2)　4　(3)　2　(4)　1　(5)　1　(6)　4　(7)　3　(8)　3
(9)　2　(10)　4

二　問一　A　9　B　7　C　6　D　2　問二　4　問三　2　問四　2　問五　2
問六　3　問七　1　問八　4　問九　3　問十　3

三　問一　②　3　⑤　1　⑩　1　問二　3　問三　4　問四　1　問五　2
問六　1　問七　2　問八　2　問九　2　問十　1　問十一　4

四　問一　3　問二　②　4　⑤　1　問三　③　2　⑥　5　問四　2　問五　4
問六　3　問七　3　問八　1

○推定配点○

一　各1点×10　二　問一　各2点×4　他　各3点×9　三　問一・問八　各2点×4
他　各3点×9　四　各2点×10　計100点

<国語解説>

一　(漢字の読み書き)

(1)　注意を向けること。　(2)　人や動植物が育って大きくなること。　(3)　長い間繰り返すうちに，決まりのようになったこと。　(4)　職場での地位や勤務が変わること。　(5)　ある意見に対して不服とする意見。　(6)　音読みは「カイ」「エ」。　(7)　音読みは「キョ」で，「挙行」「枚挙」などの熟語がある。　(8)　音読みは「ノウ」「ナン」で，「納付」「納戸」などの熟語がある。(9)　音読みは「ダ」で，「打撃」「打開」などの熟語がある。　(10)　他の訓読みは「いちじる(しい)」。音読みは「チョ」で，「著述」「顕著」などの熟語がある。

二　(論説文―大意・要旨，心情・情景，内容吟味，文脈把握，指示語の問題，接続語の問題，品詞・用法)

問一　A　直前の段落の「一国の規範となる言語として……東京方言に基づくものとされている」を，後で「規範となる，正しいとされる言語」と言い換えているので，説明の意味を表す言葉が入る。　B　「英語はシェークスピアの美しい文学作品をつくりだした言語である」という前から当然予想される内容が後に「世界一美しい」と続いているので，順接の意味を表す言葉が入る。C　「外国や外国語について何も知らない子どもに，どの言語が一番美しく聞こえるか実験する」という前に対して，後で「子どもは生まれた瞬間から自分の母語を好む，ということがわかっています」と予想と反する内容が続いているので，逆接の意味を表す言葉が入る。　D　直前の文の「形態的にどちらの言語のほうが複雑ということ」の例として，後で「ロシア語やナバホ語」と「中国語」を挙げて説明しているので，例示の意味を表す言葉が入る。

基本　問二　直前の文の「日本語についても同様です」が，何と同様なのかを考える。同じ段落の「英語は……世界一美しい」と「同様」という文脈なので，日本語は世界一美しいとある4を選ぶ。

基本　問三　②　自立語で活用があり，言い切りの形が「華やかだ」と「だ」で終わるので，形容動詞。③　自立語で活用がなく，「大変です」という用言を修飾しているので，副詞。

問四　同じ段落の「『言語そのもの』に問題があるのではなく，科学技術の語彙がその言語にはまだ導入されていないので，英語など……を使った方が(短期的には)早い，というだけのこと」という筆者の考えに2が適当。直前の段落の「世界の言語はすべて平等」という筆者の考えに，1と4は適当でない。翻訳者の苦労について述べているわけではないので，3も適当ではない。

問五　関東に引っ越して広島弁を使わないようにしていた筆者が，思わず広島弁を話したときの周囲の雰囲気を考える。「そうで，違うんで，あのの」は東京の子供たちにとっては耳慣れない言葉であったと考えられるので，2を選ぶ。「凍り付いた」という表現からは，子どもたちが「聞き取」ろうとした様子は伺えないので，4は適当ではない。

やや難 問六　同じ文の「これ」は，直前の段落の「関西の人は，関東に来ても自信を持って関西弁を話す」ことを指示している。「関西」を「なれ親しんだ出身地」と言い換えている3の例が当てはまる。1，2は，直前の「政治や経済から来る」に，4は「社会的な自信」に当てはまらない。

やや難 問七　傍線部⑦は，直前の文の「方言には地域による変種に限らず。社会階層や民族集団などによる変種」の例として挙げているが，直後の段落で「AAEが英語の方言かどうかについては論争がある」と疑問を呈しているので，1はふさわしくない。他の選択肢は「この変種は」で始まる段落に書かれている。

問八　最終段落の「方言も言語も，言語のある変種であることに変わりはなく，どう呼ぶかは多くの要素に関わっています」から理由を読み取る。筆者は「線引きが難しい」と言っているが，1の「定義」については述べていない。2と3は例であって，理由とはならない。

問九　「当然ですが」で始まる段落の内容として，3がふさわしくない。

重要 問十　直後の段落以降で述べている東北弁が差別の対象となった事例や，筆者が東京へ転校して広島弁を口にした時の経験から考察する。「方言の価値が低いと感じる人が多い」のは，自分の土地を離れると方言を話す人が少数派になり，相手から受け入れられにくくなるからだと考えられる。1の「標準語を聞きながら生まれてくる」 2「社会制度が整備されていなかったから」とは書かれていない。4の「通じない種類や差異が発生している」ためではない。

三　(小説一情景・心情，内容吟味，文脈把握，語句の意味，ことわざ・慣用句，表現技法)

問一　②　「言葉を濁す」ははっきり言わないであいまいに言うこと。「口を濁す」とも言う。
⑤　頼むときや謝罪，こびるときの動作。　⑩　「あつ(かましい)」と読む。

問二　直前の「商品と輸送力の乏しい時に，どんな方法で原料を仕入れるかの商売の話になると」から，自分たちの商売に孝平を加えたくないことが伺える。吉蔵の言動に1の「孝平の力になれない」や4の「後ろめたい」はそぐわない。2「商売がうまくいっておらず」が適当ではない。

やや難 問三　直前の「孝平は……六年前，父の吾平に手伝わされて来た昆布の匂いと手触りを思い出した」から，孝平は父を手伝った時のことを思い出している。傍線部③の「手の出るような執着」は，手に入れたいと心が深くとらわれていることを意味しているので，4が適当。

問四　前の「えらいすんまへん」で始まる会話は，「ぼんぼんとこは都合させていただきます」と言いながらも孝平の注文を遠回しに断るものである。この内容と，「裸一貫」を「何も持たない」と言い換えて述べている1が適当。3と4は父が「暖簾分け」をしたにも関わらず，孝平に融通しようとしない栄七の様子に合わない。「裸一貫」に「商売の浅い」とある2は合わない。

問五　孝平は原草昆布の仕入れに毎日栄七の店に来ているが，譲ってもらえない状況である。直前の「わいからいうたろか」で始まる会話は，怒った孝平が栄七らに対抗する意志を示すものなので，2が適当。1の「闇値で売ること」，4「質の低いものである」とは書かれていない。孝平の言葉や，同じ文の「ど根性」という表現に，3の「悔しさを胸に立ち去った」はそぐわない。

問六　「氏，素性」は家柄や経歴，「暖簾」は店の信頼を表していることから判断する。

問七　直前の「商人としての名門や，大学を出たことなど何の役にも立たない」から，何も持たない「丁稚」として地道に商売をして成長していくことを言っている。「大学で学んだ」とある1，「父の威光」とある2は「丁稚精神」に合わない。4の考えが読み取れる描写はない。

基本 問八　傍線部⑨は，「ように」を用いてたとえているので，2の「直喩法」が用いられている。

問九　直前の「『あかん，止めとくわ，口銭になれへん』孝平は，そのえげつなさにむうっとした……三千五百円になると聞いて来ている」から，孝平は聞いていたより安い値だったので他を探そうとしていることが読み取れる。他の選択肢は，前の「おやじ」とのやりとりに合わない。

問十　傍線部⑫の「そんな」は，一つ前の段落の「十文字に縛ったロープにそって……肌にあかいロープの跡が残って消えなかった」，直前の段落の「魚類の淡泊食を好んでいた孝平が，いつの間にか豚肉を貪るように食べながらも，一向に肥えなかった。体の無理が目だって顔がやつれて来た」を指示している。この孝平の様子に，2，3，4はふさわしい。1の「魚より高価な豚肉」とは書かれていない。

重要 問十一　傍線部⑬の「へそ」は，最も重要な部分という意味で用いられている。大阪商人は真の商人だから闇商売をしてはいけないという吾平の心情に4が適当。他の選択肢は，「日本の」の意味に合っていない。

四　(古文ー大意・要旨，内容吟味，文脈把握，文と文節，口語訳，文学史)

〈口語訳〉　河内の国の，金剛寺とかいう山寺にいた僧が，「松葉を食べる人は，五穀を食べなくとも苦しくない。(松葉を)十分に食べ尽くすと，仙人ともなって，空を飛び回る」という人がいたのを聞いて，松葉を好んで食べる。本当に十分に食べ尽くしたのだろうか，五穀のたぐいを，食べないで，どうにか，二三年になったが，確かに身体が軽くなるような気がしたので，弟子たちにも，「私は仙人になろうとしているのだ」と，いつも言って，「今(になる)，今(になる)」と，家の中で，身体を飛ばせる練習をしていた。

「もう少しで飛んで，(空に)のぼるだろう」と言って，住居も何もかも弟子たちに分け譲って，「(空に)のぼるのならば，仙人の衣を着るだろう」と，形ばかり腰に物を一重に巻き付けて出発したが，「私には，これよりほかに，必要なものはない」と，長年，秘蔵して持っていた水瓶だけを腰に付けて，すぐに出発した。

弟子や仲間は，(僧との)名残りを惜しみ悲しむ。(僧の話を)聞き及んだ人々が，あちらこちらから，市のように集まって，「仙人となって(空に)のぼる人を，見よう」と，寄り集まってきたところ，この僧は，片山のはしに突き出た崖の上に登った。「一度に空へのぼろうと思うが，近くでまず遊んで，事の様子を，人々にお見せ申し上げよう」と，「あの岩の上から，下に生えている松の枝にとまって遊ぼう」と，谷から生え上がっている松の上で，四五丈ばかりの(高さがある)ところへ，下に向かって飛び込んだ。人々は，目を凝らし，感動の表情を浮かべたが，いったいどうしたというのだろうか，気後れをしたというのか，前に思っていたよりも，身体が重く，力が落ち着かず弱かったため，(松に)飛び損ねて，(僧は)谷底へと落ちていってしまった。

人々は，驚いて見ていたが，「これほどのことなので，何か事情があるのだろう。きっと，飛び上がってくるのに違いない」と見ているうちに，谷の底の岩に当たって，水瓶も割れ，また(僧の)身も散々に打ちつけて，まったく死んだようになってしまったので，弟子や従者は，あわてて(僧に)寄って，「どうした」と尋ねるけれども，返事もない。かすかに息をしていたけれど，やっとのことで，僧坊へかつぎ入れた。ここに集まった人々は，大声で笑いながら，帰っていった。

問一　「よく食ひおほせつれば」とあるので，十分に食べ尽くすととある3と4を考える。傍線部①の「仙人ともなりて，飛びありく」から，3が適当。

基本 問二　②　五種類の主要な穀物。　⑤　人と別れるときの思いきれない気持ち。

問三　③　仙人になるために松葉を食べ続け「身も軽くなる心地」がして，「すでに飛びて，登りなん」と言ったのは「僧」。　⑥　「仙に登る人，見む」と集まったのは，「聞き及ぶ人」。

やや難 問四　ここでの「べし」は推量の意味を表す。

問五　直前の会話で「一度に空へ登りなんと思へども，近くまづ遊びて，ことのさま，人々に見せ奉らむ」と理由を述べている。「人々に見せ奉らむ」を人々に見せようと述べている4が適当。

問六　「あはれ」は感動する心情を表している。人々は，松の枝に向かって「さげざまに飛ぶ」僧の姿を見て「あはれをうかべ」ているので，3を選ぶ。

問七　「いらへもせず」は，返事もしないという意味。同じ文の「谷の底の巌に当りて……わが身も散々打ち損じて，ただ死にしたければ」から，僧が，返事ができなかった理由を読み取る。「ただ死」をまるで死んだような状態と述べて理由としている3が適当。

重要　問八　最終段落の「わづかに息のかよふばかりなりけれど，とかうして，坊へかき入れつ。ここに集まれる人，笑ひののしりて，帰り散りぬ」と1が一致する。他の選択肢が読み取れる内容はない。

★ワンポイントアドバイス★

古文の読解問題では，助動詞の知識が必要なものが含まれている。高校範囲の内容にも一度目を通しておこう。

大切なことはメモしておこうネ！

T.G

2023年度

★★★★★★★★★★★★★★★★★★★★★★★★

入　試　問　題

2023年度

横浜清風高等学校入試問題

【数　学】（50分）〈満点：100点〉

【注意】1. 数値が負の分数の場合，分子の方に符号「－」をつけてマークしなさい。

例えば，$\dfrac{\boxed{エオ}}{\boxed{カ}}$ に $-\dfrac{4}{5}$ と答えたいときは，$\dfrac{-4}{5}$ として答えなさい。

2. 分数は，約分できる場合は約分して答えなさい。

例えば，$\dfrac{6}{8}$ は，$\dfrac{3}{4}$ として答えなさい。

3. 根号(ルート)の中は，最も小さい自然数で答えなさい。

例えば，$2\sqrt{8}$ は，$4\sqrt{2}$ として答えなさい。

第1問

問1 次の計算をした結果として正しいものを解答群の中から選び，1つだけマークしなさい。

（1） $-20-(-23)=$ $\boxed{ア}$

$\boxed{ア}$ に当てはまる解答群

① -43　② -23　③ -3　④ 3

⑤ 23　⑥ 43　⑦ いずれでもない

（2） $\dfrac{3}{5}-\dfrac{5}{3}=$ $\boxed{イ}$

$\boxed{イ}$ に当てはまる解答群

① $-\dfrac{16}{15}$　② -1　③ $-\dfrac{2}{15}$　④ 0

⑤ $-\dfrac{2}{15}$　⑥ 1　⑦ いずれでもない

（3） $\sqrt{2}-\sqrt{8}-\sqrt{18}=$ $\boxed{ウ}$

$\boxed{ウ}$ に当てはまる解答群

① $-5\sqrt{2}$　② $-4\sqrt{2}$　③ $-3\sqrt{2}$　④ $-\sqrt{6}$

⑤ $-\sqrt{2}-2\sqrt{3}$　⑥ $\sqrt{2}-2\sqrt{3}$　⑦ いずれでもない

（4） $\dfrac{9}{\sqrt{3}}-\dfrac{\sqrt{3}}{2}=$ $\boxed{エ}$

$\boxed{エ}$ に当てはまる解答群

① $\dfrac{3}{2}$　② $\sqrt{3}$　③ $3-\dfrac{\sqrt{3}}{2}$　④ $\dfrac{5}{2}$

⑤ $\dfrac{5\sqrt{3}}{2}$　⑥ $7\sqrt{3}$　⑦ いずれでもない

（5） $24\div(-8)\times(-3)^2=$ $\boxed{オ}$

$\boxed{オ}$ に当てはまる解答群

① -27　② -18　③ $-\frac{1}{3}$　④ $\frac{1}{3}$

⑤ 18　⑥ 27　⑦ いずれでもない

（6） $\frac{x+3y}{2}-\frac{2x-y}{3}=$ **カ**

カ に当てはまる解答群

① $x-4y$　② $-x+11y$　③ $\frac{-4x+3y}{6}$　④ $\frac{-4x+9y}{6}$

⑤ $\frac{-x+7y}{6}$　⑥ $\frac{-x+11y}{6}$　⑦ いずれでもない

（7） $(x+1)(x-2)-(x+4)^2=$ **キ**

キ に当てはまる解答群

① $-9x-18$　② $-7x+14$　③ $-x+18$　④ $x-18$

⑤ $7x+14$　⑥ $9x-18$　⑦ いずれでもない

問2　次の設問の答えとして正しいものを解答群の中から選び，1つだけマークしなさい。

（1） $\sqrt{5}$の小数部分をaとするとき，$2a^2+8a+5$の値は **ク** である。

ク に当てはまる解答群

① 1　② 3　③ 5　④ 7

⑤ 9　⑥ いずれでもない

（2） 1から25までの自然数の積$1\times2\times3\times\cdots\cdots\times24\times25$を素因数分解したとき，素因数3は全部で **ケ** 個である。

ケ に当てはまる解答群

① 8　② 9　③ 10　④ 11

⑤ 12　⑥ いずれでもない

（3） 3枚の硬貨を同時に投げるとき，少なくとも1枚は表となる確率は **コ** である。
ただし，表と裏のどちらが出ることも同様に確からしいものとする。

コ に当てはまる解答群

① $\frac{1}{8}$　② $\frac{3}{8}$　③ $\frac{1}{2}$　④ $\frac{5}{8}$

⑤ $\frac{7}{8}$　⑥ いずれでもない

（4） $x=\sqrt{3}+1$，$y=\sqrt{3}-1$のとき，x^2+y^2の値は **サ** である。

サ に当てはまる解答群

① $2\sqrt{3}$　② $4\sqrt{3}$　③ $6\sqrt{6}$　④ 4

⑤ 8　⑥ いずれでもない

（5） nは自然数とする。7つの数60，34，79，51，28，47，nがあり，nがこの7つの数の中央値になるとき，nの最小値は **シ** である。

シ に当てはまる解答群

① 47　② 48　③ 49　④ 50

⑤ 51　　⑥ いずれでもない

（6） 右の図は立方体の展開図である。この展開図を立方体に組み立てたとき，☆の面に向かい合う面は［ス］である。

［ス］に当てはまる解答群

① A　　② B　　③ C
④ D　　⑤ E　　⑥ いずれでもない

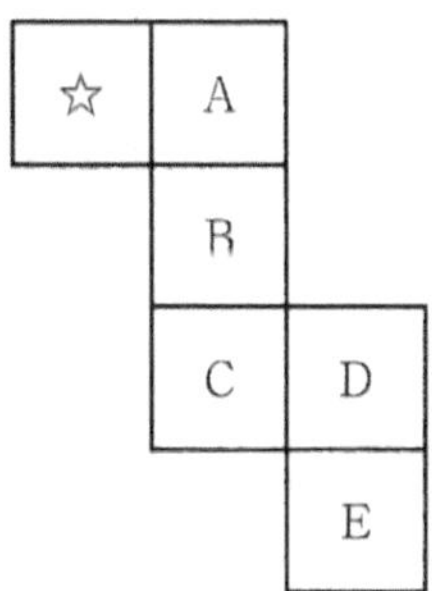

第2問

問1 左辺を因数分解した結果として，右辺の空欄に当てはまる適切な記号や数字をマークしなさい。

（1） $3x^2+45x+132=$［ア］$(x+$［イ］$)(x+$［ウエ］$)$

（2） $2(x-1)^2+8(x-1)+8=$［オ］$(x+$［カ］$)^2$

問2 次の空欄に当てはまる適切な記号や数字をマークしなさい。

（1） $-2(2x+3)=2x+6$を解くと，$x=$［キク］である。

（2） $x^2+3x-28=0$を解くと，$x=$［ケ］，［コサ］である。

（3） $(x+4)^2-5=0$を解くと，$x=$［シス］$\pm\sqrt{［セ］}$である。

（4） $\begin{cases} 2x-3y=1 \\ x=3-y \end{cases}$ を解くと，$x=$［ソ］，$y=$［タ］である。

（5） x，yについての2つの連立方程式$\begin{cases} 3x+4y=-1 \\ ax+by=1 \end{cases}$，$\begin{cases} 4x-y=-14 \\ bx+ay=-4 \end{cases}$の解が等しいとき，

$a=$［チ］，$b=$［ツ］である。

第3問

問1 右の図は，1辺の長さがすべて8cmの四角すいO-ABCDである。辺OA，OD上にはそれぞれ点P，Qがあり，2点は点Oを出発し各辺を毎秒1cmの速さで2点A，Dへそれぞれ移動する。また，辺OB，OCの中点をそれぞれ点R，Sとする。

このとき，次の各問について，空欄に当てはまる適切な記号や数字をマークしなさい。

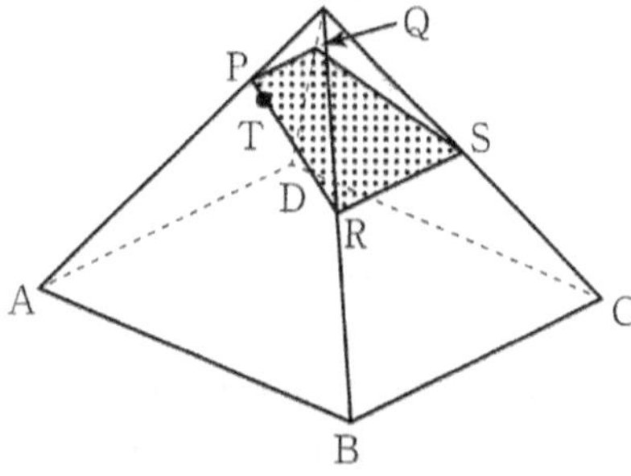

（1） 2秒後の四角形PRSQの面積は［ア］$\sqrt{［イウ］}$ cm^2である。

以下，4秒後の立体について考える。

四角形PRSQを切断面として，四角すいO-ABCDから四角すいO-PRSQを取り除く。

（2） 残った立体の体積は$\dfrac{\boxed{エオカ}\sqrt{\boxed{キ}}}{\boxed{ク}}$cm^{3}である。

（3） 残った立体の頂点Cから辺RSを通り，辺PR上の点Tまで最短距離となるようにひもを通すと，ひもの長さは$2\sqrt{21}$cmとなった。

このときのPTの長さは$\boxed{ケ}-\boxed{コ}\sqrt{\boxed{サ}}$cmである。

問2 右下の図のように，直線ℓ：$y=x-4$が放物線$y=-\dfrac{1}{2}x^2$と異なる2点A，Bで交わっている。

また，点Bを通る直線mは，放物線$y=ax^2$ $(a>0)$と点Cで交わっており，2点A，Cのx座標は等しい。

このとき，次の各問について，空欄に当てはまる適切な記号や数字をマークしなさい。

（1） 点Aの座標は

($\boxed{シ}$，$\boxed{スセ}$)である。

（2） 直線mが原点Oを通るとき，

$a=\boxed{ソ}$である。

（3） 直線ℓとy軸の交点をDとする。

△OABの面積と四角形ODACの面積が等しいとき，

$a=\dfrac{\boxed{タ}}{\boxed{チ}}$である。

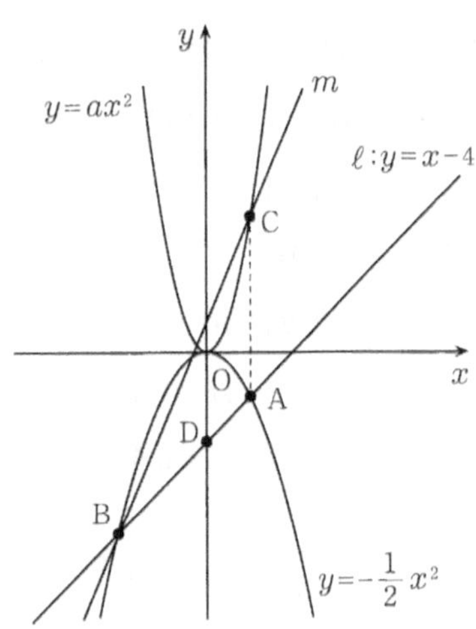

第4問

図のように，ピラミッド状に並べたすべてのカードに，以下の【ルール】に基づいて順番に数字を書き入れる。

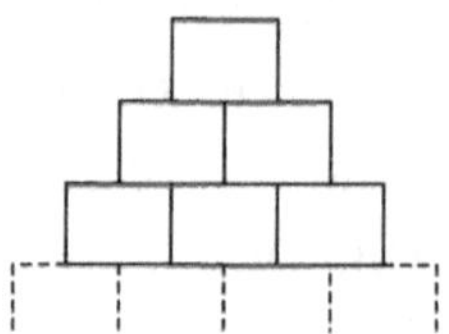

【ルール】

1．k段目に並べられたk枚のカードのうち，最も左側のカードの数字をa_k，最も右側のカードの数字をb_kとする。ただし，1段目(ピラミッドの頂上)にあるカードに書き入れる数字はa_1とb_1とする。

2．a_1にある数dを加えてa_2が得られ，a_2にある数dを加えてa_3が得られる。このように，a_kにdを加えてa_{k+1}が得られる。

3．a_k以外で新たに空欄に書き入れる数字は，書き入れるカードの左上と左隣にあるカードに書かれている数字の和とする。例えば，右図の3段目における中央のカードには，a_2とa_3の和を書き入れる。

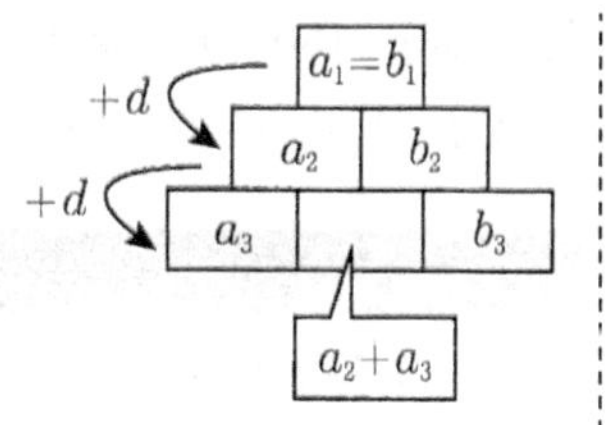

このとき，次の各問について，空欄に当てはまる適切な記号や数字をマークしなさい。

（1） $a_1=1$，$d=2$のとき，$a_2=$ **ア** ，$a_3=$ **イ** ，$b_3=$ **ウエ** である。

（2） $b_5=a_1+$ **オ** a_2+ **カ** a_3+ **キ** a_4+a_5である。

したがって，$b_5=$ **クケ** $(a_1+$ **コ** $d)$である。

（3） $a_1=5$，$b_5=1200$のとき，$d=$ **サシ** である。

【英　語】（50分）〈満点：100点〉
【注意】 リスニング問題は試験開始10分後に放送されます。

リスニング問題

問1　(解答番号[1]〜[5])

A. 次のNo.1からNo.5の対話文を聞き，最後の発言に対する相手の応答として最も適当なものを，4つの選択肢①〜④のうちから1つずつ選び，その番号をマークしてください。
放送は2回繰り返されます。放送中にメモをとってもかまいません。

[1]
① That sounds good.
② It's a great plan.
③ You should go.
④ I'm not really sure.

[2]
① I'll buy one.
② I left it in the locker.
③ I'll practice that song.
④ I want to have dinner at a restaurant.

[3]
① Sure, I'll give you a lesson.
② Yeah, it was a present.
③ I did, but it was a close match.
④ No, I didn't play tennis.

[4]
① Sorry, I've never been to Australia.
② Sorry, I'm still learning how to play it.
③ Sorry, I'll be away next week.
④ Sorry, I'd like to play the guitar.

[5]
① No, I like their uniforms very much.
② No, I didn't do well on the interview.
③ No, I thought the location was convenient.
④ No, I have to work late every night.

(解答番号[6]〜[10])

B. はじめに英文が放送されます。その内容について，次のNo.6からNo.10のそれぞれの問いに対する答えとして最も適当なものを，4つの選択肢①〜④のうちから1つずつ選び，その番号をマークしてください。
放送は2回繰り返されます。放送中にメモをとってもかまいません。

[6]
① They use the same language.
② They have a dance scene at the end.
③ They have actors.
④ They have nothing in common.

[7]
① They studied theater arts.

② They studied English.

③ They did part-time job.

④ All of them belonged to the drama clubs.

8 ① They can help their performances.

② They can watch the performances.

③ They can be a director in their performances.

④ They can sing songs.

9 ① Actor.

② Theater director.

③ Musician.

④ Dancer.

10 ① Movies made in US are not the same as Japanese ones.

② All actors joined the drama clubs when they were students.

③ You'll get a chance to work in the movie world if you study theater arts.

④ People don't like to watch movies these days.

筆記問題

問2　(解答番号11～15)

次の会話が成り立つように，(　　)に入る最も適当なものを，4つの選択肢①～④のうちから1つずつ選び，その番号をマークしてください。

11 A：I went to Paris this spring vacation. (　　　　　)

B：Yes. I have been there twice with my family.

① When did you go there?

② Did you go there for the first time?

③ Have you ever been there before?

④ How long did you stay there?

12 A：I'll go to the summer festival next Sunday. Will you come with me?

B：I want to, but I can't.

A：What are you going to do?

B：(　　　　　)

① I need to help with my brother's homework.

② I don't like going to a summer festival.

③ Because the weather will not be fine.

④ You will go with my brother.

13 A：Do you know Emily? What does she do?

B：(　　　　　)

① She has a brother and two sisters.

② She is playing the piano over there.

③ She is a nurse. She works at Chicago City Hospital.

④ I know her. She is twenty years old.

14 A：Wait. You should take an umbrella. It's going to rain soon.
B：Really? (　　　　　)
A：Maybe it is wrong. The clouds are getting darker.
① The news says it's going to clear up.
② It's a nice day to play with my friends.
③ Do you like your new beautiful umbrella?
④ I like rainy days better than sunny days.

15 A：How many tickets do you want?
B：Three tickets. One adult, one student, and one child ticket, please.
A：Oh, it's Friday. So it's free for your little boy. (　　　　　)
B：Really? That's great!
① You don't have to sell one ticket.
② You must pay more money to come in.
③ You should come here only on Friday.
④ You will need just two tickets.

問３　(解答番号16～25)

次の英文中の(　　)に入る最も適当なものを，４つの選択肢①～④のうちから１つずつ選び，その番号をマークしてください。

16 We can solve this problem by (　　　　　) computers.
① use　② using　③ to use　④ used

17 "How long have you been in Yokohama?"
"I have been here (　　　　　) I was born."
① since　② for　③ from　④ when

18 This desk is made (　　　　　) wood.
① of　② from　③ by　④ on

19 I think this idea is (　　　　　) of all.
① well　② good　③ the best　④ better

20 Your mother (　　　　　) sad today.
① eats　② makes　③ sees　④ looks

21 When I entered the room, I found my cat (　　　　　) near the window.
① sleep　② sleeping　③ slept　④ to sleep

22 To save the earth, we should try to (　　　　　) plastic bottles.
① recycle　② buy　③ deliver　④ sell

23 I want to live in a city (　　　　　) has beautiful beaches.
① where　② who　③ how　④ which

24 The plane will (　　　　　) from Narita Airport.
① take off　② fly over　③ run away　④ touch down

25 "Would you like some more coffee?"
"(　　　　　)."
① No, I don't　② Yes, please　③ I hope so　④ You are welcome

問4 (解答番号26～30)

次の文章を読み，その内容を示す英文として最も適当なものを，4つの選択肢①～④のうちから1つずつ選び，その番号をマークしてください。

26 Yuki usually gets up at 6:00. Her mother gets up at 6:00, too. Her father gets up at 7:00, and her sister gets up at 7:30.

① Yuki's sister gets up the earliest in her family.
② Yuki gets up later than her father.
③ Yuki gets up as early as her mother.
④ Yuki doesn't get up as early as her father.

27 We use a lot of PET bottles because they are light and it is easy to carry them. They are trash if we don't separate them from other trash, but they will become important resources if we separate them. A small thing we do in our life can be a great thing for Japan.

① If we use a lot of PET bottles, we will have less trash.
② A lot of PET bottles will make our life harder.
③ We use PET bottles because it is not difficult to carry them.
④ If we use PET bottles the right way, it will become another kind of trash.

28 In Japan many people take a bath every day, but when we have a cold, we do not often take a bath. We believe we should not take a bath when we have a cold. Many people in other countries do not agree with this idea, and they do not think about such a thing. Why do Japanese people believe this?

① Many people around the world don't take a bath when they have a cold.
② Japanese people take a bath when they have a cold, not every day.
③ All the people in Japan take a bath every day, but not when they have a cold.
④ Japanese people do not often take a bath when they have a cold.

29 My name is Akiko. I am a Japanese high school student. I came to live in America with my family two weeks ago. One day my mother asked me about my school life. I answered that I enjoyed it very much. But that was not true. I didn't want my mother to worry about me.

① This is the second time that Akiko came to America.
② Akiko has been in America for two weeks with her family.
③ Akiko's mother asked Akiko to enjoy her school life.
④ When her mother asked Akiko about her school life, Akiko answered that she didn't enjoy it.

30 I was taking the Toyoko Line that links Tokyo to Yokohama. James, a friend from Boston, was standing next to me. "Japanese men are not very polite," James said pointing to a man sitting near a woman. She was standing with a baby on her back along with a couple of

shopping bags.

① A woman carrying a baby on her back had bad manners.
② James was sitting next to a Japanese man with bad manners.
③ A woman carrying a baby on her back was angry and pointed at James.
④ James felt sorry for the woman carrying her baby on her back.

問5　(解答番号31～35)

次の文が英文として成立するように(　　)内の語句を並べかえ，(　　)内において2番目と4番目にあてはまるものの番号の組み合わせとして最も適当なものを，4つの選択肢①～④のうちから1つずつ選び，その番号をマークしてください。ただし，文頭にくる文字も小文字で示されています。

(例)『1と2』 2番目…1　　4番目…2

31　(1. do　2. swim　3. not　4. this　5. in) river.
① 1と5　② 2と3　③ 3と5　④ 4と2

32　Could (1. pass　2. the　3. you　4. salt　5. me), please?
① 1と4　② 5と3　③ 1と2　④ 3と4

33　I (1. for　2. no　3. have　4. time　5. lunch).
① 2と1　② 2と4　③ 4と5　④ 3と1

34　My (1. me　2. teacher　3. told　4. study　5. to) English.
① 3と5　② 3と4　③ 2と3　④ 1と5

35　I (1. know　2. don't　3. why　4. was　5. she) late.
① 1と4　② 4と3　③ 2と3　④ 1と5

問6　(解答番号36～42)

次の会話文を読み，以下の問題に答えてください。

Haruto：Hello, Aoi. I've seen you with that book a lot *lately. What are you reading? Is it a fantasy novel?

Aoi：Hi, Haruto. No, it isn't a fantasy novel. It's actually a book to help me learn a foreign language! I've been studying a lot recently!

Haruto：Oh, I see! What language are you studying?

Aoi：I'm studying *Mandarin Chinese.

Haruto：Why are you studying that? I don't think we have any Chinese students around us that you can talk to in Mandarin.

Aoi：There are many Mandarin Chinese speakers all over the world! Mandarin Chinese is the second most spoken language in the world. English is the first!

Haruto：Wow, really? I didn't know (1) <u>that</u>.

Aoi：Yes. Learning a second language will also help us in the future. Many jobs will give a higher *salary to people who speak more than one language.

Haruto：Maybe I should start studying Mandarin Chinese, too! Is it difficult?

Aoi：It's very difficult. Learning a second language takes a lot of time. There are tones in

Mandarin Chinese that I have to practice every day.

Haruto ：What are (2) tones?

Aoi ：Tones are different ways to say a word that can change the meaning.

Haruto ：That sounds very difficult! Mandarin uses some Japanese kanji, too, right?

Aoi ：Well, some of the kanji are the same, but many are different.

Haruto ：Oh, I thought it would be easy for me, but I think it will be difficult!

Aoi ：It will be! If you are interested in learning Mandarin, I can help you study after school today.

Haruto ：Wow, really? That would be great! Thank you, Aoi!

Aoi ：You're welcome! I'll see you after school then.

Haruto ：See you later!

＊lately 「最近」　＊Mandarin Chinese 「標準中国語」　＊salary 「給料」

以下の36～42のそれぞれの質問に対する答えとして最も適当なものを，4つの選択肢①～④のうちから1つずつ選び，その番号をマークしてください。

36 Harutoが最近見ているAoiはどのような姿ですか。

① 空想小説を読んでいる姿
② 人を助けている姿
③ 中国人と話している姿
④ 本を持っている姿

37 なぜAoiはMandarin Chineseを学習していますか。

① 2か国語以上話せる人は給料を多くもらえるから。
② 2か国語以上話せる人は職業選択の幅が広がるから。
③ 中国人のクラスメートと仲良くなりたいから。
④ 世界中どこでも誰とでもコミュニケーションを取ることが可能だから。

38 Mandarin Chineseと日本の漢字には，どのような関係がありますか。

① 2つはとても似ている。
② 2つは全く同じである。
③ 少し似ているが多くは異なる。
④ 2つとも全く似ていない。

39 Mandarin Chineseを学習することについて，Harutoはどのように感じていますか。

① 思っていたよりも難しいことだと感じている。
② 思っていた通り簡単なことだと感じている。
③ 思っていたよりも大事なことだと感じている。
④ 思っていたよりもつまらないと感じている。

40 この会話の後に，彼らは何をすると考えられますか。

① HarutoはAoiからMandarin Chineseを教わる。
② AoiはHarutoからMandarin Chineseを教わる。
③ HarutoはAoiに英語を教える。

④ AoiはHarutoに英語を教える。

41 下線部(1)の内容を表すものとして最も適当なものはどれですか。

① 第2言語を学習することは，将来私たちを助けてくれることになるということ。

② AoiとHarutoの周りにはMandarin Chineseを使って会話できる中国人学生がいること。

③ Mandarin Chineseが世界で2番目に話されている言語であること。

④ AoiがMandarin Chineseを学習していること。

42 下線部(2)の本文中で使われている意味と同じような意味を持つものとして最も適当なものはどれですか。

① the rise and fall of the voice

② the musical sound of a language

③ the light and shade of an image

④ the bright and dark side of life

問7 (解答番号43～50)

次の英文を読み，以下の問題に答えてください。

When you go outside at night and look up at the sky on a clear day, what do you see? If you live in a big city like Tokyo, you probably see many lights from the buildings that are around you. You often cannot see the stars that are in the night sky. There are many cities around the world these days. All of these cities have many lights. These lights make (1) it difficult to see the stars or planets in the sky.

However, if you would like to learn about stars, planets, and other things in space, then you can study astronomy. Astronomy is the study of things in space, such as stars and planets. In an astronomy class, you can learn why some stars are brighter than other stars. You can also learn about the moon and the sun. In an astronomy class, many students enjoy learning about (2) constellations. Constellations are groups of stars that look like a picture. For example, some constellations that you may have seen are stars that look like a bear, a person with a bow, or a pot for cooking. There are many interesting constellations that we can see on a clear night!

We may not be able to see the stars from big cities like Tokyo or Yokohama, so where can we go to see the stars? In Japan, the best places to see the stars is after we climb a mountain. Mountains in Japan often do not have many lights, so it is very easy to see the night sky from the top. There is also something we can buy that will help us see the stars and planets more clearly. Do you know what it is? It is a(ア). A(ア)will show things that are far away so we can see them. Using a(ア), you can see the moon very clearly!

(3) What kinds of jobs do people who like astronomy have in the future? For people who like astronomy, there are many interesting jobs that they can do. They could become a university professor and teach other people about astronomy! They could also work at a planetarium (4) to show others the stars and planets. If you are very interested in astronomy, maybe you could even become an astronaut, so you can go to space!

以下の43～50のそれぞれの質問に対する答えとして最も適当なものを，4つの選択肢①～④のうちから1つずつ選び，その番号をマークしてください。

43　下線部(1)が指す内容として最も適当なものはどれですか。
① 夜に外に出て空を見上げること
② 東京のような大都市に住んでいること
③ 空の星や惑星を見ること
④ 星について知りたいと思うこと

44　天文学を学ぶことで身につく知識として本文中で述べられているものはどれですか。
① 宇宙に関連する職業の内容
② 星を観察するのに適した場所と時間
③ 太陽の活動と人間や動物に与える影響
④ 星によって明るさに差がある理由

45　下線部(2)constellationsが表す意味として最も適当なものはどれですか。
① 天の川
② 太陽系
③ 銀河
④ 星座

46　東京や横浜のような大都市で，夜に星が見られない理由として本文中で述べられているものはどれですか。
① Because people use smartphones in big cities.
② Because big cities are too bright to see the stars.
③ Because the smoke from the factories is covering the sky of big cities.
④ Because big cities are far away from the sky.

47　日本で星を見るのに最も適している場所として本文中で述べられているものはどれですか。
① 建物の屋上
② 天文台
③ 山頂
④ 岬

48　3カ所の(　ア　)に共通して入る最も適当な語はどれですか。
① television
② telescope
③ telephone
④ telegram

49　下線部(3)の答えとして本文中で述べられていない職業はどれですか。
① 宇宙飛行士
② 大学の教授
③ 気象予報士
④ プラネタリウムの職員

50　下線部(４)と同じ用法のtoを含む英文はどれですか。

① She got up early to walk her dog before breakfast.

② My brother gave his bike to me.

③ Please give me something cold to drink.

④ My dream is to be an English teacher.

3、この世を思い出させるものがあったら、どんなに苦しいことだろう。

4、そうした風流なものさえあれば、中有でも苦しくありません。

問八、傍線部⑧「僧、逃げ走り、逃げにけり」について僧が逃げた理由として適当なものを次の選択肢の中から一つ選びなさい。（解答番号は52）

1、話にならないと、いやに思ったので。

2、恐ろしくて、自分の身に危険が及ぶと思ったので。

3、満足して、やりとげたので。

4、嘘をついたので、気づかれる前にと思って。

問九、（　）に入る語として適当なものを次の選択肢の中から一つ選びなさい。（解答番号は53）

1、し　　2、ず　　3、ふ　　4、む

問十、藤原惟規は紫式部の兄弟であるが、紫式部の作品として適当なものを次の選択肢の中から一つ選びなさい。（解答番号は54）

1、枕草子　　2、源氏物語　　3、万葉集　　4、方丈記

この歌のはての「（　）」文字をば、え書かざりけるを、さながら都へもてかへり、親どもいかに哀れに悲しかりけむ。

（「十訓抄」より）

注1「すきもの」……風流人。
注2「沙汰」……指示。手配。
注3「知識の僧」……念仏をすすめ、往生へと導いてくれる僧。
注4「中有」……人が死後、次の生を得るまでの間の世界。（四十九日間）
注5「倶舎」……仏教の入門書。
注6「あいなく」……筋が通らない。どうしようもない。

問一、傍線部①「重くわづらひける」は「重い病にかかる」と訳される。病にかかったのは人物として適当なものを次の選択肢の中から一つ選びなさい。（解答番号は45）

1、惟規　2、為時　3、かの国の人　4、恋しき人

問二、傍線部②「あまた」の意味として適当なものを次の選択肢の中から一つ選びなさい。（解答番号は46）

1、涙の雨　2、すがた　3、たくさん　4、かなしむ

問三、傍線部③「よびたりけるが」の動作の主として適当なものを次の選択肢の中から一つ選びなさい。（解答番号は47）

1、惟規　2、為時　3、恋しき人　4、知識の僧

問四、傍線部④「心細きやうなどいひて」を現代仮名遣いに書き改めたものとして適当なものを次の選択肢の中から一つ選びなさい。（解答番号は48）

1、心細きやうなどいいて　2、心細きようなどひひて
3、心細きやうなどいひて　4、心細きようなどいいて

問五、傍線部⑤「中有とは、いかなる所ぞ」について、中有がどのような場所であるかの説明として適当なものを次の選択肢の中から一つ選びなさい。（解答番号は49）

1、誰もいない夕暮れ時の広い野原をとぼとぼ一人でいくようなところ。
2、誰も知らない野原で夜が明けるのをただひたすらに待ち続けるところ。
3、紅葉やすすきで彩り、秋の紅葉を感じられるようなところ。
4、食べ物や風はないが松虫や鈴虫が鳴いているようなところ。

問六、傍線部⑥「中間に住せむことを求むるも、止まるところなし」の意味として適当なものを次の選択肢の中から一つ選びなさい。（解答番号は50）

1、中間点に住もうとしてもそれがどこなのかわからない。
2、途中でとどまろうとしてもその場所がない。
3、途中でとどまろうとしても方法がわからない。
4、中間点を住んでも住み続けることができない。

問七、傍線部⑦「さだにもあらば、なにかは苦しからむ」の意味として適当なものを次の選択肢の中から一つ選びなさい。（解答番号は51）

1、仏のありがたい教えがあれば、中有でも恐ろしくはありません。
2、一緒に行ってくれる人がいれば、中有も恐ろしくはありません。

ちを抑えるために行ったものであるから。

3、わざと負けた本当の理由は、弱い兄への恨みから行ったものであるから。

4、わざと負けた本当の理由は、弱い兄を持つ自分の気持ちを慰めるために行ったものであるから。

問十一、この文章の内容として適当なものを次の選択肢の中から一つ選びなさい。（解答番号は42）

1、誠二は、信ちゃんしか自分を支えてくれる人はいないと強く思った。

2、誠二は、兄の代わりに自分が頼みがいのある存在にならなくてはならないと決心した。

3、誠二は、周囲から馬鹿にされないようにするためには強い存在にならなくてはいけないと感じた。

4、誠二は、わざと兄に負けたが自分の予想していた結果にならず、後悔している。

問十二、この文章の表現の特徴として適当なものを次の選択肢の中から一つ選びなさい。（解答番号は43）

1、多彩な個性を持つ登場人物それぞれの視点から出来事を描写することで、読者の想像力を限定している。

2、心情の描写を特定の人物に限定することで、読者が状況をイメージしやすいようにしている。

3、周囲に馬鹿にされる誠二にも理解者がいることを描き、この世界は希望に満ちていることを示している。

4、会話文を多用することで、読者が実際にその場にいるかのように錯覚させるような狙いがある。

問十三、この文章の作者である太宰治の作品として適当なものを次の選択肢の中から一つ選びなさい。（解答番号は44）

1、走れメロス　　2、暗夜行路

3、伊豆の踊子　　4、一握の砂

四、次の文章を読んで、後の問いに答えなさい。（解答番号は45～47）

藤原惟規（ふぢはらののぶのり）は、世の①すきものなり。[注1] 父の越後守為時（ゑちごのかみためとき）にともなひて、かの国へ下りけるほどに、②重くわづらひけるが、

都にも恋しき人のあまたあれば
なほこのたびはいかむとぞ思ふ

とよみたりけれども、いとど限りにのみ見えければ、父の沙汰（さた）[注2]にて、ある山寺より、[注3]③知識の僧をよびたりけるが、[注4]中有（ちゅう）の旅のありさま、④心細きやうなどいひて、「これにやすらはで、ただちに浄土（じゃうど）へ参り（まゐ）給へ（たま）」など、いひ聞かせけり。

⑤「中有とは、いかなる所ぞ」と、病人問ひければ、「夕暮の空に、広き野に行きいでたるやうにて、知れる人もなくて、ただひとり、心細くまかりありくなり。[注5]倶舎（くしゃ）には、

⑥前路（ぜんろ）に往（ゆ）かむとするも、資糧（しりゃう）なく
中間（ちゅうげん）に住（ぢう）せむことを求むるも、止（とど）まるところなし

と申したる」と答ふるを聞きて、「その野には、嵐にたぐふ紅葉（もみぢ）、風になびく尾花（をばな）がもとに、松虫、鈴虫鳴くにや。⑦さだにもあらば、なにかは苦しからむ」といふ。これを聞きて、[注6]あいなく、心づきなくおぼえければ、僧、⑧逃げ走り、逃げにけり。

4、弱い兄を持つ自分の気持ちを落ち着かせようと思ったから。

問五、傍線部⑤「膝頭がガクガク震えて居る」・⑨「どんより曇った灰色の空は低く大地を包んで居た」で使われている表現技法として適当なものを次の選択肢の中からそれぞれ選びなさい。（解答番号⑤は**34**、⑨は**35**）

1、対句法　2、直喩　3、体言止め
4、擬人法　5、オノマトペ　6、倒置法
7、仮定法

問六、傍線部⑥「それでも『もういいだろう』という事が夢中になって居る誠二の頭に浮かんで来た」とはどういうことか。その説明として適当なものを次の選択肢の中から一つ選びなさい。（解答番号は**36**）

1、勝負に夢中になっていたが、兄の実力は十分に示すことが出来たと思えたということ。
2、勝負に夢中になっていたが、これならわざと負けても違和感はないだろうと思ったということ。
3、勝負に夢中になっていたが、自分がわざと負けても自分は馬鹿にされないだろうと思ったこと。
4、勝負に夢中になっていたが、兄にわざと負けることは失礼なことではないと思ったこと。

問七、〔ア〕・〔イ〕に挿入する語句として適当なものを次の選択肢の中からそれぞれ選びなさい。（解答番号アは**37**、イは**38**）

〔ア〕
1、得意そうに　2、不安そうに
3、疑うように　4、見透かすように

〔イ〕
1、自分に負けた兄　2、頼みがいのない兄
3、自分よりも弱い兄　4、自分よりも強い兄

問八、傍線部⑧「取り返しのつかない」と同じ意味を持つことわざとして適当なものを次の選択肢の中から一つ選びなさい。（解答番号は**39**）

1、覆水盆に返らず　2、悪事千里を行く
3、転ばぬ先の杖　4、立つ鳥跡を濁さず

問九、傍線部⑩「誠二は急に顔に微笑を浮べて信ちゃんの手を固くにぎりだまって頭を縦に振って見せた」ときの誠二の心情として適当なものを次の選択肢の中から一つ選びなさい。（解答番号は**40**）

1、自分のことを本当に理解してくれる信ちゃんは、周りに反抗して自分の味方でいてくれて嬉しくなっている。
2、周りは本当のことを分かってくれなくても、信ちゃんだけが分かってくれて救われた気持ちになっている。
3、信ちゃんは本当のことを理解してくれていることが分かり、喜びであふれている。
4、自分のことを本当に大切にしてくれている信ちゃんだけは、大事にしようと思っている。

問十、傍線部⑪「誠二はそれに対して『ソウダ』と言うことがどうしても出来なかった」理由として適当なものを次の選択肢の中から一つ選びなさい。（解答番号は**41**）

1、わざと負けた本当の理由は、自分を馬鹿にする周囲に強い兄と互角に戦う自分を見せるためであったから。
2、わざと負けた本当の理由は、弱い兄を持つ自分に対するいらだ

聞いて嬉しくって嬉しくってたまらなかった。そして自分をホントに知ってて呉れる人は信ちゃんであると思った。⑩誠二は急に顔に微笑を浮べて信ちゃんの手を固くにぎりだまって頭を縦に振って見せた。信ちゃんは大得意になって「そうだろう、なんだかおかしいと思った。あんなにたやすく兄さんに負けはしまいと僕は思って居たんだ。だがなぜ兄さんに勝たせたいんだい」と聞いた。それを聞いて誠二はハッとしたようにしてだんだん暗い顔色になって来た。

やや沈黙が続いた後信ちゃんはトンキョウな声を上げて「ハハアわかった、誠ちゃん君えらいネ、兄さんに赤恥をかかせまいと思って負けたんだネ、そうだろう」と叫ぶように言った。⑪誠二はそれに対して「ソウダ」と言うことがどうしても出来なかったのは無論である。

（太宰治「角力」による）

注1「嘲罵」……あざけりののしること。
注2「戯謔」……ふざけること。またそのさま。

問一、傍線部①「寧ろ」・③「あながち」・⑦「始末」の意味として適当なものを次の選択肢の中からそれぞれ選びなさい。（解答番号①は28、③は29、⑦は30）

①「寧ろ」
1、どちらかといえば　2、まったく
3、間違いなく　4、丁寧にいえば

③「あながち」
1、ほぼ　2、極めて
3、あくまで　4、必ずしも

⑦「始末」
1、原因　2、結果
3、成果　4、効果

問二、傍線部②「誠二は淋しくなった」について、淋しさの原因として適当なものを次の選択肢の中から一つ選びなさい。（解答番号は31）

1、自分が兄に対して角力で勝ってしまったこと。
2、自分の兄のことを友達に馬鹿にされること。
3、自分が弱い兄を持ってしまったこと。
4、自分に負けた兄が悔しそうにしていないこと。

問三、波線部X～Z「彼」が示す語の組み合わせとして適当なものを次の選択肢の中から一つ選びなさい。（解答番号は32）

1、X—兄　Y—誠二　Z—誠二
2、X—誠二　Y—誠二　Z—兄
3、X—誠二　Y—兄　Z—誠二
4、X—兄　Y—兄　Z—誠二

問四、傍線部④「もう一回兄と角力をとろう。そして自分は立派に兄に勝をゆずろう」とあるが、誠二がそのように決心した理由として適当なものを次の選択肢の中から一つ選びなさい。（解答番号は33）

1、兄の名誉を守りたいと思ったから。
2、周りの友達に自分の実力をもう一度示したいと思ったから。
3、最初の取り組みでは、兄に勝ってしまって申し訳ないと思ったから。

心より兄より弱い自分を要求する心に変(かわ)って行ったのは無理もないことである。

誠二はこの弱い兄を自分より強くするのは到底不可能だと思った。併し自分は兄より弱くなるのは③あながち不可能な事ではないと思われた。

④「もう一回兄と角力をとろう。そして自分は立派に兄に勝(かち)をゆずろう」誠二はそう決心したのはそれからホンの少したってからのことであった。

誠二のその決心は頼みがいのない兄を持った自分の淋しさを癒(いや)そうと考えたからで決して兄が負けたから、こんどは自分が負けて兄の気持を悪くしたくないからでも又兄に勝って失礼したのをおわびしたいからでもなかった。「兄さんもう一回やってみましょう」と何気なく誠二は云(い)ったつもりであったろうが、その声にはなんとも言えぬ鋭さがあったのは争われぬことだ。

兄は「もうごめんだよ、若いものは勝に乗じて何回もやりたがるものだナア」とおかしみたっぷりに言った。誠二にはその言葉が又この上なく皮肉に聞こえたのであった。ムッとして「何でもいいからやりましょう」と鋭く言った、兄も流石(さすが)に真顔になって「それじゃあ！やろう」と云って立ち上った。あたりで見て居た誠二の友達はどっちが勝ってもいいような様子をして注2戯謔(ぎぎゃく)を言え言え、二人に声援をして居た。誠二が兄と取り組んでからは殆(ほと)んど夢中と言ってよい位であった。ただ⑤膝頭がガクガク震えて居るのばかりがY彼にはハッキリわかって居た。それでも⑥「もういいだろう」という事が夢中になって居る誠二の頭に浮かんで来た。誠二はワザとゴロリと横になった。それは自分ながら驚く程自然にころんだのだ。友達はこの意外な勝負を見てワッとばかり叫んだ。それは兄をほめる歓声でなかった。

誠二を罵(ののし)る叫びだった。兄は［ア］微笑んで居た。そうしてたおれて居る誠二の脚をZ彼の足先で一寸(ちょっと)つついた。

誠二はだまって立ち上った。彼の友達はがやがや騒ぎだした、中にはこんな声もまじってあった。「そら見ろい、あの通り誠ちゃんが負けるんだよ、誠ちゃんの兄さんがわざとさっきは負けてやったんだよ、誠ちゃんが泣くといけないからナ」「そうだとも一回で止めとけばよかったに、勝ったもんだから癖にして又やったらこの⑦始末さアハハハハハハハハハハ」誠二はだまってこの話声を聞いて居た、誠二の心はこんどは淋しさを通りこして、⑧取り返しのつかない侮辱(ぶじょく)を受けて無念でたまらないような気がしてならなかった、兄の方を見た、兄はまだ喜んで居るようだ。誠二は兄のその喜んでいる様子を見てもチッとも嬉しくはならなかった。自分にだまされて勝って喜んで居る兄を見て増々［イ］だと云うなさけない思いがして来た。

アア負けねばよかった。又勝ってやればよかった。誠二には深い後悔の念が堪(た)えられない程わき出たのであった。

もう友達は大分(だいぶ)彼の家から帰って行った。兄も誠二の部屋から去った。誠二は後悔の念に満ちた心を持って部屋の窓から空を見上げた。⑨どんより曇った灰色の空は低く大地を包んで居た。風もなかった。誠二には太陽の光もない様に思われた。

誠二の肩をたたくものがある。信ちゃんであった。誠二のたった一人のホントの友達の信ちゃんであった。信ちゃんは快活に「今の勝負。あれア君がわざと負けたのじゃないか」と言った。誠二はこれを

4、多様な民族から形成されている国は、その文化も捉えようのないものだから。

問十、【文章Ⅰ】に述べられた内容として**ふさわしくないもの**を次の選択肢の中から一つ選びなさい。（解答番号は26）

1、アフリカには、すばらしい自然があり立派な人間もいる。

2、日本の文化は世界に様々な面で行き渡っており、日本人にも世界の多様な文化への関心が生じてきた。

3、アメリカ人は服装がいつもラフであるわけではなく、実は、生活様式に合わせながら様々な服装を使いこなしている。

4、多様な文化を有する国では、服装や態度といった外見的な態度はあまり意味を持たないのが通常である。

問十一、【文章Ⅰ】と【文章Ⅱ】に共通する内容の説明としてふさわしいものを次の選択肢の中から一つ選びなさい。（解答番号は27）

1、人間は社会的存在である。

2、人間は科学的存在である。

3、人間は発展的存在である。

4、人間は国際的存在である。

三、次の文章を読んで、後の問いに答えなさい。（解答番号は28～44）

誠二は快活に「案外弱いナア」と言った。勿論それは角力で見事兄を負かした自分の強さを表現する一つの手段に過ぎなかった。

誠二は兄に勝ったという喜びよりも、今の勝負を見て居る自分の友達の中で自分を常々そんなに強くない――①寧ろ弱い――と思って居る友達がどんなにか「誠二は此頃メッキリ強くなった」ということに驚いて居るだろう。と思うてさえも微笑を禁ずることが出来なかった。

誠二は何気なくホントに何気なく、自分に負けた兄の方を見た。おひとよしの兄は誠二を見てニヤニヤ笑いながら「負けたナア、ウム見ん事負けた、サアこんどからは誠ちゃんがえばるによいナ、羨ましいナア」と高くしゃべってカラカラ笑った。誠二はニッコリともしなかった。②誠二は淋しくなったからだ。誠二は兄のさっきの言葉を聞いて居るうちに、その兄の言葉のどこかに淋しさのあるのを知った。又その笑声もあきらかにウソの笑声であることも知った。それらを知った時に誠二は急に淋しくなったのだ。そしてそれは兄に対して済まない心の淋しさではなかった。それと全然反対の自分が頼みがいのない兄を持ったという淋しさなのだ。

兄が自分よりも弱い、そして自分に負けてベソをかいて居るよ。誠二はヤケに似た注1嘲罵の心も起きて来た。併し彼の淋しさはだんだん深くなるばかりだ、頼みがいの無い兄、たった一人でもいい自分をつまみ出せるような強い兄を持ちたい。X彼はこんなことまで真面目に考えて見るようになった。

誠二はこの間兄が村はずれの源太に手ひどくたたかれて泣きはらしたような眼をして紫にはれ上った頬を押えて父母に見つからぬように家の裏口からコッソリ入ってきたイヤな光景を思い浮かべずには居られなかった。兄がこんなだから僕迄友達に馬鹿にされるのだ。自分より弱い兄を持って居ることは誠二の自尊心を傷つけるものだと考えたりした。

アア僕の兄が自分に勝って呉れたら。

アア僕の兄に自分が負けたら……誠二は自分より強い兄を要求する

な現代文化に対する関心が生まれてきました。

5、それなのに「暗黒」ということは、完全にオリエンタリズム的な立場でみているわけです。

問二、〈 A 〉～〈 D 〉に挿入する語句として適当なものを次の選択肢の中からそれぞれ選びなさい。（解答番号Aは15、Bは16、Cは17、Dは18）

1、だから　2、たとえば　3、しかし
4、ところで　5、しかも

問三、［ア］に挿入する語句として適当なものを次の選択肢の中から一つ選びなさい。（解答番号は19）

1、一を聞いて十を知る　2、二階から目薬
3、三寒四温　4、十把一絡げ

問四、［イ］に挿入する語句として適当なものを次の選択肢の中から一つ選びなさい。（解答番号は20）

1、抽象化　2、具体化　3、理想化　4、現実化

問五、［ウ］に挿入する語句として適当なものを次の選択肢の中から一つ選びなさい。（解答番号は21）

1、合理化　2、相対化　3、一般化　4、絶対化

問六、［エ］（＊二箇所共通）に挿入する語句として適当なものを次の選択肢の中から一つ選びなさい。（解答番号は22）

1、絶対的　2、相対的　3、一次的　4、二次的

問七、傍線部①「アフリカは『暗黒大陸』といわれていました」とあるが、その理由として適当なものを次の選択肢の中から一つ選びなさい。（解答番号は23）

1、アフリカは、当時は地図もできておらず、ヨーロッパ人にとっては未知の世界だったから。

2、アフリカは、日照時間が短く、ヨーロッパ人にとっては暗い色というイメージがあったから。

3、アフリカは、土地が黒色土で覆われており、ヨーロッパ人にとっては異色の土地と感じられていたたから。

4、アフリカは、ヨーロッパ人にとっては、多数の野生動物が生息する驚異の大陸として捉えられていたから。

問八、傍線部②「オリエンタリズム」とは何か。本文中の内容を踏まえて、適当なものを次の選択肢の中から一つ選びなさい。（解答番号は24）

1、東洋思想の神秘的な側面への憧れを基調とした思考様式。

2、自国と他国を共在すべき親友として考える柔軟な主義主張。

3、コンピューター・ハイテク技術者の集まるインドへの尊称。

4、自国の文化が優位であるとし、異文化を見下すような態度。

問九、傍線部③「依然として異文化に対する偏見が根強くある」とあるが、その理由として適当なものを次の選択肢の中から一つ選びなさい。（解答番号は25）

1、過去の姿にとらわれず他国の文化を見直そうとする気運が生じてきたから。

2、自国の服装を優位に考え、ビジネスでの成功を絶対視する姿勢は変えようがないものだから。

3、今日でも他国の文化と社会に対しては意外と理解が進んでいないから。

い、ジーンズとTシャツだけで十分じゃないかと言う人も多かったのですが、実はアメリカ社会は服装が非常に重要なところです。昼間はジーンズでも、夕方になったらフォーマルな格好をすることが多いし、服装の社会的な表示としての意識では、ヨーロッパよりも強いところもあるくらいです。（　D　）、ビジネススーツとか、ビジネスで成功する服装とか、服装がパワーを持つとか、その種の本が多数出版されています。

私も初めてアメリカで生活したときに、服装に対してのかなり複雑な仕掛けがあるのに驚いたことがあります。大衆製品から高級製品まで全部ありますし、それを適当にうまく自分たちの生活様式に合わせながら使いこなすのが、アメリカにおけるファッションの位置づけです。

（　4　）アメリカで生活してみて初めてわかったことといえるでしょう。ですから、アメリカはラフで、ヨーロッパは高級という印象で、それをすべからく[注2]両者の文化全般にあてはめるような形で捉えられてきているのが、実際はそうでもないということが徐々にわかってくればいいと思うのですが、今日でもアメリカの文化と社会に対しては意外と理解が進んでいないというのが私の印象です。アメリカ人は多様な民族から形成されている国民ですから、文化も多様で一律に捉えるわけにはいかないのです。それと、そういう社会では逆に服装や態度といった外見的なことが大きな意味をもつことも理解しなければなりません。

（青木保(あおきたもつ)『異文化理解』より）

注1「バンガロール」……インド南部にあるカルナタカ州の州都。
注2「すべからく」……当然。ぜひとも。ここでは、「すべて、皆」という意味で用いられている。

【文章Ⅱ】

人は、自分一人だけでは生きていけない。社会の中に自分の持場(もちば)のようなものを持っていて、自分が社会に何らかのつながりを持つ時にだけ、人は生きていくことができるのである。では、どういうかたちで人は社会につながりを持つのであろうか。一つは社会に直接の利害関係を持ち、その自分の役割を果たす時である。もう一つは社会の外の人々(ひとびと)に自分が愛されている、少なくとも関心を持たれていて、自分が存在していることが、たとえ自分が粟粒(あわつぶ)ほども存在であったにしても、社会の中で何らかの意味があると思うことができる時である。

（田宮虎彦(たみやとらひこ)『若き日の思索』より）

問一、（　1　）～（　4　）に挿入する文として適当なものを次の選択肢の中からそれぞれ選びなさい。

（解答番号1は11、2は12、3は13、4は14）

1、こういうことも日本で一般的になされる一律な見方の中にいてはなかなかわからなかったわけです。
2、人間にはさまざまに見えるところがあり、肌の色も微妙にちがう面が多いわけです。
3、日本には仏教など世界的な文化がインドから伝わって来ました。
4、それとともに最近になってようやく日本にもアジアのいろいろな人がいて、独自の文化もある、ということがだんだんわかってくるのですが、やはり［ア］で「暗黒」となるのです。

ヨーロッパ人が「暗黒」と言ったのは、彼らから見て、地図もできていないアフリカはヨーロッパ人にとって未知の世界だという意味なのであって、べつにアフリカが暗いといっているわけでもないのですが、「暗黒」と言われると、これは非常に劣った、人間の住めるところではない、というイメージになってしまうわけです。

異文化に対する無知と無理解の上に立って初めから自文化優位で、異文化を見下すような態度は、今日でも世界を覆う非常に強い傾向ではないでしょうか。憧れと軽蔑、［イ］と侮蔑が同居しているというのが、異文化へのアプローチの複雑なところです。

②オリエンタリズムは、とくに近代世界の中で、いろいろな形で現れてきました。近代化の達成という点では、達成の度合が非常に高いところと低いところというような差がはっきりと見られます。そこに差別や軽蔑を生む原因があるのです。

日本人はそうした「基準」をすぐ当てはめて異文化を見てしまう傾向をもっています。すぐさま「近代化」あるいは、経済活動の発展度といった度合でもって異文化を切ってしまう。インドにはすばらしい古代文明も現在の文化もあるのですが、それを理解しようとするよりは、インドは植民地になって、（　A　）非常に近代化が遅れているというのでまともに相手にしないとか、劣ったものとして見るという態度がずっと続いていました。（　2　）また深遠なインド哲学も零を発見したインド論理学もあるわけですが、日本には、過去の大文明のインドと現在のインドというものに対する両極端なアプローチがあって、オリエンタリズム的な態度もそこにははっきりと投影されていると言えると思います。それがここ数年バンガロール[注1]などのコンピューター・ハイテク技術者がアメリカで重用されていて、インド人ハイテク技術者の地位が高まるのとともにインド見直しの気運が少し出てきました。これを機会に異文化としてのインドをもっと正面から理解しようとする動きが出てくればすばらしいことでしょう。

（　3　）インドは、製作本数でいえば世界最大の映画大国なのです。日本にはこれまでごく一部のインド映画しか入ってこなかったのですが、大衆的な娯楽映画が徐々に入ってくるようになって、少しずつインド映画に対する見方が変わってきているとは思います。

その理由のひとつは、日本が豊かになって、欧・米の「先進」文化をモデルとして見るというだけでなく、余裕をもっていろいろな文化を見る、あるいは捉えようとするような関心が生まれてきたからではないかと思います。

そして文化の［ウ］も認識されてきました。［エ］に西欧文化優位ということはありえないし、［エ］なアメリカ文化優勢ということもありえない。日本の文化も世界にいろいろな面で行き渡っていますし、そういう中で世界の多様な文化についての関心が出てきたと思います。

（　B　）、③依然として異文化に対する偏見が根強くあることも認めなくてはなりません。（　C　）、アメリカ文化に対しても深い理解があるとは言えないでしょう。アメリカの服装を例にとってみると、アメリカ人はラフな格好で万事通すようなイメージを思い描く傾向があります。ひところアメリカへ行くならば、服装に気づかうことはな

【国　語】（五〇分）〈満点：一〇〇点〉

一、次の漢字と語句の問題に答えなさい。（解答番号は1〜10）

問一、次の傍線部の送り仮名の付け方として適当なものを選択肢の中からそれぞれ選びなさい。

① 雨が降る日はカナラズ試合に勝てる。（解答番号は1）

1、必ならず　2、必らず　3、必ず　4、必

② あの人同様、私もただケガラワシイ心もちに動かされていたのであろうか。（解答番号は2）

1、汚がらわしい　2、汚らわしい

3、汚わしい　4、汚しい

問二、次の傍線部のカタカナを漢字に直した際に適当なものを選択肢の中からそれぞれ選びなさい。

① 真相のキュウ明につとめる。（解答番号は3）

1、救　2、究　3、糾　4、給

② 土地と建物をトウカ交換する。（解答番号は4）

1、投下　2、透過　3、当課　4、等価

問三、次の慣用句やことわざの空欄部分に挿入する単語として適当なものを語群の中からそれぞれ選びなさい。

①（　3　）も食わぬ

意味：全く相手にされない。（解答番号は5）

② 借りてきた（　2　）

意味：ふだんよりおとなしく、小さくなっているさま。（解答番号は6）

③（　3　）につままれる

意味：わけのわからぬさま。（解答番号は7）

④（　4　）の一声

意味：権限者の一言で決着がつくこと。（解答番号は8）

語群：1、犬　2、猿　3、馬　4、羊　5、鹿
　　　6、猫　7、鶴　8、亀　9、狐

問四、次の各文には間違って使われている漢字が一字ずつある。訂正した正しい漢字として適当なものを選択肢の中からそれぞれ選びなさい。

① 海水は、動脈硬化症にかかった患者の血液のようにゆっくりと着衣に侵透していった。（解答番号は9）

1、固　2、障　3、看　4、浸

② その結果は現に吾々が生息している社会の実場を目撃すればすぐ分かります。（解答番号は10）

1、課　2、状　3、劇　4、黙

二、次の文章【文章Ⅰ】【文章Ⅱ】を読んで、後の問いに答えなさい。（解答番号は11〜27）

【文章Ⅰ】

①アフリカは「暗黒大陸」といわれていました。ところが、アフリカのサバンナでは太陽は輝き、暗黒のイメージの反対です。（　1　）アフリカのことをいろいろと調べてみれば、すばらしい世界があるという人もたくさん出てくるし、自然もすばらしい、人間もなかなか立派

大切なことはメモしておこうネ！

2023年度

解　答　と　解　説

《2023年度の配点は解答欄に掲載してあります。》

＜数学解答＞

第1問　問1　(1)　ア　④　(2)　イ　①　(3)　ウ　②　(4)　エ　⑤　(5)　オ　①
(6)　カ　⑥　(7)　キ　①　問2　(1)　ク　④　(2)　ケ　③　(3)　コ　⑤
(4)　サ　⑤　(5)　シ　①　(6)　ス　④

第2問　問1　(1)　ア　3　イ　4　ウ　1　エ　1　(2)　オ　2　カ　1
問2　(1)　キ　－　ク　2　(2)　ケ　4　コ　－　サ　7
(3)　シ　－　ス　4　セ　5　(4)　ソ　2　タ　1　(5)　チ　1　ツ　2

第3問　問1　(1)　ア　3　イ　1　ウ　1　(2)　エ　2　オ　2　カ　4　キ　2
ク　3　(3)　ケ　4　コ　2　サ　3　問2　(1)　シ　2　ス　－　セ　2
(2)　ソ　1　(3)　タ　3　チ　2

第4問　(1)　ア　3　イ　5　ウ　1　エ　2　(2)　オ　4　カ　6　キ　4　ク　1
ケ　6　コ　2　(3)　サ　3　シ　5

○配点○
第1問，第2問　各3点×20　**第3問**　各4点×6　**第4問**　(1)　4点(完答)　(2)　各4点×2
(3)　4点　計100点

＜数学解説＞

第1問　（数・式の計算，平方根，素因数分解，確率，中央値，展開図）

基本　問1　(1)　$-20-(-23)=-20+23=3$

(2)　$\frac{3}{5}-\frac{5}{3}=\frac{9}{15}-\frac{25}{15}=\frac{9-25}{15}=-\frac{16}{15}$

(3)　$\sqrt{2}-\sqrt{8}-\sqrt{18}=\sqrt{2}-2\sqrt{2}-3\sqrt{2}=-4\sqrt{2}$

(4)　$\frac{9}{\sqrt{3}}-\frac{\sqrt{3}}{2}=3\sqrt{3}-\frac{1}{2}\sqrt{3}=\frac{5\sqrt{3}}{2}$

(5)　$24\div(-8)\times(-3)^2=24\div(-8)\times9=-3\times9=-27$

(6)　$\frac{x+3y}{2}-\frac{2x-y}{3}=\frac{3(x+3y)-2(2x-y)}{6}=\frac{3x+9y-4x+2y}{6}=\frac{-x+11y}{6}$

(7)　$(x+1)(x-2)-(x+4)^2=x^2-x-2-(x^2+8x+16)=x^2-x-2-x^2-8x-16=-9x-18$

問2　(1)　$\sqrt{4}<\sqrt{5}<\sqrt{9}$より$2<\sqrt{5}<3$　$a=\sqrt{5}-2$　$2a^2+8a+5=2a(a+4)+5=2(\sqrt{5}-2)(\sqrt{5}-2+4)+5=2(\sqrt{5}-2)(\sqrt{5}+2)+5=2\times(5-4)+5=2+5=7$

(2)　素因数3をもつのは3の倍数だけなので，3の倍数の数を考えればよい。1～25までに3の倍数は3×1～3×8の8個。ただし9の倍数は素因数3を2つもつので，9×1～9×2の2つについては2番目の素因数3を考える必要がある。したがって，8＋2＝10個

(3)　3枚の硬貨の表，裏の出方は全部で2×2×2＝8通り。少なくとも1枚は表となる，という条件にあてはまらないのは，3回とも裏になる1通りだけ，したがって少なくとも1枚表となるのは

8－1＝7通りあり，その確率は$\frac{7}{8}$

(4)　$x=\sqrt{3}+1$，$y=\sqrt{3}-1$　　$x^2+y^2=(\sqrt{3}+1)^2+(\sqrt{3}-1)^2=3+2\sqrt{3}+1+3-2\sqrt{3}+1=8$

(5)　7つのうちわかっている6つの数を小さい順に並べると，28，34，47，51，60，79　　nが中央値になるためには，小さい方からも大きい方からも4番目となればよいので，47と51の間に入ればよい。最小値は$n=47$

(6)　組み立てたとき☆の面と垂直になるのはA，B，C，Eの4つ。向い合う面はD

第2問　(因数分解，1次方程式，2次方程式，連立方程式)

問1　(1)　まず共通因数でくくり，そのあとで使える公式がないか探す。$3x^2+45x+132=3(x^2+15x+44)=3(x+4)(x+11)$

(2)　$x-1=$Aとおいてみる。$2(x-1)^2+8(x-1)+8=2A^2+8A+8=2(A^2+4A+4)=2(A+2)^2=2(x-1+2)^2=2(x+1)^2$

問2　(1)　$-2(2x+3)=2x+6$　　$-4x-6=2x+6$　　$-4x-2x=6+6$　　$-6x=12$　　$x=-2$

基本　(2)　$x^2+3x-28=0$　　$(x-4)(x+7)=0$　　$x=4,\ -7$

(3)　$(x+4)^2-5=0$　　$(x+4)^2=5$　　$x+4=\pm\sqrt{5}$　　$x=-4\pm\sqrt{5}$

(4)　$2x-3y=1$…①に，$x=3-y$…②を代入すると，$2(3-y)-3y=1$　　$6-2y-3y=1$　　$-5y=-5$　　$y=1$　　②に代入すると$x=3-1=2$

(5)　$3x+4y=-1$…①，$ax+by=1$…②，$4x-y=-14$…③，$bx+ay=-4$…④のうち，①と③をx，yの連立方程式として解き，その解を②と④に代入すれば，aとbに関する連立方程式になる。③×4は$16x-4y=-56$　　①＋③×4は$19x=-57$　　$x=-3$…⑤　　①に代入すると，$-9+4y=-1$　　$4y=8$　　$y=2$…⑥　　⑤，⑥を②，④に代入すると，$-3a+2b=1$…②′　　$-3b+2a=-4$…④′　　②′×3は$-9a+6b=3$　　④′×2は$4a-6b=-8$　　②′×3＋④′×2は$-5a=-5$　　$a=1$　　②′に代入すると$-3+2b=1$　　$2b=4$　　$b=2$

第3問　(平面図形の計量，長さ，面積，体積，三平方の定理，図形と関数・グラフの融合問題)

重要　問1　(1)　$\mathrm{OR}=\frac{1}{2}\times\mathrm{OB}=\frac{1}{2}\times8=4$，同様に$\mathrm{OS}=4$，$\mathrm{OP}=\mathrm{OQ}=2$，△OPRはOP＝2，OR＝4，∠POR＝60°より，∠OPR＝90°の直角三角形となり，$\mathrm{PR}=2\sqrt{3}$　　同様に$\mathrm{QS}=2\sqrt{3}$　　四角形PRSQは等脚台形となる。△ORS，△OPQは正三角形であり，RS＝OR＝4，PQ＝OP＝2　　PからRSに垂線をおろし，RSとの交点をH，QからRSに垂線をおろし，RSとの交点をIとおくと，PHIQは長方形となり，HI＝PQ＝2，△PRH≡△QSIとなるので$\mathrm{RH}=\mathrm{SI}=(4-2)\div2=1$　　△PRHについて三平方の定理より，$\mathrm{PH}^2=\mathrm{PR}^2-\mathrm{RH}^2=(2\sqrt{3})^2-1^2=11$　　$\mathrm{PH}=\sqrt{11}$　　四角形$\mathrm{PRSQ}=(\mathrm{PQ}+\mathrm{RS})\times\mathrm{PH}\times\frac{1}{2}=(2+4)\times\sqrt{11}\times\frac{1}{2}=3\sqrt{11}$

(2)　4秒後，PRQSは1辺4cmの正方形となる。Oから四角形PRQSに垂線をおろし，四角形との交点をO′とすると，O′は正方形PRSQの対角線の交点となり，$\mathrm{PS}=4\sqrt{2}$，$\mathrm{PO'}=2\sqrt{2}$。△OPO′について三平方の定理より，$\mathrm{OO'}^2=\mathrm{OP}^2-\mathrm{O'P}^2=4^2-(2\sqrt{2})^2=8$　　$\mathrm{OO'}=2\sqrt{2}$　　四角すいO－PRSQの体積は$4\times4\times2\sqrt{2}\times\frac{1}{3}=\frac{32\sqrt{2}}{3}$　　四角すいO－PRSQと四角すいO－ABCDは相似であり，辺の比が1：2なので，体積の比は$1^3:2^3=1:8$　　四角すいO－PRSQ：求める立体＝1：(8－1)＝1：7となるので，求める立体の体積＝$7\times\frac{32\sqrt{2}}{3}=\frac{224\sqrt{2}}{3}$

(3)　ひもを最短となるようにするには，展開図で考えて，TCが直線になるようにすればよい。RからBCに垂線をおろし，BCとの交点をUとする。展開図の上では，TRUが一直線上にならび，

△TUCは直角三角形になる。また，△RBUは直角三角形であり，RB$=4$，∠RBU$=60°$より，BU$=2$，RU$=2\sqrt{3}$である。△TUCについて三平方の定理より，$TU^2=TC^2-UC^2=(2\sqrt{21})^2-(8-2)^2=48$　　$TU=\sqrt{48}=4\sqrt{3}$　　$TR=4\sqrt{3}-2\sqrt{3}=2\sqrt{3}$　　$PT=PR-TR=4-2\sqrt{3}$

問2 (1)　Aは$y=x-4$と$y=-\frac{1}{2}x^2$の交点なので，$x-4=-\frac{1}{2}x^2$　　$2x-8=-x^2$　　$x^2+2x-8=0$　　$(x+4)(x-2)=0$　　$x=-4,\ 2$　　B$(-4,\ -8)$，A$(2,\ -2)$

重要 (2)　原点を通る直線mは$y=px$とおけるが，Bを通ることより$-4p=-8$　　$p=2$　　直線mは$y=2x$となる。Cは直線m上の点で，x座標がAと等しいので，C$(2,\ 4)$　　これが$y=ax^2$上の点なので，$2^2a=4$　　$a=1$

(3)　$y=x-4$とy軸の交点がDなので，D$(0,\ -4)$　　$\triangle OAB=\triangle OAD+\triangle OBD=\frac{1}{2}\times4\times2+\frac{1}{2}\times4\times4=12$　　四角形ODACの面積が12となればよい。Cは$x=2$で$y=ax^2$上の点なので，C$(2,\ 4a)$　四角形ODACはOD//CAの台形なので，その面積は$(4+4a+2)\times2\times\frac{1}{2}=4a+6$　　$4a+6=12$　　$4a=6$　　$a=\frac{3}{2}$

第4問　(規則性)

(1)　$a_1=1$，$d=2$のとき，$a_2=a_1+d=1+2=3$　　$a_3=a_2+d=3+2=5$　　$b_2=a_1+a_2=1+3=4$　　$b_3=b_2+(a_2+a_3)=4+(3+5)=12$

やや難 (2)　2段目の左から2列目は$b_2=a_1+a_2$，3段目の左から2列目はa_2+a_3，4段目の左から2列目はa_3+a_4，5段目の左から2列目はa_4+a_5　　3段目の左から3列目は$b_3=(a_1+a_2)+(a_2+a_3)=a_1+2a_2+a_3$　　4段目の左から3列目は$a_2+2a_3+a_4$，5段目の左から3列目は$a_3+2a_4+a_5$　　4段目の左から4列目は$b_4=(a_1+2a_2+a_3)+(a_2+2a_3+a_4)=a_1+3a_2+3a_3+a_4$，5段目の左から4列目は$a_2+3a_3+3a_4+a_5$　　5段目の左から5列目は$b_5=(a_1+3a_2+3a_3+a_4)+(a_2+3a_3+3a_4+a_5)=a_1+4a_2+6a_3+4a_4+a_5$…①　　また$a_2=a_1+d$，$a_3=a_2+d=a_1+d+d=a_1+2d$，$a_4=a_3+d=a_1+3d$，$a_5=a_4+d=a_1+4d$なので，これらを①に代入すると，$b_5=a_1+4(a_1+d)+6(a_1+2d)+4(a_1+3d)+(a_1+4d)=a_1+4a_1+4d+6a_1+12d+4a_1+12d+a_1+4d=16a_1+32d=16(a_1+2d)$

(3)　$a_1=5$…②，$b_5=16(a_1+2d)=1200$…③を連立方程式として解けばよい。②を③に代入すると，$16(5+2d)=1200$　　$5+2d=75$　　$2d=70$　　$d=35$

★ワンポイントアドバイス★

第3問，第4問には，しっかり時間をかけて考える問題が準備されている。まずは第1問，第2問の基本的な計算問題でどれだけ確実に得点できるかが大切。

＜英語解答＞

問1　リスニング問題解答省略

問2　[11] ③　[12] ①　[13] ③　[14] ①　[15] ④

問3　[16] ②　[17] ①　[18] ①　[19] ③　[20] ④　[21] ②　[22] ①　[23] ④　[24] ①　[25] ②

問4　[26] ③　[27] ③　[28] ④　[29] ②　[30] ④

問5 31 ③ 32 ③ 33 ① 34 ① 35 ④
問6 36 ④ 37 ① 38 ③ 39 ① 40 ① 41 ③ 42 ①
問7 43 ③ 44 ④ 45 ④ 46 ② 47 ③ 48 ② 49 ③ 50 ①

○配点○
各2点×50 計100点

＜英語解説＞

問1 リスニング問題解説省略。

問2 (会話文)

11 「そこに2回行ったことがある」と答えていることから，「行ったことがあるか」と尋ねていることがわかる。

12 「何をするつもりですか」の答えとしてふさわしいものを選べばよい。

13 What does she do? は彼女の職業を尋ねる英文である。

14 「それは間違えているよ。雲が暗くなってきているよ」と答えていることから，ニュースでは晴れると言っていたと判断できる。

15 弟は無料なので，チケットは2枚買えばよいとわかる。

基本 **問3** (語句選択問題：動名詞，現在完了，受動態，比較，分詞，関係代名詞，熟語，助動詞)

16 by ~ing「~することで」

17 〈have ＋過去分詞＋ since ~〉で現在完了の継続用法の文になる。

18 be made of ~「~で作られる」

19 最上級を用いた英文は〈the ＋最上級＋ of ~〉の形になる。

20 〈look ＋形容詞〉「~に見える」

21 〈find A ~ing〉「Aが~していると分かる」

22 「地球を救うために」とあるので，ペットボトルの「リサイクル」をするべきだとわかる。

23 which 以下は a city を修飾する主格の関係代名詞である。

24 take off「離陸する」

25 Would you like~?「~はいかがですか」 Yes, please.「はい，お願いします」

問4 (長文読解問題：要旨把握)

26 ユキは通常6:00に起きる。彼女の母親も6:00に起きる。彼女の父親は7:00に起き，彼女の妹は7:30に起きる。
ユキと母は同じ時間に起きることがわかる。

27 ペットボトルは軽くて持ち運びが簡単なので私たちはたくさん使っている。他のゴミと分別しなければゴミだが，分別すれば大切な資源になる。私たちが生活の中でする小さなことは，日本にとって素晴らしいことだ。
我々はペットボトルは持ち運ぶのが難しくないので使っている。

28 日本では毎日多くの人がお風呂に入るが，風邪をひいたときはあまりお風呂に入らない。風邪をひいたときにお風呂に入るべきではないと考えている。他の国の多くの人々はこの考えに同意せず，彼らはそのようなことを考えていない。なぜ日本人はこれを信じるのか？
日本人は風邪をひいたときしばしば風呂に入らない。

29 私の名前はアキコだ。日本の高校生である。私は2週間前に家族と一緒にアメリカに住むようになった。ある日，母から学校生活のことを聞かれた。とても楽しかったと答えた。しかし，それは真実ではなかった。母に心配してほしくなかった。

アキコは2週間家族とアメリカに滞在している。

30 東京と横浜を結ぶ東横線に乗っていた。ボストンからの友人であるジェームズが私の隣に立っていた。「日本人男性はあまり礼儀正しくない」とジェームズは女性の近くに座っている男性を指さして言った。彼女は赤ん坊を背負って立っていて，買い物袋もいくつか持っていた。

ジェームスは赤ん坊を背負い，荷物を持っていた女性に対して，気の毒に思った。

重要 問5 （語句整序問題：命令文，前置詞，不定詞，間接疑問文）

31 Do not swim in this (river.) 〈Do not ＋動詞の原形〉「～してはいけない」

32 (Could) you pass me the salt (, please?) 〈pass ＋人＋物〉「人に物を渡す」

33 (I) had no time for lunch(.) time for lunch「昼食の時間」

34 (My) teacher told me to study (English.) 〈tell ＋人＋ to ～〉「人に～するように言う」

35 (I) don't know why she was (late.) 間接疑問文は〈why ＋主語＋動詞〉の語順になる。

問6 （会話文：語句解釈，指示語，要旨把握）

（全訳） ハルト：やぁ，アオイ。私は最近その本を持っている君をよく見たよ。何を読んでいるの？ファンタジー小説？

アオイ：やぁ，ハルト。いいえ，ファンタジー小説ではないよ。実は外国語を学ぶのに役立つ本なんだ！最近たくさん勉強しているよ！

ハルト：なるほど！何語を勉強しているの？

アオイ：標準中国語を勉強しているんだ。

ハルト：なんで勉強しているの？標準中国語で話せる中国人学生は周りにいないと思うけど。

アオイ：標準中国語を話す人は世界中にたくさんいるよ！標準中国語は世界で2番目に話されている言語なんだ。英語が1番です！

ハルト：えっ，本当に？(1)それを知らなかった。

アオイ：うん。第二言語を学ぶことも将来私たちを助けてくれるよ。多くの仕事は，複数の言語を話す人々により高い給料を与えてくれるんだ。

ハルト：標準中国語も勉強した方がいいかもね！難しいの？

アオイ：とても難しいね。第二言語を学ぶには多くの時間がかかるよ。標準中国語には，毎日練習しなければならないトーンがあるんだ。

ハルト：(2)トーンって何？

アオイ：トーンは，意味を変えることができる単語の言い方だよ。

ハルト：難しそうだね！標準中国語も日本語の漢字を使っているよね？

アオイ：そうだね，漢字は同じものもあるんだけど，違うものが多いんだ。

ハルト：ああ，自分には簡単だと思っていたけど，難しいと思う！

アオイ：そうだよね！標準中国語の学習に興味がある場合は，今日の放課後勉強を手伝うよ。

ハルト：えっ，本当に？それは素晴らしい！ありがとう，アオイ！

アオイ：どういたしまして！じゃあ，放課後に会おうね。

ハルト：じゃあね！

36 ハルトは「本を持っているアオイの姿」をよく見かけている。

37 アオイは複数の言語を話す人には，高い給料を与えてくれると話している。

38 日本語と標準中国語では，いくつかの漢字は同じものを使っているが，多くは異なっている。

39 ハルトは標準中国語を学ぶことは簡単だと思っていたが，難しそうだと感じている。

40 放課後にアオイはハルトに標準中国語を教えることがわかる。

41 直前のアオイの発言にある「標準中国語が世界で2番目に話されている」という部分を指している。

42 アオイの発言から「トーン」は「単語の言い方」であることがわかる。

重要 **問7** **(長文読解・説明文：指示語，要旨把握，語句補充)**

(全訳) 夜に外に出て，晴れた日に空を見上げると，何が見えるか？東京のような大都市に住んでいるなら，おそらくあなたの周りの建物から多くの光を見るだろう。夜空にある星が見えないことがよくある。最近，世界中に多くの都市がある。これらの都市にはすべて多くの光がある。これらの光は，(1)空の星や惑星を見るのを難しくする。

ただし，宇宙の星や惑星などについて学びたい場合，天文学を学ぶことができる。天文学は，星や惑星などの宇宙にあるものの研究だ。天文学の授業では，一部の星が他の星よりも明るい理由を学ぶことができる。月と太陽についても学ぶことができる。天文学の授業では，多くの学生が(2)星座について学ぶことを楽しんでいる。星座は絵のように見える星の集まりだ。たとえば，あなたが見たかもしれないいくつかの星座は，クマ，弓を持った人，または料理用の鍋のように見える星だ。晴れた夜に見ることができる興味深い星座がたくさんある！

東京や横浜などの大都市から星が見えないかもしれないが，どこに星を見に行けばいいのか。日本では，星を見るのに最適な場所は山に登った後だ。日本の山は光が少ないことが多いので，頂上から夜空を見るのはとても簡単だ。星や惑星をよりはっきりと見るのに役立つものを購入することもできる。あなたはそれが何であるか知っているか？望遠鏡だ。望遠鏡は遠くにあるものを見せてくれるので，私たちはそれらを見ることができる。望遠鏡を使えば，月をはっきりと見ることができる！

(3)天文学が好きな人は，将来どんな仕事に就くのだろうか？天文学が好きな人にとって，彼らができる面白い仕事はたくさんある。大学教授になり，他の人に天文学について教えることができる！また，他の人に星や惑星を(4)見せるために，プラネタリウムで働くことができる。天文学に非常に興味があるなら，宇宙飛行士になることさえできるので，宇宙に行くことができる！

43 it は同じ文の後半にある to see the stars or planets in the sky を指している。

44 第2段落第3文参照。ある星が他の星よりも明るい理由を学ぶことができるとある。

45 次の文に Constellations are ～ とある部分から判断する。「絵のように見える星の集まり」＝「星座」であるとわかる。

46 第1段落参照。大都市では建物からの多くの光で星が見えにくいとある。

47 第3段落第2文参照。日本で星を見るのに最適なのは山に登った後である。

48 遠くにあるものを見ることができるので「望遠鏡」であるとわかる。

49 天文学が好きな人が就く職業として「大学教授」「プラネタリウムの職員」「宇宙飛行士」が挙げられている。

50 「～するために」と訳す不定詞の副詞的用法である。

★ワンポイントアドバイス★

問題数が多いが，比較的基本的な問題が多い。問題集か過去問を用いて，出題傾向が似ている問題を数多く解いて素早く解けるようにしよう。

<国語解答>

一　問一　①　3　②　2　問二　①　2　②　4　問三　①　1　②　6　③　9
④　7　問四　①　4　②　2

二　問一　⑪　5　⑫　3　⑬　4　⑭　1　問二　A　5　B　3　C　2　D　1
問三　4　問四　3　問五　2　問六　1　問七　1　問八　4　問九　3
問十　4　問十一　1

三　問一　①　1　③　4　⑦　2　問二　3　問三　2　問四　4　問五　⑤　5
⑨　4　問六　2　問七　ア　1　イ　2　問八　1　問九　3　問十　4
問十一　4　問十二　2　問十三　1

四　問一　1　問二　3　問三　2　問四　4　問五　1　問六　2　問七　4
問八　1　問九　3　問十　2

○配点○
一　各1点×10　二　問十　3点　他　各2点×16　三　問十二　3点　他　各2点×16
四　各2点×10　計100点

<国語解説>

一　(漢字の読み書き，ことわざ・慣用句)

問一　①の音読みは「ヒツ」。熟語は「必然」など。②の訓読みは他に「よご(す)，きたな(い)」。

問二　①の「究明」はつきつめて明らかにすること。②の「等価」は価値や価格が等しいこと。

問三　①は何でも食べてしまう「犬」が一切食べない様子から。②はねずみを捕る「猫」を借りてきてもよその家ではおとなしくなってしまって動かないことから。③は「狐」は人を化かしたりだましたりするといわれることから。④は「鶴」の声は大きくてよく響き，遠くまで聞こえることから。

問四　①の「侵透」は正しくは「浸透」。②の「実場」は正しくは「実状」。

二　(論説文―大意・要旨，内容吟味，文脈把握，脱文・脱語補充，ことわざ)

問一　⑪には，直前の内容とは相反する5が適当。⑫には，2前でインドの古代文明や現在の文化もあることを述べていることから3が適当。⑬には，3後でインドの映画を例に，いろいろな文化に対する関心が日本で生まれてきたことを述べているので4が適当。⑭には，前後でアメリカでの生活の体験を述べているので1が適当。

問二　Aは直前の事柄を受けて別の事柄をさらに付け加えているので5，Bは直前の内容とは相反する内容が続いているので3，Cは，直前の内容の具体例が続いているので2，Dは直前の内容を理由とした内容が続いているので1がそれぞれ適当。

基本　問三　アには，いろいろな種類のものを区別なしにひとまとめにして扱うという意味の4が適当。1は物事の一部を聞いただけで全部を理解できること。2は思い通りにいかず，もどかしいことのたとえ。3は徐々に暖かくなる気候のこと。

問四　イには，見下してさげすむことという意味の「侮蔑」と相反する意味の語句が入るので，理想に近い面だけを拡大して考えるという意味の3が適当。1は大きな視点で物事の本質をとらえること。2は1の対義語で，物事を実際に形として表すこと。4は実際の事実や状態となってあらわれること。

問五　ウには，他との関係や比較において成り立つことという意味の2が適当。1はむだを省くこと。3は全体に通用させること。4は2の対義語で，他と比較せずにとらえること。

問六　エのある文は，ウのある文と逆の意味の文脈になるので，ウの対義語の1が適当。2は問五参照。3は複数ある段階の最初という意味。4は本来の物事に付属するさま。

問七　傍線部①直後の段落で①の説明として，「ヨーロッパ人が『暗黒』と言ったのは……地図もできていないアフリカはヨーロッパ人にとって未知の世界だという意味」であることを述べているので1が適当。①直後の段落内容をふまえていない他の選択肢は不適当。

重要 問八　傍線部②は，直前の段落の「……初めから自文化優位で，異文化を見下すような態度」のことなので4が適当。②直前の段落内容をふまえていない他の選択肢は不適当。

重要 問九　傍線部③について最後の段落で，筆者自身が経験したアメリカでの生活を通して，「今日でもアメリカの文化と社会に対しては意外と理解が進んでいないのが私の印象で」あることを述べているので3が適当。最後の段落内容をふまえていない他の選択肢は不適当。

やや難 問十　4は最後の3段落内容と合わないのでふさわしくない。1は冒頭の段落，2は「その理由の……」から続く2段落，3は「〈　B　〉……」で始まる段落でそれぞれ述べている。

重要 問十一　【文章Ⅰ】ではアフリカやインド，日本，アメリカといった国を例に，それぞれの社会における異文化の理解について，【文章Ⅱ】では人は社会に何らかのつながりを持つ時に生きていくことができる，と述べているので1が適当。

三　(小説一情景・心情，内容吟味，脱語補充，語句の意味，ことわざ，表現技法，文学史)

問一　①は二つを比べて，どちらかといえばこれのほうがよいという気持ちを表す1が適当。③は後に打消しを伴って，必ずしも～ではない，という意味を表す4が適当。⑦は物事の結果，最終的な状況という意味で2が適当。

問二　傍線部②の淋しさは「自分が頼みがいのない兄を持ったという淋しさ」なので3が適当。②後の誠二の心情をふまえていない他の選択肢は不適当。

問三　波線部Xは「誠二」が強い兄を持ちたいと考えて見るようになった，ということ。Yも「誠二」には兄の膝頭が震えて居るのがわかって居た，ということ。Zは「兄」が自分の足先で誠二の脚をつついた，ということ。

重要 問四　傍線部④直後の段落で，④の決心をしたのは「頼みがいのない兄を持った自分の淋しさを癒そうと考えたから」なので，このことをふまえた4が適当。この段落の誠二の心情をふまえていない他の選択肢は不適当。

問五　傍線部⑤は擬態語の「ガクガク」が使われているので5が適当。⑨は「雲」を人がするように「包んで居た」と表現しているので4が適当。1は対応する語句を同じ組み立てで並べる技法。2は「～ように」などを用いてたとえる技法。3は最後を体言(名詞)で終わらせる技法。6は文節などを普通の順序とは逆にする技法。7は想像や願望など心の中で考えられたこととして述べる技法。

問六　傍線部⑥直後で「誠二はワザとゴロリと横になった。……驚く程自然にころんだ」と描かれているので2が適当。⑥直後の誠二の描写をふまえていない他の選択肢は不適当。

問七　アは，誠二との勝負に勝って微笑んでいる兄の様子なので1が適当。イは，だまされて勝って喜んでいる兄に対して，誠二が増々思っていることで，これより前にも抱いていた2が適当。

問八　傍線部⑧と同じ意味の1は，一度こぼれた水は二度と元の盆に戻らないことから。2は悪い評判はたちまち世間に知れわたること。3はいざという時のために用心して手を打っておくことのたとえ。4は立ち去る者は見苦しくないようにきれいに始末すべきという戒め。

重要 問九　誠二がわざと負けたのではないかと信ちゃんに言われて，誠二は「嬉しくって嬉しくってたまらな」くて傍線部⑩のようになっているので3が適当。周りのことを説明している1・2，信ちゃんが本当のことを理解してくれていることを説明していない4はいずれも不適当。

問十　問四でも考察したように，誠二が兄にわざと負けたのは「頼みがいのない兄を持った自分の淋しさを癒そうと考えたから」であり，兄さんに赤恥をかかせまいと思ったからだと言う信ちゃんに傍線部⑪のようになっているので4が適当。誠二の本当の気持ちと⑪直前の信ちゃんのせりふをふまえていない他の選択肢は不適当。

重要　問十一　誠二は兄にわざと負けることで「自分の淋しさを癒そうと」したが，「自分にだまされて勝って喜んで居る兄」に対して「なさけない思い」を感じているので4が適当。兄のことに触れていない1・3は不適当。2も描かれていないので不適当。

やや難　問十二　本文は誠二の視点から描かれているので2が適当。1の「それぞれの視点」，3の「希望に満ちている」，4の「会話文を多用」はいずれも不適当。

基本　問十三　他の作品の作者は，2は志賀直哉，3は川端康成，4は石川啄木。

四　（古文―大意・要旨，内容吟味，文脈把握，脱語補充，仮名遣い，口語訳，文学史）

〈口語訳〉　藤原惟規は，このうえない風流人である。父の越後守為時に伴って，越後国に下っていたときに，重い病にかかったが，

都にも恋しいひとがたくさんいるので，

やはり(この度は生き延びよう，そして都への)旅は行こうと思う

と詠んだものの，もはや臨終状態にしか見えないので，父の指示で，ある山寺から，往生へと導いてくれる僧を呼んだところ，中有(の四十九日間)の旅の様子や，心細く不安なことなどを説いて，「中有で留まってなどいずに，まっすぐ極楽浄土にご参上なさい」などと，言い聞かせていた。

「中有とは，どういう場所でしょうか」と，病人(である惟規)が問うと，(僧が)「夕暮れの空に，広い野原に迷い出たようで，知人もいなくて，ただ独りで，不安に思って歩き回るそうです。倶舎には，

前に進もうと思っても，食物もなく

途中でとどまろうとしても，その場所がない

と申します」と答えるのを聞いて，「その野には，嵐と一緒に散る紅葉や，風になびくすすきの下で，松虫や，鈴虫が鳴いているのでしょうか。そうした風流なものさえあれば，中有でも苦しくありません」という。これを聞いて，

話にならない，いやに思ったので，僧は，さっさと帰り去った。

この歌の最後の「ふ」の文字を，(息子の惟規が)書ききれなかったのを，そのまま持って帰って，両親たちはどんなにつらく悲しく思っただろうか。

重要　問一　傍線部①は「惟規」が，父に伴って越後国に下っていたときに「重い病にかかる」ということ。

問二　傍線部②は「たくさん，数多く」という意味。

重要　問三　傍線部③は，惟規の父の「為時」が，臨終状態の息子のために僧を呼んだ，ということ。

問四　歴史的仮名遣いの「ア段＋う」は現代仮名遣いでは「オ段＋う」，語頭以外の「は行」は「わ行」になるので，「心細きやうなどいひて」は「心細きようなどいいて」となる。

問五　「中有」は「『夕暮れの空に，広き野に行きいでたるようにて……ただひとり，心細くまかりありくなり』」と僧が話しているので1が適当。僧の説明をふまえていない他の選択肢は不適当。

問六　傍線部⑥の「住せむ」は「定まる，落ち着く」，「止まるところ」は「とどまる場所」という意味なので2が適当。

やや難　問七　傍線部⑦の「さ」は直前の紅葉や松虫，鈴虫といったものを指し，そうした風流なものがあれば，という意味，「なにかは」は「どうして～か，いや，～ない」という反語の意味を表すので4が適当。

問八　僧は惟規に，中有で留まらずに極楽浄土に行くよう話したが，風流なものがあればいいと言う惟規に「あいなく，心づきなくおぼえ」て，傍線部⑧のようになっているので1が適当。⑧前までの内容をふまえていない他の選択肢は不適当。

問九　(　)には「都の……」の「歌のはて」すなわち歌の最後の文字なので3が入る。

基本　問十　他の作品の作者は，1は清少納言，3は歌集，4は鴨長明。

★ワンポイントアドバイス★

小説では，主人公の心情を，その変化とともに丁寧に読み取っていこう。

2022年度

★★★★★★★★★★★★★★★★★★★★★★★★

入　試　問　題

2022年度

横浜清風高等学校入試問題

【数　学】（50分）〈満点：100点〉

【注意】1　数値が負の分数の場合，分子の方に符号「－」をつけてマークしなさい。

例えば，$\dfrac{\boxed{エオ}}{\boxed{カ}}$ に $-\dfrac{4}{5}$ と答えたいときは，$\dfrac{-4}{5}$ として答えなさい。

2　分数は，約分できる場合は約分して答えなさい。

例えば，$\dfrac{6}{8}$ は，$\dfrac{3}{4}$ として答えなさい。

3　根号（ルート）の中は，最も小さい自然数で答えなさい。

例えば，$2\sqrt{8}$ は，$4\sqrt{2}$ として答えなさい。

第１問

問１　次の計算として正しいものを解答群の中から選び，1つだけマークしなさい。

(1)　$11+3\times(-6)=\boxed{ア}$

$\boxed{ア}$ に当てはまる解答群

①　-8　②　-84　③　-7　④　-4
⑤　48　⑥　7　⑦　いずれでもない

(2)　$\dfrac{5}{8}-\dfrac{7}{6}=\boxed{イ}$

$\boxed{イ}$ に当てはまる解答群

①　$-\dfrac{13}{24}$　②　$-\dfrac{7}{12}$　③　$-\dfrac{1}{2}$　④　$\dfrac{1}{2}$

⑤　$-\dfrac{43}{24}$　⑥　$-\dfrac{21}{12}$　⑦　いずれでもない

(3)　$\sqrt{27}-\sqrt{12}=\boxed{ウ}$

$\boxed{ウ}$ に当てはまる解答群

①　$3\sqrt{3}-3\sqrt{2}$　②　$\sqrt{6}$　③　$-\sqrt{3}$　④　$5\sqrt{3}$
⑤　$7\sqrt{3}$　⑥　$\sqrt{3}$　⑦　いずれでもない

(4)　$\sqrt{18}+\dfrac{6}{\sqrt{72}}-\sqrt{8}=\boxed{エ}$

$\boxed{エ}$ に当てはまる解答群

①　$\dfrac{5\sqrt{2}}{2}$　②　$\dfrac{3\sqrt{2}}{2}$　③　$2\sqrt{2}$　④　$3\sqrt{2}$

⑤　$\dfrac{2\sqrt{3}}{3}$　⑥　$\sqrt{2}+6\sqrt{3}$　⑦　いずれでもない

(5) $(-4)^3 \div (-2)^2 \times \dfrac{3}{32} =$ オ

オ に当てはまる解答群

① $\dfrac{3}{2}$　② $-\dfrac{3}{2}$　③ 3　④ 6

⑤ 12　⑥ 24　⑦ いずれでもない

(6) $\dfrac{2x+3y}{3} - \dfrac{7x-5y}{4} =$ カ

カ に当てはまる解答群

① $\dfrac{-13x+9y}{4}$　② $\dfrac{-4x+9y}{4}$　③ $\dfrac{13x+9y}{4}$　④ $\dfrac{13x-27y}{12}$

⑤ $\dfrac{-13x+27y}{12}$　⑥ $\dfrac{21x-15y}{24}$　⑦ いずれでもない

(7) $2(a-2)(3a+2)-(2a+1)^2 =$ キ

キ に当てはまる解答群

① $2a^2-10a-9$　② $10a^2-4a-7$　③ $a^2-12a-9$　④ $2a^2-12a-9$

⑤ a^2-6a-7　⑥ $10a^2+12a-9$　⑦ いずれでもない

問2　次の設問の答えとして正しいものを解答群の中から選び，1つだけマークしなさい。

(1) $1<\sqrt{a}\leqq 2$ を満たす整数 a の個数は ク 個である。

ク に当てはまる解答群

① 1　② 2　③ 3　④ 4　⑤ 5　⑥ いずれでもない

(2) 大小2つのさいころを同時に投げて，出た目の数の和が4の倍数になる確率は ケ である。
ただし，大小2つのさいころはともに，どの目が出ることも同様に確からしいものとする。

ケ に当てはまる解答群

① $\dfrac{1}{2}$　② $\dfrac{1}{3}$　③ $\dfrac{1}{4}$　④ $\dfrac{1}{6}$　⑤ $\dfrac{1}{12}$　⑥ いずれでもない

(3) $x=2+\sqrt{5}$，$y=2-\sqrt{5}$ のとき，x^2-y^2 の値は コ である。

コ に当てはまる解答群

① 10　② 14　③ 18　④ $4\sqrt{5}$　⑤ $8\sqrt{5}$　⑥ いずれでもない

(4) 関数 $y=\dfrac{1}{2}x^2$ について，x の値が1から5まで増加するときの変化の割合は サ である。

サ に当てはまる解答群

① -3　② -1　③ 1　④ 2　⑤ 3　⑥ いずれでもない

(5) 点(2, 1)を通り，傾きが3の直線の式は シ である。

シ に当てはまる解答群

① $y=3x-5$　② $y=3x+5$　③ $y=-3x-5$　④ $y=-3x+5$

⑤ $y=2x+1$　⑥ いずれでもない

(6) 9教科の試験を受け，そのうち8教科の試験が返却された。返却された8教科の得点の平均を計算すると73点だった。最後の1教科の点数を加えた9教科の得点の平均が75点以上となるようにするには，最後の1教科で［ス］点以上が必要となる。

［ス］に当てはまる解答群

① 83　② 85　③ 87　④ 89　⑤ 91　⑥ いずれでもない

第2問

問1　左辺を因数分解した結果として，右辺の空欄に当てはまる適切な記号や数字をマークしなさい。

(1) $2x^2-32=$［ア］$(x+$［イ］$)(x-$［ウ］$)$

(2) $2xy-2x-3y+3=($［エ］$x-$［オ］$)(y-$［カ］$)$

問2　次の方程式を解き，空欄に当てはまる適切な記号や数字をマークしなさい。

(1) $3x+10=2(x+8)$ を解くと，$x=$［キ］である。

(2) $x^2-4x-32=0$ を解くと，$x=$［クケ］，［コ］である。

(3) $x^2+3x-9=0$ を解くと，$x=\dfrac{［サシ］\pm［ス］\sqrt{［セ］}}{［ソ］}$である。

(4) $2x^2-x-6=0$ を解くと，$x=\dfrac{［タチ］}{［ツ］}$，［テ］である。

(5) $\begin{cases} x-2y=-2 \\ -2x+3y=5 \end{cases}$ を解くと，$x=$［トナ］，$y=$［ニヌ］である。

第3問

問1　下の図のような壁のある部屋において，壁のA地点のコンセントに掃除機のプラグを差し込む。ただし，コードの長さはa mとする。

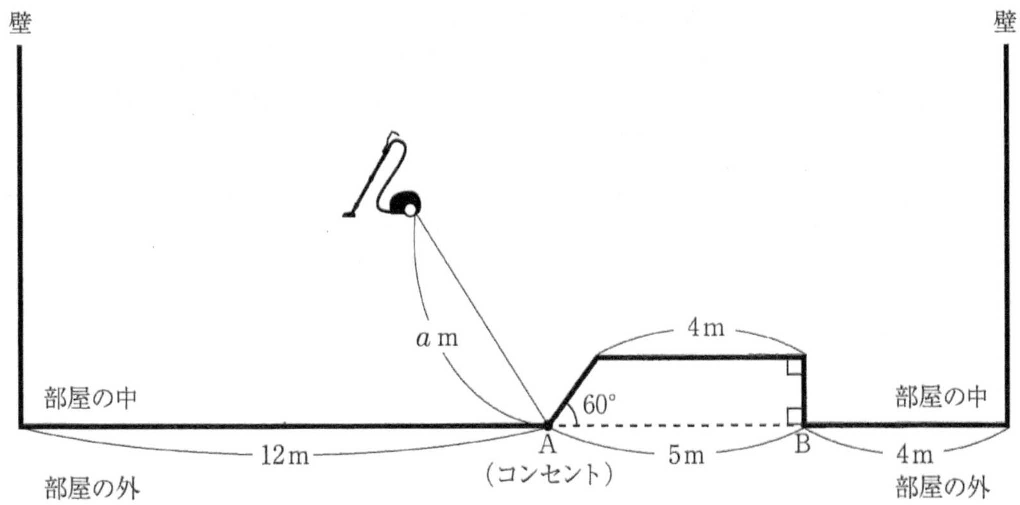

このとき，次の各問について，空欄に当てはまる適切な記号や数字をマークしなさい。ただし，掃除機本体の長さ等は考えないものとし，掃除機はコードが届く範囲の部屋の中を動かせるものとする。

(1) 掃除機がB地点に届くのは，$a\geqq$［ア］$+\sqrt{［イ］}$のときである。

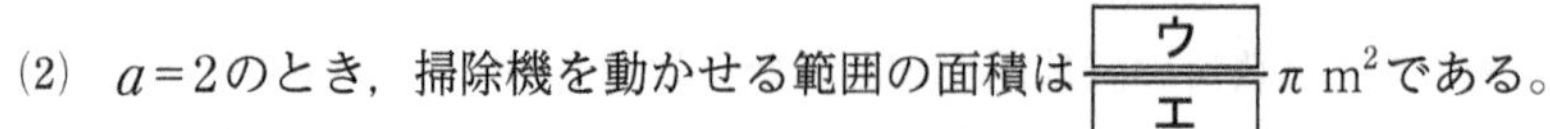

(2)　$a=2$のとき，掃除機を動かせる範囲の面積は$\dfrac{\boxed{ウ}}{\boxed{エ}}\pi\ \mathrm{m}^2$である。

(3)　$6<a\leqq\boxed{ア}+\sqrt{\boxed{イ}}$のとき，掃除機を動かせる範囲の面積は

$\dfrac{\pi}{12}\left(\boxed{オ}a^2-\boxed{カキ}a+\boxed{クケコ}\right)\mathrm{m}^2$である。

問 2

大小2つのさいころを同時に1回投げ，大きいさいころの出た目の数をa，小さいさいころの出た目の数をbとする。これらの数a，bを用いて放物線$C: y=ax^2$および，直線$\ell: y=bx$を考える。また，放物線Cと直線ℓの交点のうち，原点と異なる点をAとし，点Aのx座標をpとする。ただし，大小2つのさいころはともに，どの目が出ることも同様に確からしいものとする。

このとき，次の各問について，空欄に当てはまる適切な記号や数字をマークしなさい。

(1)　$p=5$となる確率は，$\dfrac{\boxed{サ}}{\boxed{シス}}$である。

(2)　$p=2$となる確率は，$\dfrac{\boxed{セ}}{\boxed{ソタ}}$である。

(3)　$p>1$となる確率は，$\dfrac{\boxed{チ}}{\boxed{ツテ}}$である。

(4)　$p>1$のとき，点Aからx軸に引いた垂線とx軸の交点をBとする。
このとき，直線$x=1$，直線ℓ，直線AB及びx軸で囲まれる図形の面積をSすると，$\dfrac{S}{b}=12$となる確率は，$\dfrac{\boxed{ト}}{\boxed{ナニ}}$である。

第4問

池の周りに1周5 kmの周回コースがある。次の各問に答えなさい。

(1)　次の空欄に当てはまる適切な記号や数字をマークしなさい。

時速4 kmで歩くとき，この周回コースを1周するのにかかる時間は$\boxed{ア}$時間$\boxed{イウ}$分である。

(2)　以下は清太さんと風子さんが【問題】について異なる方法で考えたときの二人の会話である。

【問題】と【会話】を読み，次の各問に答えなさい。

【問題】
この周回コースを1周するとき，始めは時速3 kmで歩いていたが，途中から時速10 kmで走り，合計でちょうど1時間かかった。このとき，走った時間と距離を求めよ。

【会話】

清太：僕は「歩いた時間をx時間，走った時間をy時間」とおいて，式を立ててみたけどこれでいいのかな。

風子：そうなんだ。私は「歩いた距離をx km，走った距離をy km」とおいて，考えてみたわ。ちなみに，どのような式になったの？

清太：僕が立てた式は［エ］と［オ］だよ。風子さんが立てた式は？

風子：私は［カ］と［キ］という式を立てたわ。
二人の立てた式が違うから，どちらかが間違っているのかな？

清太：じゃあ，それぞれを連立させて解いてみて，答えを確認しようよ。

風子：分かったわ。計算ミスをしないように気を付けましょうね！

……………………………（計算後）……………………………

清太：計算できたよ。
僕は「走った時間が$\dfrac{\text{ク}}{\text{ケ}}$時間で，距離が$\dfrac{\text{コサ}}{\text{シ}}$ km」となったよ。
風子さんは？

風子：私も同じ答えになったわ！　違う式からでも同じ答えが出るなんて不思議ね。

《問い》

(i)　【会話】中の［エ］～［キ］に当てはまるものを解答群の中から選び，1つだけマークしなさい。ただし，［エ］と［オ］，［カ］と［キ］については，解答の順序を問わない。

解答群

① $x+y=1$　② $x+y=3$　③ $x+y=5$　④ $x+y=10$

⑤ $3x+10y=1$　⑥ $3x+10y=5$　⑦ $\dfrac{x}{3}+\dfrac{y}{10}=1$　⑧ $\dfrac{x}{3}+\dfrac{y}{10}=5$

⑨ $\dfrac{3}{x}+\dfrac{10}{y}=1$　⓪ $\dfrac{3}{x}+\dfrac{10}{y}=5$

(ii)　【会話】中の［ク］～［シ］に当てはまる適切な記号や数字をマークしなさい。

【英　語】（50分）〈満点：100点〉
【注意】 リスニング問題は試験開始10分後に放送されます。

リスニング問題

問１　(解答番号[1]～[5])

A．次のNo. 1からNo. 5の対話文を聞き，最後の発言に対する相手の応答として最も適当なものを，4つの選択肢①～④のうちから1つずつ選び，その番号をマークしてください。
放送は2回繰り返されます。放送中にメモをとってもかまいません。

[1] ① My father did.
② At the bike shop near the station.
③ It cost about 10,000 yen.
④ Last Sunday.

[2] ① I'll have that, please.
② I'm very full now.
③ I don't like vegetables.
④ I know a good Italian restaurant.

[3] ① I'm better, thanks.
② I like it a lot.
③ You need to see a doctor.
④ I hope you can come.

[4] ① I'll play tennis with my friends.
② Don't forget your uniform.
③ You'll do better next time.
④ I watched the tennis match last night.

[5] ① I will go to the music room at 3：00.
② I'd like to, but I have to go home.
③ Yes, but I don't know what time it will start.
④ No, there is no concert today.

(解答番号[6]～[10])

B．はじめに英文が放送されます。その内容について，次のNo. 6からNo. 10のそれぞれの問いに対する答えとして最も適当なものを，4つの選択肢①～④のうちから1つずつ選び，その番号をマークしてください。
放送は2回繰り返されます。放送中にメモをとってもかまいません。

[6] ① Because he looked tired.
② Because he looked angry.
③ Because he looked hungry.
④ Because he looked happy.

[7] ① Haruki bought a computer for Michael.
② Michael bought a computer for Haruki.

③ Haruki broke Michael's computer.

④ Michael broke Haruki's computer.

8 ① He belongs to the soccer team.

② They belong to the soccer team.

③ He belongs to the computer club

④ They belong to the computer club.

9 ① Their soccer team may play poorly.

② Their soccer team may play well.

③ The other members of their soccer team may play well.

④ Jane may play soccer poorly.

10 ① They will have a meeting with their other teammates.

② They will have a soccer game.

③ They will have soccer practice.

④ They will have an appointment with Jane.

※リスニングテストの放送台本は非公表です。

筆記問題

問2 (解答番号11～15)

次の会話の(　　)に入る最も適当なものを，4つの選択肢①～④のうちから1つずつ選び，その番号をマークしてください。

11 A：Shall I help you with your homework, Ken?

B：(　　　　)

① Yes, please.

② No, you don't.

③ That's right.

④ Yes, you are.

12 A：I'm so sorry to be late.

B：(　　　　) The meeting hasn't started yet.

① That's too bad.

② That's all right.

③ You're too late.

④ You're welcome.

13 A：Excuse me, do you know where (　　　　)?

B：No, I don't. I'm not from around here.

A：OK, thanks.

① you are going to visit next summer

② the police station is

③ you bought this gift

④ here is

14 A：What are you looking for?
B：The CD I bought last week. I think it's in my room.
A：There are so many things in your room. (　　　　)
B：Yes, but I want to find it before doing that.
① Why don't you find it here?
② Shall we bring it back first?
③ Why don't you clean your room first?
④ Did you listen to it yesterday?

15 A：Next weekend, Tom is going to have a party at home. Are you going to come?
B：Yes, I am. How many people are coming?
A：(　　　　)
B：Really? But I heard there would be more than ten.
① You should tell more friends around you about the party.
② Some people are going to another party.
③ I saw seven people at the party.
④ Tom said five people would come.

問3　(解答番号16～25)

次の英文中の(　　)に入る最も適当なものを，4つの選択肢①～④のうちから1つずつ選び，その番号をマークしてください。

16 Akiko can play the piano as (　　　　) as her teacher.
① well　② better　③ best　④ good

17 Mike (　　　　) ride a bicycle soon. He practices every day.
① will be　② is　③ will be able to　④ is able to

18 My father (　　　　) breakfast now.
① eats　② eating　③ has　④ is having

19 Where was your bicycle (　　　　)?
① find　② finding　③ found　④ founded

20 The store is (　　　　) the post office and the supermarket.
① between　② from　③ to　④ in

21 Something must be (　　　　) with this engine. It doesn't work!
① bad　② wrong　③ funny　④ strange

22 They are looking forward to (　　　　) you tomorrow.
① meet　② met　③ meets　④ meeting

23 I can't decide now. I need (　　　　) time to think about it.
① a lot　② a little　③ many　④ any

24 My father (　　　　) busy since yesterday.
① is　② was　③ has been　④ was being

25 Can you see the pen (　　　　) on the sofa?
① put　② putting　③ have put　④ puts

問4 （解答番号26～30）

次の英文の意味を表す最も適当な日本語訳を，4つの選択肢①～④のうちから1つずつ選び，その番号をマークしてください。

26 Ken wants the Japanese to study English.

① ケンは日本語と英語を学びたい。
② ケンは日本語を英語で学びたい。
③ ケンは日本人に英語を教えたい。
④ ケンは日本人に英語を学んでもらいたい。

27 I go to school after running around the park.

① 私は放課後に公園に向かって走る。
② 私は放課後に公園の周りを走る。
③ 私は公園に向かって走った後で学校へ行く。
④ 私は公園の周りを走った後で学校へ行く。

28 The book I had to study abroad was difficult.

① 私が海外に研究のために持って行った本は難しかった。
② 私が留学中に研究していた本は難しかった。
③ 私が留学するために持っていた本は難しかった。
④ 私が海外について研究しなければならない本は難しかった。

29 I would like to give you something cold to drink.

① 私はあなたに冷たい飲み物をあげたい。
② 私はあなたにあげるために飲み物を冷やしておきたい。
③ 私はあなたに冷たい物をあげるので飲んでもらいたい。
④ 私はあなたが飲む物を冷やしておきたい。

30 More and more people from other countries visit our school.

① 他の国々から様々な人々に私たちの学校を訪問してもらいたい。
② 他の国々からますます多くの人々が私たちの学校を訪問してくる。
③ 他の国々から様々な人々が私たちの学校を訪問してくる。
④ 他の国々からもっと多くの人々に私たちの学校を訪問してもらいたい。

問5 （解答番号31～35）

次の文が英文として成立するように(　　)内の語句を並べかえ，(　　)内において2番目と4番目にあてはまる番号の組み合わせとして最も適当なものを，4つの選択肢①～④のうちから1つずつ選び，その番号をマークしてください。ただし，文頭の語も小文字で示されています。

（列）『1と2』 2番目…1　　4番目…2

31 How (1. are　2. long　3. you　4. stay　5. going to) in Japan?

① 1と3　② 3と5　③ 4と3　④ 1と5

32 I (1. forget　2. happy　3. never　4. those　5. will) days with you.

① 3と2　② 4と3　③ 3と4　④ 5と2

33 She is (1. enough　2. help　3. kind　4. to　5. me).

① 1と2　② 4と1　③ 3と2　④ 5と2

34 That (1. built 2. made of 3. was 4. bridge 5. wood) one hundred years ago.

① 2と4 ② 2と3 ③ 3と5 ④ 1と3

35 (1. you 2. heard 3. have 4. yet 5. the news)?

① 1と5 ② 3と5 ③ 1と2 ④ 2と1

問6 (解答番号36～42)

次の英文を読み，以下の問題に答えてください。

Mr. Honda：Satoshi, can you stay in the classroom after everyone (1)leaves, please?

Satoshi：Is there a problem, sir? Am I in trouble?

Mr. Honda：Not at all. There's just something I'd like to talk to you about.

Satoshi：What is it?

Mr. Honda：Well, your grades are good, and you do all your homework, and listen to me in class.

Satoshi：Thank you.

Mr. Honda：Well, I've *noticed that you are not in any club activities.

Satoshi：Ah. There aren't really any clubs that I am interested in.

Mr. Honda：I see. Have you thought about joining the Student Council?

Satoshi：The Student Council? What do they do?

Mr. Honda：They have meetings to plan events like the school festival or the school trip and think of ideas or school rules.

Satoshi：That sounds like a lot of work.

Mr. Honda：Well, sometimes they are very busy, but the meetings are usually quite fun. Joining (2)it will mean that you can change your school life.

Satoshi：How often does the Council meet?

Mr. Honda：Usually only once a week. They meet on Mondays after the last class. You're welcome to come and see what they do.

Satoshi：Thank you, sir. I think I'll do (3)that.

Mr. Honda：They're having a meeting today. It's about the sports day that will be held next month.

Satoshi：Ah, I have plans after school today. Is next week okay?

Mr. Honda：Next week will be fine. I hope you will come along.

*notice ～ 「～に気づく」

36 下線部(1)の語が本文中と同じ意味で使われている英文として最も適当なものを，4つの選択肢①～④のうちから1つ選び，その番号をマークしてください。

① I am going to leave a piece of chocolate cake for my sister.

② She always leaves the door open.

③ Where did you leave your umbrella?

④ I'm leaving Paris for Tokyo in three days.

37 下線部(2)の語が指している語句として最も適当なものを，4つの選択肢①～④のうちから1つ選び，その番号をマークしてください。

① the school

② the classroom
③ the Student Council
④ the club activity

38 下線部(3)の語が指している内容として最も適当なものを，4つの選択肢①～④のうちから1つ選び，その番号をマークしてください。

① to become a member of the Student Council
② to make our school life better
③ to go and see the Council meeting
④ to plan school events

39 "the Student Council"の議案に関係のない事項を，4つの選択肢①～④のうちから1つ選び，その番号をマークしてください。

① sports day
② entrance exam
③ school festival
④ rules of school

次の40～42の英語の質問に対する答えとして最も適当なものを，4つの選択肢①～④のうちから1つ選び，その番号をマークしてください。

40 Why did Mr. Honda tell Satoshi to stay?

① Because Satoshi was in trouble.
② Because Satoshi was not good at studying.
③ Because he wanted to invite Satoshi to the Student Council.
④ Because he wanted Satoshi to study more.

41 Did Satoshi know what the Student Council was like before he talked with Mr. Honda?

① No, he didn't. He didn't know what it did.
② No, he didn't. He was interested in other club activities.
③ Yes, he did. But he didn't want to join it.
④ Yes, he did. He was interested in it.

42 When will Satoshi go to see the Student Council?

① He will attend the meeting only once a week.
② He will attend the meeting today.
③ He will attend the meeting next month.
④ He will attend the meeting next week.

問7 （解答番号43～50）

次の英文を読み，以下の問題に答えてください。

Imagine this – you are *alone in an elevator. The elevator stops, and three people also get on the elevator. However, the three people do not look at the door. The three people all stand and look at the back of the elevator. (1)<u>That would be strange</u> because you are not doing what other people around you are doing. (2)<u>What would you do?</u> Would you *continue looking at the other people or would you also turn and look *towards the back of the elevator?

If you would also stand and look towards the back of the elevator, then you are not alone. Many people in this *situation would also turn around with the group and look at the back of the elevator. Many people do what other people are doing because of a kind of *pressure. This is called (3) "groupthink."

When we are in a group, we often do what everyone else is doing because we want to go with the group. If you think about your friends, you will do the same things that many of them do. That may be because you are *similar, but is also because you want to feel *accepted by your friends.

There are also times when we should not do what the group is doing. If we see a group of people crossing the street when many cars are coming, we will wait and not do the same thing that the group is doing. In this situation, doing the same thing as the group could be trouble, or could *hurt us!

So, we should think about (4) we act when we are in groups. It may be normal to want to do what everyone around us is doing, but also be dangerous. Learning about and understanding groupthink may help us to understand our thoughts, or even the *behavior of others and the groups that we are in.

*alone 「ひとりで，孤立している」　*continue ～ ing 「～し続ける」　*towards ～ 「～(の方向)に」
*situation 「状況」　*pressure 「圧力」　*similar 「似ている」
*accepted 「受け入れられた」　*hurt ～ 「～を負傷させる」　*behavior 「行動」

43 下線部(1)の理由として最も適当なものを，4つの選択肢①～④のうちから1つ選び，その番号をマークしてください。

① 自分と自分の周りの人はエレベーターの後ろを見ているから。
② 自分の周りの人はエレベーターの後ろを見ているのに自分は後ろを見ていないから。
③ 自分はエレベーターの後ろを見ているのに自分の周りの人は後ろを見ていないから。
④ 誰もエレベーターのドアを見ていないから。

44 下線部(2)に対する筆者が予測している答えとして最も適当なものを，4つの選択肢①～④のうちから1つ選び，その番号をマークしてください。

① 乗ってきた3人になぜ，後ろを向いているのかを聞く。
② 自分は向きを変えずに前を見続ける。
③ 自分も向きを変えてエレベーターの後ろに目を向ける。
④ 乗ってきた3人に前を向くように意思表示する。

45 下線部(3)の"groupthink"とは何か。筆者の考えとして最も適当なものを，4つの選択肢①～④のうちから1つ選び，その番号をマークしてください。

① 多くの人が集団で話し合って考えて行動すること。
② 多くの人が自分で考えたことだけを信じて行動すること。
③ 多くの人がある種の圧力から他の人がしている行動をすること。
④ 多くの人が他の人がしていることを同じように行わないこと。

46 (4)に入る語として最も適当なものを，4つの選択肢①～④のうちから1つ選び，その番号をマークしてください。

① how　② where　③ who　④ why

次の47～50の英語の質問に対する答えとして最も適当なものを，4つの選択肢①～④のうちから1つ選び，その番号をマークしてください。

47 Why do you do the same thing your friends do?

① Because your friends are good role models.
② Because you love your friends.
③ Because you don't want to lose your friends.
④ Because you want to feel accepted by your friends.

48 Why are there times when we should not do what the group is doing?

① Because crossing the street is dangerous.
② Because doing the same thing as the group sometimes could be trouble.
③ Because we don't have to worry about what the group is doing.
④ Because we don't want to do what everyone around us is doing.

49 What may be normal when we think about our actions in a group?

① To want other people around you to do the same thing as you.
② To want to do what we should not do.
③ To want to do the things many people don't want to.
④ To want to do what other people around you are doing.

50 What can learning about and understanding groupthink help us to do?

① To understand what is right and wrong in other people's behavior.
② To understand our thoughts, the actions of others and the groups.
③ To feel accepted by other people around you.
④ To do what we should not do but other people often do.

3、今の季節とは別の季節だが
4、今と昔の共通点ではあるが

問二、 傍線部②「いとほしくいみじくて」とは「嫌で情けなくて」という意味ですが、次の⑴、⑵に答えなさい。

⑴ 「いとほしくいみじくて」と思ったのは誰ですか。適当なものを次の選択肢の中から一つ選びなさい。（解答番号は 39 ）

1、女　　2、男　　3、親　　4、女従者

⑵ 「いとほしくいみじくて」と思ったのはなぜですか。適当なものを次の選択肢の中から一つ選びなさい。（解答番号は 40 ）

1、雨に打たれて全身が濡れてしまい、寒さをしのぐことができなくなってしまったから。
2、いつのまにか日が暮れてしまい、時間の感覚も失ってしまったのかと思ったから。
3、道に迷ってしまい、自分の家の方角すら分からなくなってしまったから。
4、貧しい境遇のため、人に与えるための食べ物も準備できないから。

問三、【　A　】にあてはまる言葉として適当なものを次の選択肢の中から一つ選びなさい。（解答番号は 41 ）

1、着物　　2、馬車　　3、城　　4、食べ物

問四、 傍線部③「あかつき」とはいつ頃のことをさしますか。適当なものを次の選択肢の中から一つ選びなさい。（解答番号は 42 ）

1、日中　　2、夕方　　3、夜明け前　　4、日の出後

問五、 本文中にある次の語句を現代仮名遣いに直したものとして、適当なものをそれぞれ次の選択肢の中から一つずつ選びなさい。

⑴ 「ゐたる」（解答番号は 43 ）

1、えたる　　2、うたる　　3、いたる　　4、みたる

⑵ 「あはれに」（解答番号は 44 ）

1、あわれに　　2、あなれに　　3、あられに　　4、あやれに

問六、 傍線部④「いとあさまし」から女のどのような思いが読み取れますか。適当なものを次の選択肢の中から一つ選びなさい。（解答番号は 45 ）

1、男の正体が観音様だったことが判明し気が動転している。
2、不意に現れた女従者の正体がわかり、あっけにとられている。
3、信頼していた女従者に裏切られたことがわかり、悲しんでいる。
4、亡き親が女従者を引き留めておいてくれたことを知り、感謝している。

問七、 本文の内容に**合致しないもの**を次の選択肢の中から二つ選びなさい。（解答番号は 46 ・ 47 、解答の順序は問いません。）

1、主人公の貧しい女のもとには、時々通って来る男がいた。
2、雨が激しく降っていたため、女は家に帰ることができなかった。
3、男に食べさせるものがないので、女は観音様に助けを求めた。
4、女従者は食べ物だけでなく、赤い小袴まで持ってきてくれた。
5、男が帰った後、女は観音様を拝もうと思い、持仏堂へ行った。
6、女従者が持ってきてくれた食べ物は仏のご加護だった。

て、漢方が間違え蘭方が正しかった点は受け入れるべきだと考えるようになった。

問六、傍線部⑤「了玄の口にしたことに反撥を感じた自分が恥ずかしく思えた」のはなぜですか。適当なものを次の選択肢の中から一つ選びなさい。（解答番号は36）

1、了玄が誠意をもって蘭方を勧めてくれたのに、自分はその好意を無にしてそっけなくしてしまったから。
2、了玄が述べたことはすべて正しいことであったのに、自分は蘭方の欠点を見つけ出そうとばかりしていたから。
3、了玄が常識を疑い真実を追究する姿勢で医学を語ったのに、自分は漢方への批判をただ感情的にとらえていたから。
4、了玄は真面目に客観的な現代の医学の情勢を語っただけなのに、自分はそれを新しいもの好きの軽薄な言葉と受け取ったから。

問七、傍線部⑥「雨もあがり、秋らしい晴天だった」は情景と同時に良策の心情も表しています。その心情として適当なものを次の選択肢の中から一つ選びなさい。（解答番号は37）

1、自分はそれでも漢方に確信を持とうという思い。
2、偏見をなくして蘭方を学んでみようという思い。
3、了玄に昨日の自分の間違いを謝ろうという思い。
4、了玄は医家として信用できる人物だという思い。

四、次の文章を読んで、後の問いに答えなさい。（解答番号は38～47）

①今は昔、身いとわろくて過ごす女ありけり。時々来る男来たりけるに、雨に降りこめられてゐたるに、「いかにして物を食はせん」と思ひ嘆けど、すべき方（かた）もなし。日も暮れ方になりぬ。②いとほしくいみじくて、「わが頼み奉りたる[注1]観音、助け給へ」と思ふほどに、わが親のありし世に使はれし女従者、いときよげなる【　A　】を持て来たり。うれしくて、よろこびに取らすべき物のなかりければ、小さやかなる赤き小袴（こばかま）を持ちたりけるを取らせてけり。我も食ひ、人にもよくよく食はせて寝にけり。

③あかつきに男は出で（い）て往（い）ぬ。つとめて、持仏堂（じぶつどう）[注2]にて、観音持ち奉りたりけるを見奉らんとて、丁[注3]立て、据ゑ参らせたりけるを、帷子（かたびら）[注4]引き上げて見参らす。この女に取らせし小袴、仏の御肩にうち掛けておはしますに、④いとあさまし。昨日取らせし袴なり。あはれにあさましく、おぼえなくて持て来たりし物は、この仏の御しわざなりけり。

（『古本説話集』より）

注1「頼み奉りたる」……頼り申し上げている。
注2「持仏堂」…………仏や先祖の位牌を安置しておく堂、または室。
注3「丁」………………布製のついたて。几帳。
注4「帷子」……………几帳に垂れ下げる目隠しの布。

問一、傍線部①「今は昔」の口語訳として適当なものを次の選択肢の中から一つ選びなさい。（解答番号は38）

1、今も昔も変わらないが
2、今となっては昔の話だが

1、新しい時代を開いた　　2、世間の注目を集めた
3、身近で理解しやすい　　4、科学的で正確である

b「上気していた」（解答番号は29）
1、喜びにあふれていた　　2、不動で落ち着いていた
3、興奮してのぼせていた　　4、楽しそうに浮かれていた

c「西洋かぶれ」（解答番号は30）
1、西洋のことを知ったかぶりすること
2、西洋の知識があるのを自慢すること
3、西洋のものならよいと盲信すること
4、西洋のものを勧めて広めていくこと

問二、空欄X、Yに入れる語句として適当なものをそれぞれ次の選択肢の中から一つずつ選びなさい。

X（解答番号は31）
1、眼を引く　　2、眼を光らす
3、眼をかける　　4、眼を向ける

Y（解答番号は32）
1、耳を貸して　　2、首をひねって
3、手をこまねいて　　4、鼻をうごめかして

問三、傍線部①「沈黙が、ひろがった」というのはなぜですか。適当なものを次の選択肢の中から一つ選びなさい。（解答番号は33）

1、良策は思わぬ話の内容についていけず、了玄は相手の不快そうな様子を気遣ったから。
2、良策は不服ながらも蘭方を認めざるを得ず、了玄は相手を納得させたことに満足したから。
3、良策は怒りのため話を打ち切ってしまい、了玄は時間をとって相手の怒りを静めようとしたから。
4、良策は話を続けるだけの知識がなく、了玄もこれ以上話しても理解を得られないだろうと思ったから。

問四、傍線部②「気まずそうに」とありますが、何が気まずいのですか。適当なものを次の選択肢の中から一つ選びなさい。
（解答番号は34）

1、了玄に一方的に言い負かされたこと。
2、漢方から蘭方へ気持ちが揺らいだこと。
3、気を悪くしたことを了玄に見透かされたこと。
4、せっかくの静養の旅がだいなしにされたこと。

問五、傍線部③「落ち着かぬように」から傍線部④「落ち着きをとりもどしていた」となるまでに、良策の心情は具体的にどのような変化がありましたか。適当なものを次の選択肢の中から一つ選びなさい。（解答番号は35）

1、了玄の言い方が断定的で腹が立ったが、感情だけで漢方と蘭方の優劣を決めてはならないと考えるようになった。
2、了玄の言葉を一方的に受け入れて不安だったが、蘭方を学ぶ医家も多くいるので、自分もそうするべきだと考えるようになった。
3、蘭方に反論するべき根拠を見いだせずあせっていたが、臓器の正確さだけでは十分に信用するに足るものではないと考えるようになった。
4、信頼していた漢方への批判に不愉快であったが、事実とし

了玄は、一礼すると腰をあげて廊下に出ていった。

せっかく静養にきたのに……と、良策はわずらわしい同宿人と知り合ったことを腹立たしく思った。

かれは、朱色に染まった裏山に眼をむけた。了玄の言葉は、あまりにも断定的で反感をいだいたが、一つの意見としてきく余裕はもたねばならぬ、と思った。漢方の医学を信奉する医家は、蘭方を否定しているが、それにもかかわらず、遠く長崎へ赴いて蘭方を学ぶ医家は増している。

良策には、それらの医家たちが新奇な物を好む、珍しい見世物にむらがる野次馬たちに似た軽薄な人間たちだと思ってもいたが、了玄の話によると、そうとばかりとも言えないらしい。少なくとも了玄は、蘭方を漢方よりすぐれたものと考えている。

かれは、③落ち着かぬように窓外に眼をむけていた。

夕方近くになると、宿は霧につつまれ、雨が落ちてきた。行灯（あんどん）がともる頃になると雨は激しさを増し、風も出てきた。

良策は、風呂におりてゆくこともせず早めに床に入った。

かれは、④落ち着きをとりもどしていた。山脇東洋が、漢方医でありながら、八十年も前に定説となっている五臓六腑説に疑いをいだき、その真偽をあきらかにしようと企てたのは、常に新しい眼で医学を見つめようとする医師としての態度にちがいなかった。

東洋は、腑分けによって五臓六腑説にあやまりがあるのを知り、さらに前野良沢、杉田玄白らによって東洋のいだいた疑惑が正しいことが立証されたという。人体の内部構造だけにかぎれば、蘭方は漢方にまさったものだと断定できる。

良策は、前夜、初めて了玄に湯浴（ゆあ）み場で会った折に、了玄がしきりに月の大きさが時と場所によってちがうのを不思議がっていたことを思い起こした。普通の人間ならばべつに気にもかけないことであるのに、了玄は［ Y ］いた。

了玄には、常人と異なった、物を徹底してきわめようとする心掛けがあるらしい。常識とされることも鵜呑（うの）みにせず、あらためてその真実をさぐろうとする姿勢がある。それは、五臓六腑説に疑いをいだいた東洋や良沢、玄白らと共通した態度で、そうした研究熱心な精神が自然に蘭方を修業することにもつながったのだろう。

⑤了玄の口にしたことに反撥を感じた自分が恥ずかしく思えた。医学の研鑽のために謙虚に他人の言葉をきき、すぐれたものを吸収しなければならないはずだった。

蘭方か……と、かれは、ふとんに顎（あご）を埋（うず）めながら呟（つぶや）いた。それは、なにか新しい未知のものを豊かにふくんだ知識のようにも思えてきた。

雨戸に、雨まじりの風が音を立てて吹きつけている。

良策は、⑥闇の中で眼を光らせていた。

翌朝は雨もあがり、秋らしい晴天だった。

（吉村昭『雪の花』より）

注1「蘭方」……ここでは、オランダ医学の意味。

注2「腑分け」…解剖のこと。

問一、 波線部a～cの語の本文中における意味として適当なものをそれぞれ次の選択肢の中から一つずつ選びなさい。（解答番号は 28 ）

a「劃期的」（「画期的」とも表記する。）

官）、膀胱の六腑、つまり五臓六腑であるとされ、これは、むろん中国から伝わった定説であるが、多くのあやまりがある。

「前野、杉田殿たちは、そのあやまりをただすため、西洋の人体解剖書を苦心のすえ和訳したのです」

　了玄の顔は、[b]上気していた。

「しかし、われわれの信ずる五臓六腑説がなぜあやまりで、西洋の人体解剖書の内容がなぜ正しいと申されるのか。西洋のものならばすべて良しとする風潮はいかがなものか」

　良策は、絶対的な信頼をよせて修得してきた漢方を批判する了玄の言葉に反感をいだいた。

「決して[c]西洋かぶれなどとは縁のないことで、ゆるぎない証拠にもとづいたものです。前野殿たちは、江戸の小塚原に赴いて刑死人の腑分[注2]けを実見し、オランダ医書の人体解剖図と一つ一つ引き合わせてみた由です。その結果はどうであったか。解剖図と刑死人の臓器とが寸分のちがいもなかったとのことでござる」

「寸分も？」

「さよう。寸分もです。われらの信じてきた五臓六腑説は、京都の古医方の大家山脇東洋殿によってすでに疑惑をいだかれていました。山脇殿は、わが国で初めて刑死人の腑分けに立ち合われて五臓六腑説にあやまりの多いことを見出し、『蔵志』という解体書まで出された。それが、前野、杉田殿たちの『解体新書』によっていっそう真実の姿があきらかにされたのです」

　了玄は、張りのある声で言った。

　古医方を学んだ良策は、むろん山脇東洋が宝暦四年（一七五四年）に京都の六角獄舎で解剖を実見し、それによって「蔵志」を著したことも知っていた。それは、従来の五臓六腑説を訂正する輝かしい業績とされているが、了玄の話によると「解体新書」は、さらにそれを推し進めたものだという。

「臓器については、仰言られる通りオランダの解剖書が正しいのでしょうが、一般療法については、偉大な医家が古くから研鑽を重ねてきた漢方のほうが、よりすぐれていると思います」

　良策は反撥した。

「それはいかがなものでしょうかな。基本的な人体内部の臓腑について蘭方の方が正確であったことから考えると、療法全般にわたっても蘭方の方が進んでいると判断するのが常識ではござるまいか。笠原殿、われわれは従来のものにこだわることなく、新しい知識にも素直に[X]べきではないだろうか」

　了玄は、良策の眼を見つめた。

　良策は、口をつぐんだ。漢方が批判されたことに戸惑いを感じ、気持ちの整理がつかなかった。

　良策が気分を損ねているのに気づいたらしく、了玄もそれきり口をとざした。

　①沈黙が、ひろがった。部屋の中を爽やかな秋風がすぎてゆく。

「お気にさわられたかな」

　了玄が、窓の外に眼を向けながら言った。

「いや、別に」

　良策は、②気まずそうに答えた。

「それでは、これで……」

答番号は25）

1、善行というものは、信頼されたいという意識が根本にある行為だと信じているから。

2、善行というものは、さりげなさを装う紳士的な行為だと信じているから。

3、善行というものは、自覚的かつ意図的な行為だと信じているから。

4、善行というものは、相手の許可を得てから慎重に行われるべき行為だと信じているから。

5、善行というものは、無自覚かつ何気ない行為だと信じているから。

問九、【 V 】に入る言葉として適当なものを次の選択肢の中から一つ選び、記号で答えなさい。（解答番号は26）

1、ものの価値は金額で決まる、ということだ。

2、ものの価値はお金ではない、ということだ。

3、ものの価値は新しさに左右される、ということだ。

4、ものの価値は実用性が優先される、ということだ。

5、ものの価値は記憶に残ることで高まる、ということだ。

問十、この文章の内容として適当なものを次の選択肢の中から一つ選びなさい。（解答番号は27）

1、「私」が小学生の時、母は、娘の衣服に縫い込むことで定期券をなくさないように工夫した。

2、「私」が中学生の時、購入から一年でフルートをなくし、母にお願いして再購入した。

3、異国を旅すると、人の善意に触れる機会の少なさを意識するが、国内ではそのようなことはない。

4、必要な「もの」を用意する習慣は、年齢を重ねると、いずれ身につくものである。

5、手元にとどまった「もの」が気になるのは、それが私自身になるからである。

三、次の文章を読んで、後の問いに答えなさい。（解答番号は28～37）

（福井藩の町医・笠原良策は、静養にきた温泉場で同業の大武了玄と出会う。話を交わすうちに、了玄が蘭方医[注1]であることが分かり、良策は驚く。漢方医の良策は、蘭方医と話すのは初めてであった。）

了玄は、医学の世界で新しい時代がはじまっている、と、眼を光らせて言った。それは、オランダを通して移入されている西洋医学だという。

かれは、新井白石が「西洋紀聞」を書いてあきらかにしたように、西洋の文明はきわめて注目すべきものがあり、その一分野である医学も、日本在来の医学とは異なった多くのすぐれたものをふくんでいる、と言った。

新しい時代の医学をめざす医家たちは、続々と長崎に赴き、新知識の吸収と究明につとめている。その努力がようやく実をむすぶようになってきているが、殊に前野良沢、杉田玄白らによるオランダ語訳のドイツの解剖書を翻訳した「解体新書」の刊行はa劃期的な成果だという。今までわれわれが知識としていだいていた人体の内部は、肺、心、脾、肝、腎の五臓と、大腸、小腸、胃、胆、三焦（水分排出器

選択肢の中から一つ選びなさい。（解答番号は21）
1、一刻金　　2、一か八か　　3、鶴の声
4、三つ子の魂　　5、一寸先

問五、 傍線部①「これはさすがに、定期とは比べものにならないくらいたいへんなことだ、と子どもながらに思った」とありますが、当時の心境の説明として最も適当なものを次の選択肢の中から一つ選びなさい。（解答番号は22）
1、事実を隠し通すことの困難に立ち向かわなければならない、また叱られるかもしれない立場となった自分を哀れんでいる。
2、他の楽器を選んでおけばよかったという後悔と、無くした事実を打ち明けなければならないという緊張感で一杯である。
3、ものをなくした、という事実を初めて明確に意識し、自分の責任の大きさにうちふるえている。
4、これまでの努力が水の泡になってしまうという焦りと絶望感にうちひしがれている。
5、ものを無くした事実を隠し通せるのだろうかという不安と恐怖で世界が終わってしまうような予感にとらわれている。

問六、 傍線部②「世のなかには、戻ってくるなくしものと、決して戻ってこないなくしものがある」とありますが、本文中で、①「戻ってくるなくしもの」と②「決して戻ってこないなくしもの」に相当するのは何ですか。その組み合わせとして適当なものを次の選択肢の中から一つ選びなさい。（解答番号は23）
1 { ①　バスの定期券・ノートパソコン・手土産に買った葡萄
　　②　パスケース・フルート・ハンカチとティッシュ
2 { ①　ハンカチとティッシュ・フルート・ノートパソコン
　　②　バスの定期券・パスケース・手土産に買った葡萄
3 { ①　クラリネット・パスケース・ハンカチとティッシュ
　　②　トランペット・マクドナルドの座席に置いた荷物
4 { ①　パスケース
　　②　ノートパソコン・手土産に買った葡萄・フルート
5 { ①　駅前で配っているティッシュ
　　②　つりスカートのサスペンダー・診察券・ポーチ

問七、 傍線部③「どちらも私には非常に不思議に思える」とありますが、それはなぜですか。適当なものを次の選択肢の中から一つ選びなさい。（解答番号は24）
1、慌てて持ち去るくらいなら相手に同意を得て譲り受けるのが当然の礼儀だと思えて仕方がないから。
2、生活に必要な金銭に不自由する様子でもなく、またすでに自分が所有しているものを持ち去る必要はないと思われるから。
3、置いたものを他人が持ち去ることなどありえず、持ち帰ったことに気付かずにいる本人にこそ問題があると思われるから。
4、使い勝手や売値は不十分であり、また、細工の可能性を考えずに持ち去っていると思われるから。
5、駅員が調べれば持ち去った相手などすぐにでも判明するにもかかわらず持ち去っていると思われるから。

問八、 傍線部④「そこに『自分は今善行をした』なんて意識はあんまりないのではないかと、私は思う」とありますが、それはなぜですか。適当なものを次の選択肢の中から一つ選びなさい。（解

そこが善意のすごいところで、そうだからこそ、人って信頼に値する、と思うのである。もし、これが日本じゃなかったら、私はそんなふうな考え方をしなかったかもしれない。日本にやってきた外国人は、マクドナルドの座席に荷物を置いて注文しにいって、戻ってきてそれがまだ在ることにかならず驚く。異国を旅しているときは、とかくわかりやすい善意に感動するけれど、私たちの暮らす国でも、こんなふうなさりげない善意は、きちんと存在している。

【Ⅳ】返ってこなかったものも多々あるし、子どものころのまま、なくしたことで世界が終わるような気がするほど、落ち込むことが未だにある。もうぜったいなくさないと、かたく誓ったり日記に書きつけたり、実際に慎重に日々を過ごしたりする。なのに、やっぱりなくす。《Y》は百まで続くのだ。

ものをなくすことで学んだことがひとつあるとするならば、それは、【Ⅴ】一〇万円の入った財布を落としても私たちは落ちこむが、十数年前から愛用している（もう充分もとは取った）ポーチをなくしても同様に落ちこむ。もう大人に怒られることもないし、なくしたことを隠す必要がなくても、やっぱり激しく落ちこみ、自分を責める。「もの」は、私たちの手元にしばらくとどまると、それがいくらであれなんであれ、きっとほんのちょっとだけ私たち自身になるのじゃなかろうか。

（角田光代『世界中で迷子になって』より）

注1「不憫」……かわいそうなこと。あわれむべきこと。また、そのさま。
注2「千疋屋」……果物の輸入・販売の専門店。
注3「件の」……例の。あの。

問一、【Ⅰ】〜【Ⅳ】に入るべき文として適当なものをそれぞれ次の選択肢の中から一つずつ選びなさい。（解答番号は11〜14）

1、でも、圧倒的に返ってくるもののほうが多いと、なくし魔の私は思いたいのである。
2、戻ってくるから「なくす」癖がなおらないのでは、決してない。
3、不思議なことに、私のように趣味にお金をかけない派は、意識せずともそういうものに関心が向かない。
4、なくし魔はなくし魔にやさしいのだ。
5、そうしてつなげられるものならば、なくさないが、なんでもかんでもつなげられるともかぎらない。

問二、〔A〕〜〔E〕に入る語として適当なものをそれぞれ次の選択肢の中から一つずつ選びなさい。（解答番号は15〜19）

1、だから　2、じつは　3、さらに
4、あいにく　5、ついに　6、なのに
7、そもそも

問三、〔F〕〜〔H〕に入る言葉の組み合わせとして適当なものを次の選択肢の中から一つ選びなさい。（解答番号は20）

1、F 善意　G 悪意　H 善意
2、F 善意　G 善意　H 悪意
3、F 悪意　G 善意　H 悪意
4、F 悪意　G 悪意　H 善意
5、F 善意　G 善意　H 善意
6、F 悪意　G 悪意　H 悪意

問四、《X》《Y》に入る共通の言葉として適当なものを次のに電話をして、忘れ物をさがしてもらっていたのだった。

たった三駅。時間にして、一〇分もない。乗っていた電車も特定ができ、駅員が調べてくれたのに、葡萄は見つからなかった。ちなみにこの葡萄、[注2]千疋屋（せんびきや）の高級葡萄だったそうである。

パソコンにしても葡萄にしても、そこに置いたものがなくなるのだから、だれかが持っていった、と考えるのがまっとうだ。が、③どちらも私には非常に不思議に思える。人のパソコンなんて使い勝手が悪いだろうし、転売するといったってそう高額にはなるまい。それから葡萄。いくら千疋屋の袋に入っていても、食べものである。葡萄の一粒一粒に、細工がしてある可能性だってなくはないじゃないか。もしかしてそういう〔　F　〕のもとに、わざと網棚に置かれた荷物かもしれないじゃないか。でも、持ち帰ったってことはそんなことといっさい考えず、きっと食べるんだよなあ……。

持ち帰った人にどうしても私はかすかな〔　G　〕を見てしまうんだけれど、でも、その人たちはその荷物に〔　H　〕をまったく想定しないというところが、なんというか、興味深いところだと思う。

【　Ⅲ　】

昨年、健康保険証と診察券と、Ｓｕｉｃａカードとポイントカードが入ったパスケースを、どこかで落とした。どこで落としたか覚えていないが、でも、それを使うのは電車に乗るときだけだからと、その日に乗った駅すべてに連絡してみたが、ない、と言う。Ｓｕｉｃａは三〇〇〇円ほどの残額があったがまあ、あきらめはつくにしても、しかたないとしても、いやな感じなのは健康保険証である。何か悪いことに利用されないともかぎらない。念のため交番にもいって遺失物届けを提出した。

一日、二日たってもなんの連絡もこないので、きっともう出てこないのだろうとあきらめた。すると一〇日ほどのちに、飯田橋にある警視庁の遺失物センターから葉書がきたのである。あなたの定期券を保管しているので、以下のものを持参して何日以内にこられたし、という旨（むね）の。

どきどきしながら受け取りにいった。保険証が入っていなかったらどうしよう。Ｓｕｉｃａの残額はきっと使われているだろうな。気に入りだったパスケースはずいぶん汚れているだろう。

果たして、カウンター越しに係員がくれたパスケースは、ちっとも汚れておらず、さらに、何ひとつなくなっていなかった。文藝家協会の会員証や診察券は当然のことながら、Ｓｕｉｃａカードも保険証も、さらにＳｕｉｃａカードの残高は一円も減らず残っていた。

じつは私には、こんなふうに「何ひとつなくならず」返ってくるという経験が、一度ならずある。拾い主がだれなのか、毎回わからない。それはどこかに届けられ、[注3]件（くだん）のような遺失物センターや交番から連絡がくるのだ。

なくしたものが返ってくるとき、私は本当に善意という目に見えないものを、はっきりと見る。善意というのは、何か善いことをしている自覚のもとにするのではなく、たとえば駅前で配っているティッシュをふっと受け取ってしまうような、何気ない行為なのだと私は信じている。私のパスケースを届けてくれた人は、ふと拾い、そのまま通りかかった駅か交番かに届けたのだろうと思う。④そこに「自分は今善行をした」なんて意識はあんまりないのではないかと、私は思う。

①これはさすがに、定期とは比べものにならないくらいたいへんなことだ、と子どもながらに思った。世界が終わってしまうような不安と恐怖を味わった私がしたことは、なくした、そのことを卒業まで隠し通すことだった。私の学年は二クラスしかなかったので、音楽の時間は隣のクラスのフルートの子に借りにいく。それで三年間やり過ごしたのである。「ばれないように」と願い続けた幼い気持ちを思うと、自分のことながら心底不憫(注1ふびん)になる。

ものを忘れる、なくすことに対して、私はそれこそ四歳五歳のときから叱られ、注意され、諭され、〔　B　〕、反省し、おびえ、世界の終わりを予感し、なくすまいと決意し、をくり返している。〔　C　〕なおらない。

四〇歳を過ぎた今だって、私はハンカチとティッシュを携帯していない。しない主義なのではなくて、たんに鞄に入れ忘れているのである。トイレで手を洗い、鞄を開いて「あ、忘れた」と気づく。濡れた手でトイレを出たとき、待っていた男友だちや男性編集者が「はいどうぞ」とハンカチを出してくれると、まったく心の底から恥じ入る。恥じ入りつつ、「ハンカチとちり紙は持ったの⁉」と毎日毎日毎日欠かさず言っていた、母の言葉を思い出すのである。あんなに毎日、一五年ものあいだ（小中高＋実家住まいの大学三年まで）言われ続けて、身につかなかったのだから、この先身につくはずもない。

たのもしいことに、私のような人は、じつに多い。ふだん、私たちは大人の顔をして仕事をしていて、仕事相手に何をなくしただの何を忘れただのと、いちいち告白したりしない。〔　D　〕、だれが忘れ魔かなくし魔か、わからない。わかったときは、だから「おまえもか！」と叫びたくなるような、同志に巡り会えたよろこびがある。こういう人に私は必ず、「子どものころ、生きるのがたいへんだった？」と訊く。一〇人中一〇人が、「そりゃあたいへんだった」と、遠い目をして言う。でも、なおっていないのだ。

②世のなかには、戻ってくるなくしものと、決して戻ってこないなくしものがある。

友人が電車の網棚にノートパソコンを置き、置いたのを忘れて電車を降りてしまった。家に着いて気がついて、すぐに駅に電話をした。各駅に連絡がいったものの、見つからないという。応対してくれた駅員は、「あとで出てくる可能性も高いから、また明日、遺失物管理の部署にかけてみてください」と言う。それで彼は翌日、言われた番号にかけてみる。やっぱり、ないと言う。翌日も、ない。このとき応対してくれた係の人は、非常に親切で、「だれかが拾って、そのまま持って帰って、届けようと思って時間がとれず、一週間後に届けてくれるという例もずいぶんあるんです。だから気落ちしないで、また何度でもかけてきてください、調べますから」と、言ってくれたという。私は確信するが、この駅員はなくし魔に違いない。【　Ⅱ　】酔っ払いが酔っ払いに寛容なように。

友人のパソコンは結局出てこなかった。

電車の網棚から、もっと素早くなくなったものもある。友人のおうちに遊びにいくため、数人で駅で待ち合わせていた。駅に着くと、数人はもう到着していて、でも、内ひとりが必死で携帯電話で話している。〔　E　〕、三駅前で乗り換えたのだが、そのとき前の電車の網棚に手みやげに買った葡萄(ぶどう)を忘れてきた、と言うのである。彼はその駅

【国語】（五〇分）〈満点：一〇〇点〉

一、次の漢字の問題に答えなさい。（解答番号は 1 ～ 10 ）

問一、次の傍線部の漢字の読み方として適当なものをそれぞれ次の選択肢の中から選びなさい。

(1) 国政に尽力する。（解答番号は 1 ）

1、ソウリョク　2、ジンリョク　3、コウリョク　4、キョウリョク

(2) 恒常的な支出。（解答番号は 2 ）

1、キジョウ　2、カンジョウ　3、コウチョウ　4、コウジョウ

(3) 世間を風刺する。（解答番号は 3 ）

1、カザサシ　2、カゼシ　3、フウシ　4、フウサツ

(4) 誰よりも秀でる。（解答番号は 4 ）

1、シュウ　2、ヒデ　3、ユウ　4、ヒイ

(5) クラブへの入部を勧める。（解答番号は 5 ）

1、スス　2、ヤ　3、ミト　4、セシ

問二、次の傍線部のカタカナにあたる漢字として適当なものをそれぞれ次の選択肢の中から選びなさい。

(1) 全プクの信頼を寄せる。（解答番号は 6 ）

1、服　2、副　3、複　4、幅

(2) 畑の雑草をツむ。（解答番号は 7 ）

1、摘　2、積　3、詰　4、紡

(3) 台風のヒ害を受ける。（解答番号は 8 ）

1、被　2、非　3、比　4、秘

(4) 規則違反をモク認する。（解答番号は 9 ）

1、目　2、黙　3、牧　4、模

(5) アザやかな色を用いる。（解答番号は 10 ）

1、爽　2、華　3、鮮　4、柔

二、次の文章を読んで、後の問いに答えなさい。（解答番号は 11 ～ 27 ）

《 X 》百までという言葉があるが、私がこの言葉を噛みしめるのは、ものを忘れたりなくしたりしたときだ。

子どものころからなんでもなくした。私は小学校からバス通学で、三ヵ月ぶんの定期を持ち歩いていたのだが、これをなくすと出費がかさむ。わかっているのに、なくす。どこでなくしたのか、もちろんわからない。叱っても説き伏せてもなおらないので、母は〔 A 〕制服と定期入れを馬鹿でかいチェーンでつなげた。冬服は上着のボタンホールに、夏服はつりスカートのサスペンダー部分に、つなげるのである。

【 I 】

私の通った小学校は、四年次から音楽の時間に何かひとつ楽器をやらなければならなかった。選択肢は三つ、トランペットかフルートかクラリネットで、選択した楽器はもちろん自己購入。私はフルートを選んだ。そうして、ぴかぴかのフルートの音もまだろくに出ない数ヵ月で、なくした。

2022年度

解　答　と　解　説

《2022年度の配点は解答欄に掲載してあります。》

＜数学解答＞

第1問　問1　(1)　ア　③　　(2)　イ　①　　(3)　ウ　⑥　　(4)　エ　②　　(5)　オ　②
(6)　カ　⑤　　(7)　キ　④　　問2　(1)　ク　③　　(2)　ケ　③　　(3)　コ　⑤
(4)　サ　⑤　　(5)　シ　①　　(6)　ス　⑤

第2問　問1　(1)　ア　2　イ　4　ウ　4　　(2)　エ　2　オ　3　カ　1
問2　(1)　キ　6　　(2)　ク　－　ケ　4　コ　8　　(3)　サ　－　シ　3
ス　3　セ　5　ソ　2　　(4)　タ　－　チ　3　ツ　2　テ　2
(5)　ト　－　ナ　4　ニ　－　ヌ　1

第3問　問1　(1)　ア　6　イ　3　　(2)　ウ　4　エ　3　　(3)　オ　9　カ　4
キ　4　ク　1　ケ　1　コ　6　　問2　(1)　サ　1　シ　3　ス　6
(2)　セ　1　ソ　1　タ　2　　(3)　チ　5　ツ　1　テ　2
(4)　ト　1　ナ　3　ニ　6

第4問　(1)　ア　1　イ　1　ウ　5　　(2)　エ　①　オ　⑥　カ　③　キ　⑦
ク　2　ケ　7　コ　2　サ　0　シ　7

○配点○
第1問～第2問　各3点×20　　第3問　問1　各4点×3　　問2　各3点×4　　第4問　(1)　4点
(2)　エオ，カキ，クケ，コサシ　各3点×4　　計100点

＜数学解説＞

第1問　(数・式の計算，平方根，確率，式の値，変域，1次関数，2乗に比例する関数，不等式の応用)

問1　(1)　$11+3\times(-6)=11-18=-7$

基本　(2)　$\frac{5}{8}-\frac{7}{6}=\frac{15-28}{24}=-\frac{13}{24}$

(3)　$\sqrt{27}-\sqrt{12}=3\sqrt{3}-2\sqrt{3}=\sqrt{3}$

(4)　$\sqrt{18}+\frac{6}{\sqrt{72}}-\sqrt{8}=3\sqrt{2}+\frac{6}{6\sqrt{2}}-2\sqrt{2}=3\sqrt{2}+\frac{1\times\sqrt{2}}{\sqrt{2}\times\sqrt{2}}-2\sqrt{2}=3\sqrt{2}+\frac{\sqrt{2}}{2}-2\sqrt{2}=\left(3+\frac{1}{2}-2\right)\sqrt{2}=\frac{3\sqrt{2}}{2}$

(5)　$(-4)^3\div(-2)^2\times\frac{3}{32}=-\frac{64\times3}{4\times32}=-\frac{3}{2}$

(6)　$\frac{2x+3y}{3}-\frac{7x-5y}{4}=\frac{4(2x+3y)-3(7x-5y)}{12}=\frac{8x+12y-21x+15y}{12}=\frac{-13x+27y}{12}$

(7)　$2(a-2)(3a+2)-(2a+1)^2=2(3a^2-4a-4)-(4a^2+4a+1)=6a^2-8a-8-4a^2-4a-1=2a^2-12a-9$

問2　(1)　$1<\sqrt{a}\leqq2$　　正の数どうしであれば，2乗しても大小関係は変わらないので$1<a\leqq4$

$a=2,\ 3,\ 4$の3つ

(2)　2つのさいころの目方は全部で$6\times6=36$(通り)。和が4の倍数になるのは(大の目，小の目)＝(1，3)，(2，2)，(3，1)，(2，6)，(3，5)，(4，4)，(5，3)，(6，2)，(6，6)の9通り。その確率は$\frac{9}{36}=\frac{1}{4}$

(3)　$x=2+\sqrt{5}$，$y=2-\sqrt{5}$のとき，$x^2-y^2=(x+y)(x-y)=\{(2+\sqrt{5})+(2-\sqrt{5})\}\times\{(2+\sqrt{5})-(2-\sqrt{5})\}=(2+\sqrt{5}+2-\sqrt{5})(2+\sqrt{5}-2+\sqrt{5})=4\times2\sqrt{5}=8\sqrt{5}$

(4)　$y=\frac{1}{2}x^2$についてxの値が1から5まで$5-1=4$増加する間に，yの値は$\frac{1}{2}\times1^2=\frac{1}{2}$から$\frac{1}{2}\times5^2=\frac{25}{2}$まで$\frac{25}{2}-\frac{1}{2}=\frac{24}{2}=12$増加する。変化の割合＝$\frac{y\text{の増加量}}{x\text{の増加量}}=\frac{12}{4}=3$

(5)　傾きが3であることから求める直線の式は$y=3x+b$とおけるが，(2，1)を通ることから$3\times2+b=1$　　$b=1-6=-5$　　$y=3x-5$

(6)　最後の1教科の得点をx点とすると，$\frac{8\times73+x}{9}\geqq75$　　両辺を9倍すると$584+x\geqq675$　　$x\geqq675-584=91$

第2問　(因数分解，1次方程式，2次方程式，連立方程式)

問1　(1)　$2x^2-32=2(x^2-16)=2(x+4)(x-4)$

(2)　$2xy-2x-3y+3=2x(y-1)-3(y-1)=(2x-3)(y-1)$

問2　(1)　$3x+10=2(x+8)$　　$3x+10=2x+16$　　$3x-2x=16-10$　　$x=6$

(2)　$x^2-4x-32=0$　　$(x+4)(x-8)=0$　　$x=-4,\ 8$

(3)　$x^2+3x-9=0$　　解の公式を利用する。$x=\frac{-3\pm\sqrt{3^2-4\times1\times(-9)}}{2\times1}=\frac{-3\pm\sqrt{9+36}}{2}$　　$x=\frac{-3\pm3\sqrt{5}}{2}$

(4)　$2x^2-x-6=0$　　$(2x+3)(x-2)=0$　　$x=-\frac{3}{2},\ 2$

基本　(5)　$x-2y=-2$…①　　$-2x+3y=5$…②　　①×3は$3x-6y=-6$　　②×2は$-4x+6y=10$　①×3＋②×2は$-x=4$　　$x=-4$　　①に代入すると$-4-2y=-2$　　$-2y=2$　　$y=-1$

第3問　(平面図形の計量，図形と確率)

重要　問1　(1)　図のように台形の頂点に名前をつける。さらにDからABに垂線をおろし，ABとの交点をHとする。△DAHは辺の比$1:2:\sqrt{3}$の直角三角形。$\mathrm{AH}=5-4=1$　　$\mathrm{AD}=2$　$\mathrm{DH}=\sqrt{3}$となる。掃除機がちょうどB地点に届くのは，$a=\mathrm{AD}+\mathrm{DC}+\mathrm{CB}=2+4+\sqrt{3}=6+\sqrt{3}$　　aがこれ以上の長さであれば掃除機はBに届く。

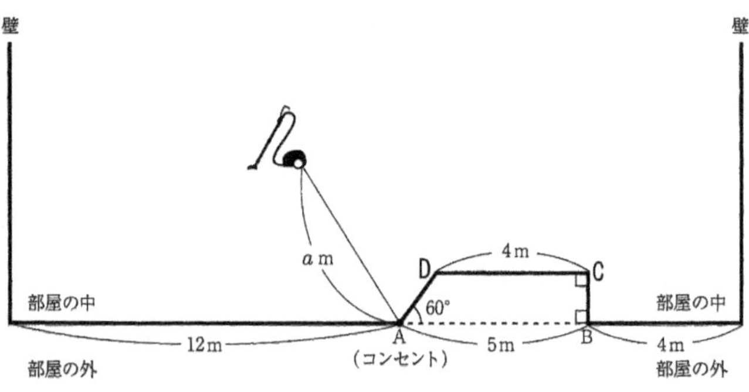

(2)　$a=2$のとき，掃除機を動かせる範囲は，中心A，半径2，中心角$180-60=120°$のおうぎ形になるので，その面積は$2\times2\times\pi\times\frac{120}{360}=\frac{4}{3}\pi$

やや難　(3)　$\mathrm{AD}+\mathrm{DC}=2+4=6$なので，$6<a\leqq6+\sqrt{3}$のとき，コードをぴんとはった状態で掃除機を動

かすと，できる図形は3つの部分にわけて考えることができる。中心A，半径a，中心角120°のおうぎ形と，中心D，半径$(a-2)$，中心角60°のおうぎ形と，中心C，半径$(a-6)$，中心角90°のおうぎ形である。その面積の和は$\pi a^2\times\frac{120}{360}+\pi(a-2)^2\times\frac{60}{360}+\pi(a-6)^2\times\frac{90}{360}=\frac{1}{3}\pi a^2+\frac{1}{6}\pi(a-2)^2+\frac{1}{4}\pi(a-6)^2=\frac{1}{12}\pi\{4a^2+2(a-2)^2+3(a-6)^2\}=\frac{\pi}{12}\{4a^2+2(a^2-4a+4)+3(a^2-12a+36)\}=\frac{\pi}{12}(4a^2+2a^2-8a+8+3a^2-36a+108)=\frac{\pi}{12}(9a^2-44a+116)$

重要 問2 (1) 大小2つのさいころを投げたとき，目の出方は全部で6×6＝36(通り)。点Aは$y=ax^2$上の点で$x=p$なので，$y=ap^2$　点Aは$y=bx$上の点で$x=p$なので$y=bp$　よって，$ap^2=bp$…①　Aは原点とは異なるので$p=0$でないから，①の両辺をpでわると$ap=b$　$p=5$なので$b=5a$　この式が正しくなるのは$(a,\ b)=(1,\ 5)$の1通り。その確率は$\frac{1}{36}$

(2) $ap=b$で$p=2$となるのは$b=2a$　$(a,\ b)=(1,\ 2),\ (2,\ 4),\ (3,\ 6)$の3通り。その確率は$\frac{3}{36}=\frac{1}{12}$

(3) $ap=b$より$p=\frac{b}{a}>1$　両辺をa倍すると$b>a$　$(a,\ b)=(1,\ 2),\ (1,\ 3),\ (1,\ 4),\ (1,\ 5),\ (1,\ 6),\ (2,\ 3),\ (2,\ 4),\ (2,\ 5),\ (2,\ 6),\ (3,\ 4),\ (3,\ 5),\ (3,\ 6),\ (4,\ 5),\ (4,\ 6),\ (5,\ 6)$の15通り。その確率は$\frac{15}{36}=\frac{5}{12}$

やや難 (4) 点Aは$x=p$で$y=bx$上の点なので$A(p,\ bp)$　Bは$(p,\ 0)$となる。$U(1,\ 0)$，$V(1,\ b)$とすれば，Sは台形ABUVの面積である。$S=(UV+AB)\times BU\times\frac{1}{2}=\frac{1}{2}(b+bp)\times(p-1)=\frac{1}{2}b(p+1)(p-1)$　$\frac{S}{b}=\frac{1}{2}(p+1)(p-1)=12$　$(p+1)(p-1)=24$　$p^2-1=24$　$p^2=25$　$p>0$より$p=5$　$p=5$となる確率は(1)で求めた$\frac{1}{36}$

第4問 (方程式の応用)

(1) 5km÷時速4km＝$\frac{5}{4}$時間＝1時間15分

(2) (ⅰ) 清太君の考えにそって歩いた時間をx時間，走った時間をy時間とするとかかった時間について$x+y=1$…あ　エは①　道のりについて$3x+10y=5$…い　オは⑥　風子さんの考えにそって歩いた距離をx，走った距離をyとすると距離について$x+y=5$　カは③　時間について$\frac{x}{3}+\frac{y}{10}=1$　キは⑦

(ⅱ) あ×3は$3x+3y=3$　い－あ×3は$7y=2$　$y=\frac{2}{7}$…クケ　走った距離は$\frac{2}{7}\times10=\frac{20}{7}$…コサシ

★ワンポイントアドバイス★

第1問，第2問が基本的な問題になっているので，ここでどれだけ確実に得点できるかが重要。徹底的に基本事項を身につけよう。後半は，時間配分を考え，解ける問題を選んで上手に得点したい。

＜英語解答＞

問1　リスニング問題解答省略
問2　11 ①　12 ②　13 ②　14 ③　15 ④
問3　16 ①　17 ③　18 ④　19 ③　20 ①　21 ②　22 ④　23 ②
24 ③　25 ①
問4　26 ④　27 ④　28 ③　29 ①　30 ②
問5　31 ④　32 ③　33 ①　34 ②　35 ①
問6　36 ④　37 ③　38 ③　39 ②　40 ③　41 ①　42 ④
問7　43 ②　44 ③　45 ③　46 ①　47 ④　48 ②　49 ④　50 ②

○配点○
各2点×50　　計100点

＜英語解説＞

問1　リスニング問題解説省略。

問2　（会話文）

11　Shall I ～?「～しましょうか」に対する答えなので，Yes, please.「はい，お願いします」が適切。

12　会議は始まっていないので，That's all right.「大丈夫です」が適切。

13　I'm not from around here.「このあたりの出身ではありません」と答えていることから，場所を尋ねられていると判断できる。

14　Why don't you ～?「～するのはどうですか」

15　「何人の人が来ますか」と聞かれているので，人数を答えているものが適切。

基本　問3　（語句選択問題：比較，助動詞，進行形，受動態，接続詞，動名詞，現在完了，分詞）

16　〈as ＋原級＋ as ～〉「～と同じくらい…」

17　will be able to ～「～できるようになるだろう」

18　now があるので，現在進行形〈be動詞＋～ing〉が適切である。

19　be動詞があることから受動態であると判断できるため，過去分詞が適切である。

20　between A and B「AとBの間に」

21　Something is wrong with ～「～が故障している」

22　look forward to ~ing「～するのを楽しみに待つ」

23　time は数えられない名詞なので，a little「少しはある」が適切。

24　since があるため，現在完了の継続用法を用いる。

25　put on the sofa は前の名詞を修飾する分詞の形容詞的用法である。

問4　（英文和訳問題：不定詞，前置詞，不定詞，関係代名詞，比較）

26　〈want ＋人＋ to ～〉「人に～してほしい」

27　after ~ing「～した後で」

やや難　28　to study abroad「海外で勉強するために(＝留学するために)」という不定詞の副詞的用法である。

29　would like to ～「～したい」

30　more and more「ますます多くの」

重要 問5 (語句整序問題：不定詞，分詞，現在完了)

31 (How) long are you going to stay (in Japan?)　How long で期間を問う疑問文になる。

32 (I) will never forget those happy (days with you.)　never は一般動詞の前，be動詞の後に置く。

33 (She is) kind enough to help me(.)　〈~ enough to …〉「…するのに十分~だ」

34 (That) bridge made of wood was built (one hundred years ago.)　made of wood は前の名詞を修飾する分詞の形容詞的用法である。

35 Have you heard the news yet(?)　Have you ~ yet?「もう~したのですか」

問6 (会話文：語句解釈，指示語，要旨把握)

ホンダ先生：サトシ，みんなが(1)帰った後も教室にいてもらえますか？
サトシ　　：問題はありますか？叱られますか？
ホンダ先生：全く違います。ただ，お話ししたいことがあります。
サトシ　　：それはなんですか。
ホンダ先生：まあ，あなたの成績は良くて，そしてあなたは宿題をすべてやって，そして授業で私の話を聞いてくれます。
サトシ　　：ありがとうございます。
ホンダ先生：私はあなたがどの部活動にも参加していないことに気付きました。
サトシ　　：えぇ，僕が興味を持っている部活は本当にないんです。
ホンダ先生：なるほど。生徒会に入ろうと思ったことはありますか？
サトシ　　：生徒会？彼らは何をしますか？
ホンダ先生：学園祭や修学旅行などのイベントを計画し，アイデアや校則を考えるための会議があります。
サトシ　　：それは仕事がたくさんあるように聞こえますね。
ホンダ先生：まあ，時々彼らは非常に忙しいですが，会議は通常非常に楽しいです。(2)それに参加することで，学校生活を変えることができます。
サトシ　　：会議はどのくらいの頻度でありますか？
ホンダ先生：通常，週に1回だけです。彼らは月曜日の最後の授業の後に集まります。あなたが彼らが何をしているかを見に来ることを歓迎しますよ。
サトシ　　：ありがとうございます。私は(3)そうすると思います。
ホンダ先生：彼らは今日会議をしています。来月開催される運動会の日についてです。
サトシ　　：ああ，今日は放課後の予定があります。来週は大丈夫ですか？
ホンダ先生：来週は大丈夫です。ぜひ来てください。

36 この場合の leave は「去る」である。

37 ホンダ先生とサトシは「生徒会」の話を指しているので，the Student Council が適切。

38 前の文の to come and see what they do を指している。

39 文化祭や修学旅行などのイベントや校則について考えるので entrance exam が不適切。

40 「ホンダ先生はなぜサトシに残るように言いましたか」　ホンダ先生はサトシに生徒会に参加することをすすめるために残るように言ったのである。

41 「サトシはホンダ先生と話す前に生徒会がどのようなものか知っていましたか」　サトシは「生徒会？彼らは何をしていますか」と尋ねているので，生徒会について知らなかったとわかる。

42 「サトシはいつ生徒会を見に行きますか」　今日の放課後は予定があるので，来週の月曜日に見に行く予定である。

重要 問7 (長文読解・説明文：要旨把握，語句補充)

(全訳) これを想像してみてほしいーあなたはエレベーターの中で一人だ。エレベーターが止まり，3人乗っている。しかし，3人はドアを見ない。3人は皆，立ってエレベーターの後ろを見つめる。あなたの周りの他の人がしていることをあなたがしていないので，(1)それは奇妙である。(2)あなたならどうするか？あなたは他の人を見つめ続けるか，それともエレベーターの後ろの方を見るか？

あなたも立ってエレベーターの後ろの方を見るなら，あなたは一人ではない。この状況の多くの人々も，集団と一緒に向きを変えてエレベーターの後ろを見る。多くの人々は，ある種の圧力のために他の人がやっていることをする。これは「(3)集団思考」と呼ばれる。

私たちが集団にいるとき，私たちは集団と一緒に行きたいので，他の人がやっていることをしばしばする。友達のことを考えれば，友達の多くと同じことをするだろう。それはあなたが似ているからかもしれないが，あなたの友人に受け入れられていると感じたいからだ。

また，集団がしていることをしてはいけないときもある。多くの車が来ているときに通りを横切る人々の集団を見たら，私たちは待って，集団がしているのと同じことをしない。このような状況では，集団と同じことをすることはトラブルになるか，私たちを傷つける可能性がある！

だから，私たちは集団にいるときに(4)どのように行動するかを考えるべきだ。周りの皆がしていることをしたくなるのは普通のことかもしれないが，危険でもある。集団思考について学び，理解することは，私たちの考え，あるいは私たちがいる他の人や集団の行動さえも理解するのに役立つかもしれない。

43 that は後に書かれている，「周りの人がしていることを，していない」を指している。

44 この問いに対する答えは次の段落に書かれている。「あなたも立ってエレベーターの後ろの方を見るなら，あなたは一人ではない」とあるので，「後ろを見る」と判断できる。

45 groupthink は前の文の「ある種の圧力のために他の人がやっていることをする」ことである。

46 「どのように行動するかを考える」が適切なので，how を用いればよい。

47 「なぜあなたは友達と同じことをするのか」 第3段落最終文参照。友達に受け入れられたいと考えているからである。

48 「集団がしていることをすべきではない時はなぜあるのか」 第4段落最終文参照。集団と同じことをすると，トラブルになるか，自分自身を傷つける可能性があるからである。

49 「私たちが集団の行動について考えるとき，何が普通か」 第5段落第2文参照。周りの人がしていることをしたくなるのが普通である。

50 「集団思考について学んだり理解したりすることは，私たちに何ができるようにするか」 最終段落最終文参照。私たちの考えや集団の行動を理解するのに役立つ。

★ワンポイントアドバイス★

問題数が多いので，すばやく処理する練習をしたい。そのためには，過去問を繰り返し解き，出題傾向をつかむようにしよう。

＜国語解答＞

一　問一　(1)　2　(2)　4　(3)　3　(4)　4　(5)　1　問二　(1)　4　(2)　1
(3)　1　(4)　2　(5)　3

二　問一　Ⅰ　5　Ⅱ　4　Ⅲ　1　Ⅳ　2　問二　A　5　B　3　C　6　D　1
E　2　問三　6　問四　4　問五　5　問六　4　問七　4　問八　5　問九　2
問十　5

三　問一　a　1　b　3　c　3　問二　X　4　Y　2　問三　1　問四　3　問五　4
問六　3　問七　2

四　問一　2　問二　(1)　1　(2)　4　問三　4　問四　3　問五　(1)　3　(2)　1
問六　2　問七　2・4

○配点○
一　各1点×10　二　問十　3点　他　各2点×16　三　問一・問二　各3点×5
他　各4点×5　四　各2点×10　計100点

＜国語解説＞

一　(漢字の読み書き)

問一　(1)は力を尽くすこと。(2)は変化がなく一定の状態が続くさま。(3)は遠まわしに批評すること。(4)の音読みは「シュウ」。熟語は「秀逸」など。(5)の音読みは「カン」。熟語は「勧誘」など。

問二　(1)の「全幅」はありったけ，あるだけ全てという意味。(2)の音読みは「テキ」。熟語は「摘出」など。(3)の訓読みは「こうむ(る)」。(4)の「黙認」は知らぬふりをして見逃がすこと。(5)の音読みは「セン」。熟語は「鮮明」など。

二　(論説文一大意・要旨，内容吟味，文脈把握，脱文・脱語補充，漢字の読み取り，ことわざ)

問一　Ⅰには定期入れと制服をつなげるという直前の内容を踏まえて5が入る。Ⅱには直前の「なくし魔」と直後の内容から4が入る。Ⅲには置いたものを持ち帰った人について述べている直前の内容から1が入る。Ⅳにはものをなくして返ってこなかったことや，子どものころの経験を述べている直後の内容から2が入る。

問二　Aは最終的にという意味で5が入る。Bはその上にという意味で3が入る。Cは逆接の意味で6が入る。Dは直前の内容を理由とした内容が続いているので1が入る。Eは本当のところはという意味で2が入る。

問三　Fは細工をした葡萄をわざと網棚に置くことなので「悪意」，Gは置いたものを勝手に持ち帰ってしまう人に筆者が感じていることなので「悪意」が入る。Hは持ち帰った人たちは荷物に細工をしてある「悪意」を想定しない，ということ。

基本　問四　「三つ子の魂百まで」は幼いころの性格は年をとっても変わらないということ。

問五　傍線部①直後で，フルートをなくしてしまったことで「世界が終わってしまうような不安と恐怖を味わった私」はなくしたことを隠し通したことを述べているので，このことを踏まえた5が適当。①直後の内容を踏まえていない他の選択肢は不適当。

問六　①の「戻ってくるなくしもの」として筆者が落とした「パスケース」のこと，②の「決して戻ってこないなくしもの」として小学校のときの「フルート」，友人の「ノートパソコン」，「手みやげに買った葡萄」のことを述べている。

重要　問七　傍線部③直後で③の説明として，置いたものを持っていっても人のパソコンなど使い勝手が悪く，高額転売もできず，葡萄も細工がしてある可能性もある，と述べているので4が適当。③直後の内容を踏まえていない他の選択肢は不適当。

問八　傍線部④前で「善意というのは，何か善いことをしている自覚のもとにするのではなく，……何気ない行為なのだと私は信じている」と述べているので，5が適当。④前の筆者の考えを踏まえていない他の選択肢は不適当。

やや難　問九　V直後で，10万円の入った財布も十数年前から愛用しているポーチをなくしても同様に落ちこむということを述べているので，2が適当。ものの価値はお金ではないということを説明していない他の選択肢は不適当。

重要　問十　5は最後の段落で述べている。1の「縫い込む」，2の「母にお願いして再購入した」，3の「人の善意に触れる機会の少なさ」，4の「いずれ身につく」はいずれも不適当。

三　(小説―情景・心情，内容吟味，脱語補充，語句の意味)

基本　問一　波線部aは技術や着想などがそれまでに見られないほどすぐれていて新しい時代を開くさま。波線部bは頭に血が上って興奮し，のぼせること。波線部cは西洋文化を良いと信じ込むこと。

問二　空欄Xには関心を向けるという意味の4が適当。他は，1は注意を向けさせる，2は厳しく監視する，3はひいきにする，という意味。空欄Yには理解できずに考えこむという意味の2が適当。他は，1は相談などにのる，3は何もせずにそばで見ている，4は得意気な表情をする，という意味。

問三　傍線部①は「漢方が批判されたことに戸惑いを感じ，気持ちの整理がつかなかった」良策と「良策が気分を損ねているのに気づいた」了玄の様子なので，これら二人の心情を踏まえた1が適当。①前の二人の様子と心情を踏まえていない他の選択肢は不適当。

問四　傍線部②は了玄に「『お気にさわられたかな』」と言われたときの良策の様子なので，3が適当。②前の了玄の言葉＝良策の気持ちを見透かしていたことを踏まえていない他の選択肢は不適当。

やや難　問五　傍線部③前で，漢方より蘭方のほうが進んでいるという了玄の言葉に「反感をいだいたが，一つの意見としてきく余裕はもたねばならぬ」ということと，傍線部④後で「蘭方は漢方にまさったものだと断定できる」という良策の心情が描かれているので，4が適当。了玄の言葉が不愉快だったこと，蘭方が正しかった点は受け入れるべきだと考えるようになったことを説明していない他の選択肢は不適当。

問六　了玄は「常識とされることを鵜呑みにせず，あらためてその真実をさぐろうとする姿勢がある」のに，漢方を批判する了玄の言葉に「気分を損ねて」いた自分を，傍線部⑤のように反省しているので3が適当。⑤前の了玄の物事に対する姿勢，良策自身が感情的になっていたことを説明していない他の選択肢は不適当。

重要　問七　傍線部⑥前の「蘭方……は，なにか新しい未知のものを豊かにふくんだ知識のようにも思えてきた」という良策の心情描写から，蘭方を学んでみようという気持ちが読み取れるので2が適当。⑥前の描写を踏まえていない他の選択肢は不適当。

四　(古文―大意・要旨，内容吟味，文脈把握，脱語補充，仮名遣い，口語訳)

〈口語訳〉　今となっては昔の話だが，大変貧しく過ごしている女がいた。たまに通ってくる男が(今夜も)来たが，雨が降って(女の家から)出られずにいたので，(女は)「どのようにして男に食事を食べさせようか」と思い悩むが，どうすることもできない。日も暮れてきた。(女は自分の境遇を)たいへん気の毒に思い，「私が頼り申し上げている観音様，お助けください」と思ったところ，親が生きていた頃に使われていた女中が，とてもみごとな食べ物を運んで来た。嬉しくて，(女中に)お礼にあげる物がなかったので，小さな紅い小袴を持っていたの(でこれ)を与えた。自分も食べ，男にも食べさせてから就寝した。

夜明け前に男は帰って行った。(女は)早朝になって，持仏堂で，おまつり申し上げている観音様を拝見しにいこうと思って，几帳を立て，まつり申し上げていた観音様を，帷子をめくってお参りした。(すると)女中に与えた小袴が，仏の肩にかかっていたので，とても驚いた。昨日，女中に与えた袴であった。(女は)しみじみと驚いたが，思いがけなく持ってきた物は，この仏様の仕業だったのだ。

問一　傍線部①は今から見れば昔のこと，という意味で，本文のような説話や物語文学の書き出しに用いられる慣用句。

問二　(1)　傍線部②は「身いとわろくて過ごす女」が自分自身のことを②のように思っている。
(2)　女は「身いとわろくて」＝大変貧しくて，男に出す食べ物の準備もできないことを②のように思ったので，4が適当。

問三　貧しくて食べ物も出せない女が観音様にお願いしたところ，女中が「食べ物」を持って来た，ということである。

問四　傍線部③は3のこと。1は正午前後の昼間のこと。古文では，2は「ゆふさり」「たそかれ」など，4は「朝(あした)」「朝ぼらけ」などという。

基本　問五　歴史的仮名遣いの「ゐ・ゑ」は現代仮名遣いでは「い・え」，語頭以外の「は行」は「わ行」になるので，(1)の「ゐたる」は「いたる」，(2)の「あはれに」は「あわれに」となる。

重要　問六　傍線部④は女中に与えた小袴が仏の肩にかかっていたことにとても驚いた，ということなので2が適当。「あさまし」は現代語では悪い意味にしか使わないが，古語では良い意味にも悪い意味にも驚きあきれたときに使うので，文脈から判断する。

やや難　問七　「家に帰ることができなかった」のは，女の家に来ていた男なので2は合致しない。食べ物を持ってきてくれた女中に，女はお礼として赤い小袴を与えたので4も合致しない。

★ワンポイントアドバイス★

論説文では，具体例を通して筆者が述べようとしていることを的確に捉えていこう。

大切なことはメモしておこうネ！

T.G

2021年度

★★★★★★★★★★★★★★★★★★★★★★★★

入　試　問　題

2021年度

横浜清風高等学校入試問題

【数　学】（50分）〈満点：100点〉

第１問

問１　次の計算として正しいものを解答群の中から選び，１つだけマークしなさい。

(1)　$-5+(-3)=$ ア

ア に当てはまる解答群

①　-15　②　15　③　-2　④　2

⑤　8　⑥　-8　⑦　いずれでもない

(2)　$\dfrac{5}{18}+\dfrac{1}{6}=$ イ

イ に当てはまる解答群

①　$\dfrac{1}{3}$　②　$\dfrac{2}{3}$　③　$\dfrac{5}{6}$　④　$\dfrac{1}{9}$

⑤　$\dfrac{4}{9}$　⑥　15　⑦　いずれでもない

(3)　$\sqrt{20}-\sqrt{45}+4\sqrt{5}=$ ウ

ウ に当てはまる解答群

①　$-3\sqrt{5}$　②　$-\sqrt{5}$　③　$2\sqrt{5}$　④　$3\sqrt{5}$

⑤　$5\sqrt{3}$　⑥　$6\sqrt{3}$　⑦　いずれでもない

(4)　$\dfrac{6}{\sqrt{2}}-\sqrt{8}=$ エ

エ に当てはまる解答群

①　$\dfrac{\sqrt{2}}{3}$　②　$-\dfrac{\sqrt{2}}{3}$　③　$\dfrac{\sqrt{2}}{2}$　④　$-\dfrac{\sqrt{2}}{2}$

⑤　$\sqrt{2}$　⑥　$-\sqrt{2}$　⑦　いずれでもない

(5)　$21\div(-7)+(-2)^2=$ オ

オ に当てはまる解答群

①　-1　②　1　③　-2　④　2

⑤　-3　⑥　3　⑦　いずれでもない

(6)　$\dfrac{1}{3}(x+7)+\dfrac{1}{6}(7x-4)=$ カ

カ に当てはまる解答群

①　$\dfrac{8x+3}{6}$　②　$\dfrac{8x+10}{6}$　③　$\dfrac{8x+11}{6}$　④　$\dfrac{9x+3}{6}$

⑤　$\dfrac{9x+10}{6}$　⑥　$\dfrac{9x+11}{6}$　⑦　いずれでもない

(7)　$(3x+2)(x-1)-(x+3)^2=$ **キ**

キ に当てはまる解答群

① $2x^2-7x-11$　② $2x^2-7x+7$　③ $2x^2-11$　④ $2x^2+7$

⑤ $4x^2-11$　⑥ $4x^2+7$　⑦ いずれでもない

問2　次の設問の答えとして正しいものを解答群の中から選び，1つだけマークしなさい。

(1)　$2\sqrt{5}<n<5\sqrt{2}$を満たす自然数nは **ク** 個ある。

ク に当てはまる解答群

① 1　② 2　③ 3　④ 4

⑤ 5　⑥ いずれでもない

(2)　座標平面上の点（−2，3）と，原点に関して対称な点の座標は **ケ** である。

ケ に当てはまる解答群

① (2，3)　② (−2，3)　③ (2，−3)　④ (−2，−3)

⑤ (3，−2)　⑥ いずれでもない

(3)　最大公約数が6，最小公倍数が180である2つの自然数の組は60と **コ** である。

コ に当てはまる解答群

① 18　② 24　③ 30　④ 45

⑤ 90　⑥ いずれでもない

(4)　関数$y=\frac{a}{x}$（aは定数）について，xの値が1から4まで増加するときの変化の割合が1であるとき，aの値は **サ** である。

サ に当てはまる解答群

① −4　② −2　③ 1　④ 2

⑤ 4　⑥ いずれでもない

(5)　クラスで文化祭のために準備費を集めることになった。1人400円ずつ集めると準備費が2,600円不足し，1人500円ずつ集めると800円余る。
このとき，クラスの人数は **シ** 人である。

シ に当てはまる解答群

① 31　② 32　③ 33　④ 34

⑤ 35　⑥ いずれでもない

(6)　大小2つのさいころを同時に投げるとき，出る目の和が3の倍数になる確率は **ス** である。ただし，大小2つのさいころはともに，1から6までのどの目が出ることも同様に確からしいものとする。

ス に当てはまる解答群

① $\frac{1}{2}$　② $\frac{1}{3}$　③ $\frac{1}{4}$　④ $\frac{1}{5}$

⑤ $\frac{1}{6}$　⑥ いずれでもない

第2問

問1 左辺を因数分解した結果として，右辺の空欄に当てはまる適切な記号や数字をマークしなさい。

(1) $5x^2-40x+80=$ ア $(x-$ イ $)^2$

(2) $-x^2+3x+4=$ ウ $(x-$ エ $)(x+$ オ $)$

問2 次の方程式を解き，空欄に当てはまる適切な記号や数字をマークしなさい。

(1) $x-5=3(x-1)$ を解くと，$x=$ カキ である。

(2) $x^2-13x-30=0$ を解くと，$x=$ クケ ， コサ である。
(ただし クケ $<$ コサ とする。)

(3) $\frac{1}{3}(6x-21)=-(x-4)^2$ を解くと，$x=$ シ である。

(4) $4x^2-5=x^2+2x-3$ を解くと，$x=\dfrac{\boxed{ス}\pm\sqrt{\boxed{セ}}}{\boxed{ソ}}$ である。

(5) $\begin{cases} 3x+4y=5 \\ x=1-2y \end{cases}$ を解くと，$x=$ タ ，$y=$ チツ である。

第3問

問1 次の各問について，空欄に当てはまる適切な記号や数字をマークしなさい。

(1) 3つの数 $\sqrt{53}$，$\frac{10}{\sqrt{2}}$，7.2の大小関係を正しく表しているものは ア である。
ア に当てはまるものを，下の①～⑥の中から選び，1つだけマークしなさい。

① $\sqrt{53}<\frac{10}{\sqrt{2}}<7.2$　② $\sqrt{53}<7.2<\frac{10}{\sqrt{2}}$　③ $\frac{10}{\sqrt{2}}<\sqrt{53}<7.2$

④ $\frac{10}{\sqrt{2}}<7.2<\sqrt{53}$　⑤ $7.2<\sqrt{53}<\frac{10}{\sqrt{2}}$　⑥ $7.2<\frac{10}{\sqrt{2}}<\sqrt{53}$

(2) 等式 $x^2-y^2=35$ を満たす自然数 x，y の組は全部で イ 組ある。

問2

右の図のように，1辺の長さが4の立方体ABCD－EFGHがある。また，辺AD，DC，EFの中点をそれぞれ点P，Q，Rとする。

このとき，次の各問について，空欄に当てはまる適切な記号や数字をマークしなさい。

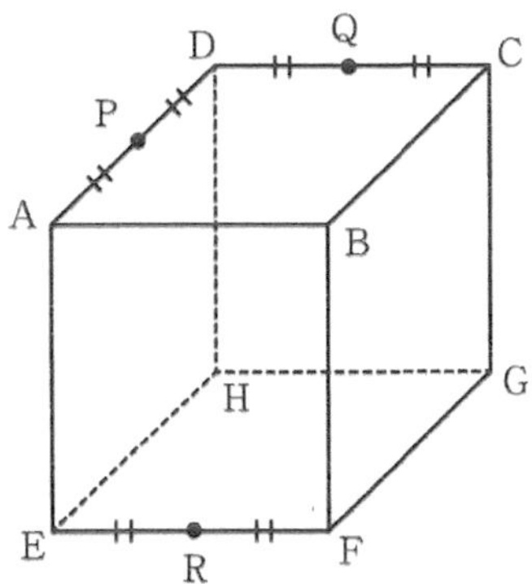

(1) 線分PQの長さは ウ $\sqrt{\boxed{エ}}$ である。

(2) 3点P，Q，Rを通る平面で立方体ABCD－EFGHを切ったとき，その切り口の図形は オ である。
オ に当てはまるものを，下の①～⑤の中から選び，1つだけマークしなさい。

① 正三角形　② 正方形　③ 長方形
④ 正六角形　⑤ いずれでもない

(3) (2)の図形の面積は カキ $\sqrt{\boxed{ク}}$ である。

第4問

問1

右の図のように，△ABCがあり，点A，B，Cはすべて同一円周上の点である。円の中心をOとし，AC＝6，$\overset{\frown}{AB}:\overset{\frown}{BC}:\overset{\frown}{CA}=3:5:4$である。

このとき，次の各問について，空欄に当てはまる適切な記号や数字をマークしなさい。

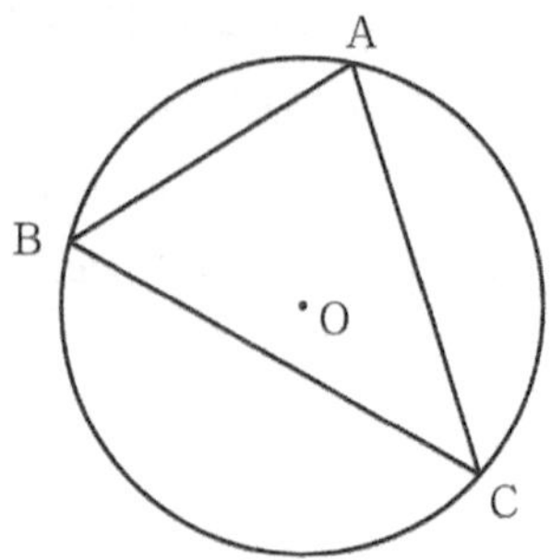

(1) ∠ABC＝[アイ]°である。

(2) △ABCの面積は[ウ]＋[エ]$\sqrt{[オ]}$である。

問2

右の図のように，x軸上に点A，放物線$y=\frac{1}{2}x^2$上に点Pがあり，A，Pのx座標はそれぞれ，-2，$t(t>0)$である。

2点A，Pを通る直線ℓをとする。

このとき，次の各問について，空欄に当てはまる適切な記号や数字をマークしなさい。

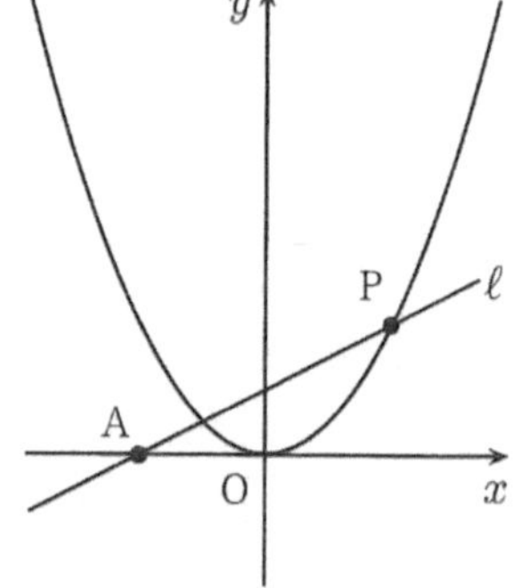

(1) $t=4$のとき，△AOPの面積は[カ]である。

(2) 直線ℓの傾きをaとする。$2\leqq t\leqq 6$のとき，

aのとる値の範囲は，$\frac{[キ]}{[ク]}\leqq a\leqq\frac{[ケ]}{[コ]}$である。

(3) 図において，直線ℓとy軸との交点をQとする。

AQ：QP＝1：2となるとき，直線ℓの式は，$y=\frac{[サ]}{[シ]}x+\frac{[ス]}{[セ]}$である。

【英　語】（50分）〈満点：100点〉
【注意】 リスニング問題は試験開始10分後に放送されます。

リスニング問題

問1　（解答番号[1]～[5]）

A．次のNo. 1からNo. 5の英文を聞き，それに対する相手の応答として最も適当なものを下の①～④の中から1つずつ選び，その番号をマークしてください。
放送は2回繰り返されます。放送中にメモをとってもかまいません。

[1] ① He is going to visit there.
② Well, I don't know.
③ He went there by plane.
④ Yes, he has been there.

[2] ① 600 yen.
② Of course, I bought it yesterday.
③ About 10 or more.
④ My mother gave me those.

[3] ① It takes 30 minutes by bus.
② You can buy any uniforms here.
③ Look at the city's website.
④ We are going to read books here.

[4] ① That's too bad. Maybe next time!
② I'm sorry to hear that you are sick.
③ You have to check your teeth.
④ Great! I'm happy to go out with you.

[5] ① You must eat every day.
② Look at the sky.
③ You drive the car really fast.
④ I'm not feeling well.

（解答番号[6]～[10]）

B．はじめに英文が放送されます。その内容について，次のNo. 6からNo. 10のそれぞれの問いに対する答えとして最も適当なものを①～④の中から1つずつ選び，その番号をマークしてください。
放送は2回繰り返されます。放送中にメモをとってもかまいません。

[6] ① To cook food.
② To eat food.
③ To build a restaurant.
④ To open a restaurant.

[7] ① Mike himself.
② Father.
③ Mother.

④ Roommate.

8 ① On TV.
② From his friend.
③ On the Internet.
④ In books.

9 ① In his home.
② In a share house.
③ In his grandparents' home.
④ In a hotel.

10 ① He thinks it a great skill.
② He thinks it a bad skill.
③ He thinks it a normal skill.
④ He thinks it a surprising skill.

※リスニングテストの放送台本は非公表です。

筆記問題

問2 (解答番号11～15)

次の会話の(　　)に入る最も適当なものを①～④の中から1つずつ選び，その番号をマークしてください。

11 A：Did you get that English dictionary for Yumi?
B：Yeah. It's a gift for her. (　　　　)
① I hope she'll like it.
② I don't think she likes English.
③ That's not for her.
④ She bought the new book last month.

12 A：Can you show me your passport?
B：Sure. Here you are.
A：(　　　　)
B：For two weeks.
① Why did you come here?
② How long are you going to stay?
③ How many times have you been here?
④ How far is it from here to the station?

13 A：Would you like some tea?
B：(　　　　)
A：Do you want to drink some tea?
① Thank you very much.
② May I help you?
③ You're very kind.

④ Could you say that again, please?

14 A：My mother bought this computer for me.
B：Really? I want my own computer because I don't have one.
A：You can use mine when you want to use it.
B：(　　　)
① You're very kind.
② Did you buy it for me?
③ I bought it last Sunday.
④ I don't want to learn how to use a computer.

15 A：I'm hungry. Let's go for lunch now.
B：There isn't any time. The meeting is just going to start.
A：(　　　)
B：That's right. Let's hurry. Everyone must be waiting.
① Why will we be late for the meeting?
② When did it start?
③ What? No lunch today?
④ Where do you want to eat?

問3 （解答番号16～25）

次の英文中の(　　)に入る最も適当なものを①～④の中から1つずつ選び，その番号をマークしてください。

16 My grandmother (　　　) ninety years old next month.
① is　② was　③ has been　④ will be

17 Hiroshi (　　　) to Yokohama more than ten times.
① go　② gone　③ have been　④ has been

18 "(　　　) we play video games in the living room?" "All right."
① Shall　② Will　③ Must　④ Are

19 Sophia can drive a car (　　　) than I can.
① well　② better　③ best　④ more better

20 Yoshio has (　　　) as I do.
① DVDs as many　② three times many DVDs
③ three times much DVDs　④ as many DVDs

21 This book is (　　　) difficult for me to read.
① to　② too　③ far　④ much

22 John finished (　　　) the book.
① to reading　② for reading　③ reading　④ to read

23 This violin was (　　　) Italy.
① made from　② making with　③ made in　④ making at

24 The man (　　　) his car on the road is my father.
① washer　② washes　③ washing　④ washed

25 I met your brother at the station three days (　　　).
① ago　② before　③ later　④ about

問4 (解答番号 26 ～ 30)

次の英文に合う最も適当な日本語訳を①～④の中から1つずつ選び，その番号をマークしてください。

26 My father has had accidents on his way home from work twice.
① 私の父は2度も仕事帰りに事故にあったことがあります。
② 私の父は2度も家から仕事に向かう途中で事故にあったことがあります。
③ 私の父は2度も仕事帰りに事故にあいそうになりました。
④ 私の父は2度と仕事帰りに事故にあわないようにしています。

27 What is the building next to the post office called in English?
① 郵便局の隣の建物で，どのような電話を英語でしましたか。
② 郵便局の隣の建物は，英語で何と呼ばれていますか。
③ 郵便局の前の建物で，どのような電話を英語でしましたか。
④ 郵便局の前の建物は，英語で何と呼ばれていますか。

28 Ask your teacher, and he will tell you which book you should read.
① あなたの先生に聞きなさい，さもなければどの本を読むべきか教えてはくれません。
② あなたの先生に聞きなさい，そうすればどの本を読むべきか教えてくれるでしょう。
③ あなたの先生に聞きなさい，そして読むべき本の内容を教えてもらいましょう。
④ あなたの先生に聞きなさい，さらには，次に読むべき本を教えてもらいなさい。

29 Wild animals know how to live together.
① 野生動物はどのように住むべきか学んでいます。
② 野生動物は互いにどうやって生きていくべきかを教え合っています。
③ 野生動物は共に生活する方法を知っています。
④ 野生動物は何と共に生活をするべきか知っています。

30 Do you remember the name of the boy who gave you the birthday present?
① あなたは誕生日プレゼントを欲しがっている男の子の名前を覚えていますか。
② あなたは男の子がもらった誕生日プレゼントが何か覚えていますか。
③ あなたは男の子にあげた誕生日プレゼントが何か覚えていますか。
④ あなたは誕生日プレゼントをくれた男の子の名前を覚えていますか。

問5 (解答番号 31 ～ 35)

以下が英文として成立するように(　　)内の語句を並べかえ，(　　)内において2番目と4番目にあてはまるものの番号の組み合わせとして最も適当なものを①～④の中から1つずつ選び，その番号をマークしてください。

(例) 『1と2』 2番目…1　4番目…2

31 Your idea about (1. to　2. is　3. Japanese history　4. interesting　5. me).
① 2と1　② 2と3　③ 5と1　④ 4と2

32 He didn't go (1. because　2. had　3. to　4. work　5. he) a cold.
① 2と3　② 5と4　③ 4と1　④ 4と5

33 Mr. Smith (1. us　2. a　3. showed　4. picture　5. beautifu).

① 3と2　② 1と5　③ 2と1　④ 2と3

34 A cat (1. the window　2. when　3. of　4. jumped　5. out) I opened the door.

① 3と2　② 1と4　③ 5と1　④ 5と4

35 Ken (1. to visit　2. has　3. Hokkaido　4. for　5. wanted) a long time.

① 4と5　② 3と5　③ 3と2　④ 5と3

問6 （解答番号36～42）

次の英文を読んで，以下の問題に答えてください。

Saki ：Hi, Owen. I'm Saki. Nice to meet you.

Owen：Nice to meet you, too, Saki. Are you enjoying your time here in Canada?

Saki ：Yes, I am, but I *am not used to it *yet.

Owen：Really? How long have you been here?

Saki ：I came here in the last week of August.

Owen：Wow. So you have only been here for about a week?

Saki ：Yes. And, I slept the first two or three days that I was here.

Owen：Really? Why?

Saki ：I was very tired. There is a large time *difference *between Japan and *Vancouver, so I was very tired for *the first few days. Sorry, I don't know the word in English for this *problem.

Owen：Oh, 'Jet lag?' I have heard about that.

Saki ：Why do they call it jet lag?

Owen：I'm not sure. I heard that it is because airplanes made traveling across time-zones much faster so we feel the time difference more. Because of this, people feel tired.

Saki ：I see. It is 10:00 am, Monday, here right now, but 2:00 am, Tuesday, in Tokyo.

Owen：Wow. (1)<u>I *am afraid I will feel that</u> when I go to Japan next week.

Saki ：It's hard. How long will you stay in Japan?

Owen：I will stay for a *whole school year.

Saki ：Wow. That is *twice as long as mine.

Owen：But it's a little strange, I think. (2)<u>The jet lag isn't the only difference in the time.</u>

Saki ：Oh yes. The school year in Japan starts in spring, but it has just started here today.

Owen：Yes, so (3)<u>I am worried a little.</u>

Saki ：Why are you worried?

Owen：Well, everyone has *already started in their new classes and made friends. It will be a little difficult to *enter the *classroom at first.

Saki ：I'm worried, too. It is a new class, but remember it is also a new country. This afternoon I will meet my new *host family.

Owen：Haven't you met them yet?

Saki ：No, not yet. I stayed in a hotel in the city for the first week here. I had to go to some English classes and meetings in the *city center.

Owen：I'm sure that was hard with the jet lag.

Saki ：It was! I almost went to sleep during my classes! But the classes were interesting, and they helped a lot. Will you have the *same kind of classes when you arrive in Japan?

Owen：I don't know. I think I *should check that later.

*be used to ～「～に慣れている」 *yet「まだ」 *difference「違い」 *between ～ and…「～と…の間の」 *Vancouver「バンクーバー(カナダの都市名)」 *the first few days「最初の数日」 *problem「問題」 *be afraid「恐れる」 *whole「全ての」 *twice「2倍」 *already「すでに」 *enter「～に入る」 *classroom「教室」 *host family「ホストファミリー」 *city center「市の中央施設」 *same「同じ」 *should「～すべきである」

36 このSakiとOwenの会話はいつ頃にされたものですか。
最も適当なものを①～④の中から1つ選び，その番号をマークしてください。
① 7月下旬～8月上旬 ② 8月上旬～8月中旬
③ 8月下旬～9月上旬 ④ 9月中旬～9月下旬

37 日本とバンクーバーの時差はどれくらいありますか。
最も適当なものを①～④の中から1つ選び，その番号をマークしてください。
① 4時間 ② 8時間 ③ 12時間 ④ 16時間

38 Owenが下線部(1)『I am afraid I will feel that』と言っている理由は何ですか。
最も適当なものを①～④の中から1つ選び，その番号をマークしてください。
① Owenは全ての学校生活を日本で過ごすから。
② Owenはこれから世界を旅するから。
③ OwenはSakiの2倍の時間を飛行機で過ごすから。
④ Owenは来週日本に行く予定だから。

39 下線部(2)『The jet lag isn't the only difference in the time.』とありますが，その1例として本文中で何かあげられていますか。
最も適当なものを①～④の中から1つ選び，その番号をマークしてください。
① カナダの学校と日本の学校では留学生の受け入れ期間が異なること。
② カナダの学校と日本の学校では新年度の始まる時期が異なること。
③ Owenが飛行機でカナダに行った時に，非常に疲れを感じたこと。
④ 日本とカナダには大きな時差があること。

40 下線部(3)中の『I am worried a little.』について，Owenの心配なことは何ですか。
最も適当なものを①～④の中から1つ選び，その番号をマークしてください。
① すでに交流が始まっているクラスに入って行くこと。
② 学校の前に受講しなければならない授業があること。
③ 時差によって体調が悪くなること。
④ 都市のホテルに滞在すること。

41 Sakiはカナダに着いた最初の1週間に何をしなければなりませんでしたか。
最も適当なものを①～④の中から1つ選び，その番号をマークしてください。
① ホストファミリーの家ですぐに寝泊まりしなければならなかった。
② 市の中央施設で英語の授業を受けなければならなかった。
③ 新しいクラスで友達を作らなければならなかった。
④ 新しい学校で補習を受けなければならなかった。

42 この会話の後，Sakiは何をするでしょうか。
最も適当なものを①～④の中から1つ選び，その番号をマークしてください。
① ホテルに滞在する。
② 特別授業の有無を確認する。
③ 観光に行く。
④ ホストファミリーに会う。

問7 （解答番号43～50）

次の英文を読んで，以下の問題に答えてください。

When I was a child, my father really loved to *paint pictures of nature. He worked on a painting for many hours every day *until it was *finished.

My father's paintings were always about nature. Sometimes, (1)<u>he painted pictures of animals that he saw *outside.</u> He painted many *different animals, *such as cats, dogs, and *even bears. When he was not painting animals, he painted pictures of trees, *forests, rivers and lakes. His pictures were always so colorful and his autumn pictures were my favorite.

When my father was painting, I was always watching him. He thought for a long time about what colors (2), or where to put trees in his pictures. I tried to tell him where the trees *should be, but I don't think he used my ideas.

One day, my father finished a painting and left it to dry. I *accidentally *destroyed one of his beautiful paintings. It took him ten hours to finish the painting. It was a picture of the leaves changing colors in a forest (3) autumn. It was very beautiful, and I wanted to look at it more. My father was in the kitchen to make dinner, so he wasn't watching me at that time. I walked *closer to the picture to look at it. However, when I got closer, I kicked over some of his paints. The colors went all over the painting, and it did not look beautiful like it (4)<u>did</u> before.

"When my father sees the picture, he will be very [A]," I thought. I went to the kitchen and told him what happened. When he saw the picture, I thought he looked a little [B]. But I was very *surprised when he smiled and said, "That's okay. I paint many pictures, so it is not a *bad thing that this happened." I said, "You're not angry with me ?" He said, "Angry? (5) I'm happy. You liked my painting so much that you wanted to get closer to see it!" I was very surprised by his kind words at that time.

*paint「～を描く」 *until「～まで」 *finish「～を終える」 *outside「外で」
*different「異なった」 *such as ～「～のような」 *even「～でさえ」 *forest「森林」
*should「～すべきである」 *accidentally「うっかりと」 *destroy「～をだめにする」
*close「接近して」 *surprised「驚いた」 *bad「悪い」

43 下線部(1)の日本語訳として最も適当なものを①～④の中から1つ選び，その番号をマークしてください。
① 彼は外で見た動物の絵を描いた。
② 彼は動物の絵を描くために外に行った。
③ 彼は動物が外で見ていたものを絵に描いた。
④ 彼は外に出て動物の姿をまねて絵を描いた。

44 空所(2)に当てはまる語(句)として最も適当なものを①～④の中から1つ選び，その番号をマークしてください。

① to use　② to using　③ using　④ to be using

45 空所(3)に当てはまる語として最も適当なものを①～④の中から1つ選び，その番号をマークしてください。

① in　② on　③ at　④ of

46 下線部(4)『did』が表す語として最も適当なものを①～④の中から1つ選び，その番号をマークしてください。

① painted　② kicked　③ looked　④ saw

47 本文中の［ A ］と［ B ］にあてはまる語の組み合わせとして最も適当なものを①～④の中から1つ選び，その番号をマークしてください。

① A：angry　B：sad　② A：happy　B：sad

③ A：angry　B：happy　④ A：sad　B：well

48 空所(5)に入る英文として最も適当なものを①～④の中から1つ選び，その番号をマークしてください。

① Of course.　② That's right.　③ I got it.　④ No, not at all.

49・50 本文中で述べられている内容として正しいものはどれですか。
適当なものを①～⑥の中から2つ選び，その番号をマークしてください。
マークする番号はどちらが先にきてもかまいません。

① 筆者の父は毎日仕事から帰宅した後に絵を描いていた。
② 筆者は父に色や構図についての自分の考えを伝え，父はそれらを参考に絵を描いた。
③ 筆者の父は秋の紅葉の絵を描き，筆者はとても気に入っていた。
④ 筆者が夕食を作ろうとした際，誤って父の描いた絵を蹴ってしまった。
⑤ 筆者の父は筆者が自分の絵に興味を持ってくれたことをうれしく思った。
⑥ 筆者の父はまた紅葉の絵を描くと筆者に伝え，元気づけた。

1、この和歌は、男が元の妻に、今の妻を上回る素晴らしい内容の和歌を詠むように指示して作らせたものである。

2、この和歌中の「しか」は、「そのように」という意味の「然」と、動物の「鹿」との双方の意味が掛け合わされている。

3、この和歌中の「こそ」には、文末の語の活用形を変化させる作用があり、それを「係り結び」の法則と呼ぶ。

4、この和歌では、昔からの妻が男に愛されなくなった悲しみを、鹿の鳴き声に託して詠んでいる。

問九、傍線部⑥「かぎりなくめでて」とありますが、それはなぜですか。最も適当なものを次の選択肢から一つ選びなさい。（解答番号は44）

1、今の妻は教養がきわめて低いため、今後の人生に糧となるところがほとんどないということをさとったから。

2、今の妻は元の妻と比べて様々な点で気が利き、いっしょにいて居心地の良さを感じることが多かったから。

3、元の妻が、鹿の鳴き声を趣深く聞いていたことに加え、和歌の内容も心ひかれる素晴らしいものだったから。

4、元の妻が、今の妻を追い出そうとしてまで、男への断ち切れない愛情の深さを強くうったえてくれたから。

問十、本文の「大和物語」は平安時代に成立した作品ですが、次の選択肢から平安時代に成立した作品を一つ選びなさい。（解答番号は45）

1、古事記　2、枕草子　3、平家物語

4、風姿花伝　5、奥の細道

問一、本文中の次の語句を現代仮名遣い(づか)に直すと、適当なものはどれですか。それぞれ選択肢から一つ選びなさい。

(1)「率(ゐ)て」(解答番号は 34)

1、いて　2、えて

3、きて　4、ひきいて

(2)「すゑて」(解答番号は 35)

1、すいて　2、すって

3、すえて　4、するうて

問二、傍線部①「大和の国」とは現在の都道府県でどこになりますか。適当なものを次の選択肢から一つ選びなさい。(解答番号は 36)

1、東京都　2、大阪府　3、静岡県

4、奈良(なら)県　5、福岡県

問三、傍線部②「いかがしけむ」の口語訳として最も適当なものを次の選択肢から一つ選びなさい。(解答番号は 37)

1、一体どうしたことだろうか

2、どうするのがよかったのか

3、どんなものだろうかと思い

4、どうしても手に入れたくて

問四、A・Bの 来 の読みとして適当なものを、それぞれ次の選択肢から一つずつ選びなさい。(解答番号はAは 38 、Bは 39)

1、き　2、く　3、け　4、こ　5、らい

問五、傍線部③「壁をへだててすゑて」とありますが、何をどのような状態にしたということですか。最も適当なものを次の選択肢から一つ選びなさい。(解答番号は 40)

1、新しい妻を、壁を取り壊して自分たちと一緒に住まわせたということ。

2、新しい妻を壁の向こうに住まわせ、元の妻と会わないようにしたということ。

3、新しい妻と昔からの妻との間を仕切る壁を、新たに設置したということ。

4、家中の薄い壁を、妻との内緒話を聞かれないように厚くしたということ。

問六、傍線部④「さらにいひもねたまず」とはどういうことですか。最も適当なものを次の選択肢から一つ選びなさい。(解答番号は 41)

1、これ以上余計なことを言ってうらまれたくなかった。

2、うらんでもうらんでも気持ちは晴れなかった。

3、言ってみればよかったのに遠慮(えんりょ)してしまった。

4、うらみがましいことは決して言わなかった。

問七、【 C 】に入る季節として最も適当なものを次の選択肢から一つ選びなさい。(解答番号は 42)

1、春　2、夏　3、秋　4、冬

問八、傍線部⑤「われもしか～」の和歌に関する説明として、**あやまりをふくむもの**を次の選択肢から一つ選びなさい。(解答番号は 43)

問九、傍線部⑧「寿々ちゃんは、まるで少女みたいに髪を揺らしながら、嬉しそうに微笑んでいた」とありますが、この時の寿々ちゃんの気持ちとして最も適当ものを次の選択肢から一つ選びなさい。（解答番号は32）

1、漫画のアイデアを受け入れてもらえたことと、自分も漫画家として成功する可能性が出てきたことを嬉しく思っている。

2、ぼくが正直に好意を伝えてくれたことと、漫画家デビューを目指して前向きになってくれたことを嬉しく思っている。

3、落ち込んでいたぼくが元気になったことと、美しい海を好きな人と一緒に眺めることができたことを嬉しく思っている。

4、漫画のアイデアをほめてもらえたことと、二人で眺めている海の景色が美しく輝いていることを嬉しく思っている。

問十、本文の内容や特徴についてクラスで話し合いました。正しい意見を述べているものとして最も適当ものを次の選択肢から一つ選びなさい。（解答番号は33）

1、Aさん「ぼくと寿々ちゃんの会話から、二人が何となく素直になれていない様子がうかがえますね」

2、Bさん「『……』や『――』を多用することで、特にぼくのとまどいや緊張感がよく伝わってきますね」

3、Cさん「ユーモアのある会話によるストーリー展開が、かなり読者の期待感を刺激していますね」

4、Dさん「情景描写や比喩表現を多用して、作品全体を幻想的な雰囲気に仕立て上げていますね」

四、次の文章は「大和物語」の一節です。本文を読んで、後の問いに答えなさい。（解答番号は34～45）

①大和の国に、男、女ありけり。年月かぎりなく思ひてすみけるを、②いかがしけむ、女をえてけり。*なほもあらず、この家に率て［来］Aて、③壁をへだててすゑて、わが方にはさらに寄り［来］Bず。いと*憂しと思へど、④さらにいひもねたまず。【　C　】の夜の長きに、目をさまして聞けば、鹿なむ鳴きける。ものもいはで聞きけり。壁をへだてたる男、「聞きたまふや、*西こそ」といひければ、「なにごと」といらへければ、「この鹿の鳴くは聞きたうぶや」といひければ、女*ふといらへけり。

⑤われもしか　なきてぞ人に　恋ひられし　今こそよそに　声をのみ聞け

とよみたりければ、⑥かぎりなくめでて、この今の妻をば*送りて、もとのごとなむすみわたりける。

（本文は『新日本古典文学全集』による）

注「なほもあらず」……時間があまり経たないうちに
「憂し」……つらいことだ
「西こそ」……西隣さん
「ふと」……すっと
「送りて」……追い出して

1、自分の夢についてなかったことにしようとする気持ち。
2、自分の本当の気持ちを押さえ込もうとする気持ち。
3、自分の不幸をなかったことにしようとする気持ち。
4、自分の将来について前向きにとらえようとする気持ち。

問四、 傍線部③「正直、ぼくの気持ちは、もうとっくに溢れていた」とありますが、どういうことですか。その説明として最も適当なものを次の選択肢から一つ選びなさい。（解答番号は 27 ）

1、漫画家としてデビューする決意が固まったということ。
2、寿々ちゃんに対する好意をおさえきれないということ。
3、きらきら眼鏡をかけた興奮がさめ切れないということ。
4、目の前の現実を冷静に見ることができないということ。

問五、 傍線部④「いつのまにか、世界から音が消えていた」とありますが、それはなぜですか。その理由の説明として最も適当なものを次の選択肢から一つ選びなさい。（解答番号は 28 ）

1、寿々ちゃんに気持ちを伝えることで緊張していたから。
2、寿々ちゃんの様子が気になって集中できなかったから。
3、言うべき言葉を間違ってしまってあせっていたから。
4、言うべき言葉がうまく言えずに落ち込んでいたから。

問六、 傍線部⑤「そんなに上手くいかないよな」とありますが、どういうことですか。その説明として最も適当なものを次の選択肢から一つ選びなさい。（解答番号は 29 ）

1、いくら物事を前向きに考えたからといって、すべてが都合よくいくわけではないということ。
2、あまり欲を出しすぎると、うまくいくはずのことが失敗に終わることもあるということ。
3、自分の都合ばかりを考えて行動すると、相手の気持ちを傷つけることもあるということ。
4、どんなにまじめに努力をしたからといって、すべて認めてもらえるわけではないということ。

問七、 傍線部⑥「寿々ちゃんは、まだ笑っている」とありますが、それはなぜですか。その理由の説明として最も適当なものを次の選択肢から一つ選びなさい。（解答番号は 30 ）

1、ぼくの表情があまりにも頼りなくて笑うしかなかったから。
2、ぼくの言葉があまりにもおかしくてあきれてしまったから。
3、ぼくの反応があまりにも正直すぎておかしかったから。
4、ぼくの言動があまりにも幼すぎて愛おしく思ったから。

問八、 傍線部⑦「いまは、と付け加えることが、精一杯の抵抗だった」とありますが、この時のぼくの気持ちとして最も適当なものを次の選択肢から一つ選びなさい。（解答番号は 31 ）

1、寿々ちゃんが付き合ってくれないことや漫画家としてデビューできないことを忘れたい気持ち。
2、寿々ちゃんと付き合うことも漫画家としてデビューすることもあきらめたくない気持ち。
3、寿々ちゃんの言った言葉や漫画家としての才能がないことを認めたくない気持ち。
4、寿々ちゃんに厳しいことを言われたことや笑われたことが悔しい気持ち。

「返事に間が空きすぎ。翔平くんは分かりやすい人だよねえ」

「え……、だってさ」

と言ったものの、続く言葉が出てこなかった。胸のなかが重苦しくて、思わずひとつ深い息をついた。

寿々ちゃんがふたたびブランコを揺らした。

そして、エメラルドグリーンの海の方を眺めながら、澄んだ声でしゃべり出した。

「わたしね、これを翔平くんが漫画にしたらいいのになって、以前から思ってた題材があるんだよね」

「え？」

「聞きたい？」

「あ、うん」

寿々ちゃんはブランコに揺られながら、その題材について愉（たの）しそうに語ってくれた。そして、それは、ぼくがいままで想像もしていないような内容で、しかも、描いたら、オリジナリティーとリアリティー（B）があふれる漫画になりそうに思えて——。

ぼくは膝（ひざ）を叩いて立ち上がった。

「ありがとう。それ、描いてみるよ」

「ほんと？」

「うん」

⑧寿々ちゃんは、まるで少女みたいに髪（かみ）を揺らしながら、嬉（うれ）しそうに微笑んでいた。

（森沢明夫『キッチン風見鶏』より）

問一、二重傍線部A「箸にも棒にもかからない」・B「リアリティー」とありますが、本文中の意味として適当なものを、それぞれ次の選択肢から一つ選びなさい。

二重傍線部A「箸にも棒にもかからない」（解答番号は 23 ）

1、興味をそそられないことはない。

2、どうしようもないほどひどい。

3、見込みがないわけではない。

4、まったく期待はずれである。

二重傍線部B「リアリティー」（解答番号は 24 ）

1、文学性。　2、確実性。　3、現実性。　4、人間性。

問二、傍線部①「きらきら眼鏡」とありますが、これはどういうものですか。その説明として最も適当なものを次の選択肢から一つ選びなさい。（解答番号は 25 ）

1、世の中や他人に対して、良いところを意識するための心がけのようなもの。

2、好意を寄せる相手に対して、勇気を持って気持ちを伝えるきっかけのようなもの。

3、自分の将来や夢に対して、都合の良い考え方をするための言い訳のようなもの。

4、自分の周囲に対して、幸せな気分にさせてあげるための魔法のようなもの。

問三、傍線部②「ぼくも、かけようかな」とありますが、この時のぼくの気持ちとして最も適当なものを次の選択肢から一つ選びなさい。（解答番号は 26 ）

寿々ちゃんはまだ、静かに揺(ゆ)られたままだ。

「きらきら眼鏡をかけたらさ」

「……」

「あの、ぼくと——、あ、ええと」

寿々ちゃんが、ブランコを止めた。察しのいい寿々ちゃんは、ちゃかしたりせずに——、むしろ、心のなかで、がんばれ、と励ますような顔でこちらを見てくれていた。それなのに、ぼくときたら、声がすっかり震えてしまったのだ。

④「つ、付き合って、くれるかな……」

いつのまにか、世界から音が消えていた。

寿々ちゃんの顔が、ゆっくりと微笑みに変わっていく。

でも——、

「ごめんなさい」

やけに清々しい声色で、寿々ちゃんは言った。

その瞬間、ふたたび、すべての音が戻ってきた。

「……」

音が戻ったら、今度はぼくが声を失っていた。

⑤そんなに上手くいかないよな。

だよね。

胸から溢れていたものが、すうっと潮のように引きはじめたとき、寿々ちゃんが続けた。

「きらきら眼鏡をかけるだけじゃ……まだ足りないかなぁ」

「え……」

それから少しの間、考えるようなそぶりをしていた寿々ちゃんが、ちょっといたずらっぽい笑みを浮かべてぼくを見た。

「受賞して、漫画家(まんがか)デビューが決まったら、付き合ってあげてもいいかも」

「え？」

寿々ちゃんがぼくの目を見たまま、ゆっくりと頷(うなず)く。

「あ、ええと……、それは、脈あり……ってこと？」

僕の心臓は内側から肋骨(ろっこつ)をバクバク叩いていた。

「翔平(しょうへい)くんは、デビューできる脈は、あるの？」

「え……、それは」

いまのところ、ない。

⑥「なかったら、脈なしだけど」

寿々ちゃんは、まだ笑っている。

ぼくはため息をついた。

⑦「正直いうと、脈がある出版社は、ないかな。いまは」

いまは、と付け加えることが、精一杯(せいいっぱい)の抵抗だった。

激しく拍動している心臓が、不安の重さで鈍く痛みはじめた。

「そっか。ないのね。じゃあ——」

「あ、ちょっ——、ちょっと待って」

「……」

A「箸にも棒にもかからないわけじゃない——って、言われたところはあるから」

「そこは、イケそう？」

ぼくは、ごくり、と唾(つば)を飲んだ。

寿々ちゃんが、くすくす笑い出す。

3、日本と外国を比較して、共通する習慣とまったく相入れない習慣のあることを理解し、日本を訪れた外国人の苦悩にも寄り添えること。

4、自分の中のスタンダードがことごとく通用しない場所に行き、どうしようもなくわからない世界に触れ、実感すること。

三、次の文章を読んで、後の問いに答えなさい。

解答番号は（解答番号は23～33）

「あ、そうだ」ふいに寿々ちゃんは、何かを思い出して手を叩いた。

「わたしね、つらいときは『きらきら眼鏡』をかけてるの」

「え、きらきら……眼鏡？」

「うん。だいぶ前だけど、よく当たる占い師ってことで女性誌の取材を受けたのね。そのとき、インタビューしてくれた人が、大滝あかねさんっていうフリーライターの女性だったの」

「うん」と、ぼくは頷いて先を促した。

「そのあかねさんを占ってあげたとき、余命宣告を受けた恋人がいて、すごくつらい状況だってことが分かったのね。なのに、あかねさんは、わたしにたいしても、周囲の編集者とカメラマンにたいしても、すごく明るくて、気分よく接してくれたんだよね。それで、わたし、逆に訊いてみたの。つらい環境下にあっても、幸せそうでいられるコツはありますかって」

「うん……」

「そうしたらね、あかねさんが言ったんだよ。①『きらきら眼鏡』をかけてるんですよって。ようするにね――」

寿々ちゃんが説明してくれた「きらきら眼鏡」とは、ひとことで言えば、心にかける目に見えない眼鏡のことらしかった。その眼鏡をかけると、世の中の素敵なところ、楽しいところ、美しいところ、人のいいところにフォーカスできる――、そういう設定なのだそうだ。

「それを聞いてから、わたしもね、あかねさんの真似をして、なるべくかけようと思ったんだ」

「きらきら眼鏡を」

「うん」

「そっか」

寿々ちゃんは「きらきら眼鏡」をかけているから、きらきらして見える世界に生きている。だからこそ、寿々ちゃん本人もまた、いつだってきらきら輝いているのだろう。

②「ぼくも、かけようかな」

とりあえず、かけたつもりで素直に言ってみた。

「いいね。ふたりでかけようよ」

寿々ちゃんが微笑んでくれる。

ふたりで――。

遥か頭上でトンビが鳴いた。ブランコが切なく軋み、そして、潮騒が胸のなかまで浸透してくる。

人生ではじめての、運命の出会い。

③正直、ぼくの気持ちは、もうとっくに溢れていた。

「ねえ、寿々ちゃん」

ブランコを止めた。

「ん？」

3、「またこよう」と考えること。

4、規定のサービス料を支払うこと。

問八、傍線部⑥「目の当たり」の「目」の読み方と同じものを次の選択肢から一つ選びなさい。（解答番号は19）

1、帽子（ぼうし）を目深にかぶる。

2、目下の課題は地域の活性化だ。

3、目先の利益にこだわる。

4、苦手な科目から取り組む。

問九、傍線部⑦「ほとんど超能力の世界」とはどのようなことを指して言っているのですか。最も適当なものを次の選択肢から一つ選びなさい。（解答番号は20）

1　列の人々は言葉を発することなく気持ちを伝え、駅員もまた視線に気づいて相手の気持ちを察するというように、すべてが無言で進められていくこと。

2　駅員がカウンターに割り込んできた女性に対してやわらかい口調で注意したために、女性からも他の人々からもクレームを受けずに済んだこと。

3、列に並ぶ人々が、割り込んできた女性に対する怒りや不満の感情を爆発（ばくはつ）させることなく無言をつらぬき、トラブルにならなかったこと。

4、公共の場所では激しい感情をあらわにすることなく、トラブルも不満も無言のうちに時間が解決するのを待つ雰囲気（ふんいき）を皆で共有すること。

問十、傍線部⑧「彼らがいかにこの沈黙に傷ついているかを思うことがある」について、外国人が沈黙に傷つくのはなぜですか。その説明として最も適当なものを次の選択肢から一つ選びなさい。（解答番号は21）

1、沈黙の習慣を持たない人にとっては、ただ黙って時間を過ごすしかない日本の生活空間は大変な苦痛になるから。

2、日本文化を外国人の目線から観察できる人にとっては、相手を慮（おもんぱか）る文化を美しいものだと考える日本人の感覚は国際的だとはいえないから。

3、言葉で表現することに慣れた人にとっては、相手の気持ちを察し、お互い無言でコミュニケーションをとるのは大変難しいことだから。

4、長い旅から帰ってきたばかりの人にとっては、無言で空気を読むという日本の成熟した美しい習慣も、美しいものには見えなくなってしまうから。

問十一、傍線部⑨「だからこそ旅に出る意味があると私は思うのだ」について、筆者の考える旅に出る意味とはどのようなものですか。最も適当なものを次の選択肢から一つ選びなさい。（解答番号は22）

1、世界を旅してさまざまな文化に触れることで、日本独自のよさに気づき、その特殊性をはっきり認識すること。

2、各国を旅して得た経験を総合して、文化や習慣の違いを超えた人間の普遍的な習性やしあわせについて考え直すことができること。

問一、 傍線部①「後者」の指す内容として最も適当なものを次の選択肢から一つ選びなさい。（解答番号は 11 ）

1、異文化のなかにぽつんと出て行ったとき。
2、かたくなに自分の基準を守ろうとする人。
3、なんとか郷に従おうとする人。
4、旅に出る必要がないではないか、と思っているようなところ。

問二、（　X　）に入るのに最も適当な文を次の選択肢から一つ選びなさい。（解答番号は 12 ）

1、トイレ後、水で手を洗う
2、手で料理を食べる
3、列に並ばず大騒ぎしてバスに乗る
4、くるはずの列車を半日待つ
5、お金にまつわる

問三、 傍線部②「不遜ではなかろうか」の解釈して最も適当なものを次の選択肢から一つ選びなさい。（解答番号は 13 ）

1、「日本人にとっては非常識だ」という怒り。
2、「お金を渡すなど失礼ではないか」という迷い。
3、「金額が足りないのではないか」という緊張感。
4、「年長者への礼儀を果たそう」という思いやり。

問四、 傍線部③「あった」を漢字に直したとき、文章上の意味からどれが適当ですか。次の選択肢から一つ選びなさい。（解答番号は 14 ）

1、会った　2、遭った　3、合った　4、有った

問五、 次の挿入文が入るのに最も適当な箇所を本文中の（A）～（D）から一つ選びなさい。（解答番号は 15 ）

挿入文：「しかも、紙幣ならともかく、コインを渡すという習慣は、まったくない。」

1、（A）　2、（B）　3、（C）　4、（D）

問六、 傍線部④「日本ほどお金に関して潔癖な国はない」について、お金に関する日本人の感覚の説明として適当なものを次の選択肢から二つ選びなさい。解答の順序は問いません。（解答番号は 16 ・ 17 ）

1、金銭のトラブルに慣れていない日本人は、旅先でお金のトラブルにあった場合に泣き寝入りをしたり逃げるしかない。
2、感謝を金銭で表す習慣のない日本人は、チップを支払うことで感謝を示すのは失礼なことだという考え方を持ち続けている。
3、チップの相場を知らない日本人は、旅先でチップを必要とする場面でも小銭ではなく紙幣を渡してしまうことがある。
4、サービス料は高級な価格に含まれていると考える日本人は、サービスは無償のものであり、お金を払うものだとは思っていない。
5、正直な商売こそが得だと信じている日本人は、旅先でその場かぎりの儲けにこだわる商売の考え方を理解できない。

問七、 傍線部⑤「心付け」のここでの意味として最も適当なものを次の選択肢から一つ選びなさい。（解答番号は 18 ）

1、ホテルやレストランで気持ちのいい応対をされること。
2、チップを渡すこと。

ほかのことのようにすんなりと従うことができない。

《文章2》

反対に考えると、異国の人が日本を旅した場合、お金に関する習慣の違いには、さほど苦労しないのではないかと想像する。ぼったくりバーなどにいけば話はべつだが、ごくふつうに食事をしているぶんには、ぼられることはまずないし、チップの心配もいらないし、お釣りをごまかされることもないそのぶん、物価が高いという多大な難点はあるわけだが。

では、異国の人が日本にきた場合、いちばん苦労する習慣の違いはなんだろう、といえば、沈黙であるように思う。三週間や一ヶ月、異国を旅して帰ってきたとき、私かもっとも違和感を覚えるのが、じつはその沈黙である。日本の人は驚くほど声を発さない。ぶつかっても声をたてず、出くわし状態になっても無言、人の足を踏んでしまっても「すみません」と言う人はとても少なく、せいぜい無言で会釈(えしゃく)するくらい。

たとえばの話。銀行でも空港でもいい、人々が列になって順番を待っていたとする。そこに、列の存在に気づかず、だれか入りこんでしまったとき、ほとんどの国では声を出して注意する。「こっちに並んで！」と、ひとりが言うこともあり、列にいる全員が口々に言うこともある。が、日本では、声に出さず空気で示す。ついさっき、じつけそのような光景をJRの駅の構内で⑥目の当たりにしたのだが、列の人々はみな、無言のうちに対応をしている駅員に、訴(うった)えかけるような視線を投げていた。駅員はちゃんと気づき、カウンターに割り込んできた女性に「すみませんが、列ができているのであちらに並んでください」と注意してことなきを得ていた。私にはごく自然な光景ではあるが、よく考えればすごいことなのである。沈黙の習慣を持たない人から見れば、⑦ほとんど超能力の世界だと思う。「空気を読む」という言葉が、他の国の言語であるのかないのかはわからないが、しかし、それは明らかに特殊(とくしゅ)な習慣だと私は思う。

少し長い旅から帰ってくれば、この沈黙の習慣には少々戸惑うのだが、しかしまた日本で生活がはじまれば、私もまた沈黙になじんでいく。私もめったに声を発することはない。列に横入りした人をにらみ、バスに乗っても運転手に礼を言うこともなく降りる。言葉を発さず、相手の言いたいことを気配で察するというのは、相手を慮(おもんぱか)るという点において、実際はとても成熟した、美しい所作であると思う（それが成熟した、美しい文化を作っているかどうかはさておき）。しかし沈黙の習慣を持たない人々は、これに慣れるのはたいへんだろうなと私は推測する。日本のことをあまり好きではない、日本在住の外国人の話を聞いて、⑧彼らがいかにこの沈黙に傷ついているかを思うことがある。

しかし、いくらその習慣の違いに傷つくことがあろうとも、泣いたり地団駄を踏んだり、戸惑うことがあろうとも、⑨だからこそ旅に出る意味があると私は思うのだ。自分のスタンダードがことごとく通用しない場所に身を投じ、なんだかぜんぜんわかんないと思う、そのときこそ、けっして把握(はあく)なんかできっこない世界というものの手触りを、多少なりとも実感できるのではないかと、思うのである。

（角田光代『お金と沈黙(ちんもく)』より）

守ろうとする人と、なんとか郷に従おうとする人がいる。私は①後者ではないか、と思っているようなところがある。自分の基準を守るのならば、これもまた、旅に出る必要がないではないか、と思っているようなところがある。

それにしても、慣れることのむずかしい習慣がひとつある。（　X　）習慣になると、日本の人はてんで弱いのではないか。少なくとも私は、トイレ後、水で洗うことも、手で料理を食べることも、列に並ばず大騒ぎしてバスに乗ることも、くるはずの列車を半日待つことも、わりあい苦にならないが、お金にまつわることだけはいつまでたっても苦手である。

まずチップ。チップの習慣がある国にいくと、それだけで緊張する。いつ、どんなタイミングで、いくら渡せばいいのか、皆目わからない。そもそも私には、お金を渡すなんてそんな失礼な、という気持ちが、どこかにある。うんと年上のホテルの人が、私の荷物を運んでくれたとして、「チップを渡さなきゃ、ああでも、自分の親ほども年上のこの人に、お金、しかも小銭を渡すなんてそんなこと、してもいいのだろうか、②不遜ではなかろうか」とぐずぐずと戸惑うのである。

幸運にも私は、旅先でトラブルに③あったことがほとんどないが、幾度か、泣いたり地団駄を踏んだり口論をしたり、どきどきしながら逃げた経験はあって、それはみんなお金がらみである。つまり、ぼられたり、ごまかされたり、これを買えとかこれに乗れとかいってしつこくつけまわされたり、したときだ。私にしてみれば、百円のものを売るのに五百円と告げるその感覚がわからない。二百円の釣りを出すのに百円しかよこさないその気持ちがわからない。百円払ってこれを買え、この自転車タクシーに乗れといって半日ついてまわる、その労力とお金のバランスがわからない。

お金に関しては、私は日本の常識というものに、あまりにもとらわれているし、柔軟性に欠けている。考えてみれば、④日本ほどお金に関して潔癖な国はない。その潔癖を、私は捨てられないのである。（A）

チップを渡すということが、私たちの国にはない。チップはすべて、正価に含まれているものと思っている。高級レストランの高級さは、サービスの高級さとイコールであると無意識に思っている。ホテルやレストランで気持ちのいい応対をされた場合、心付けを包むのではなく、「またこよう」と私たちは考える。それが私たちの評価なのである。（B）

最近の温泉宿では、部屋に備え付けのパンフレットに「サービス料があるので⑤心付けは不要」と、わざわざ書いてあったりする。年配の知人は、彼女の長年の習慣らしく、温泉宿には必ず心付けを用意していくが、いつもそれは和紙に包んである。（C）現金を生で渡す、ということに、私たちは激しい抵抗を感じる。（D）

そして商売というのは、正直さを欠いたら成立しないと、これもまた、私たちは自分の国の習慣で信じている。千円のものを二千円で売ったとしたら、その瞬間は千円儲かったですむが、しかし、だまされたと知った客は二度とこないだろうし、その客がほかのだれかにそのことを話せば、ほかの客までこなくなる、というふうな思考回路を私は持っている。長い目で見たら、正直な商売のほうがぜったいに得だと思っている。だから、その場限りの百円、二百円を儲けようとする気持ちが、まるでわからないのである。その「わからない」ことこそ習慣の違い、郷の内部の問題のはずなのに、ことお金に関しては、

【国語】〈五〇分〉〈満点：一〇〇点〉

一、次の各A・Bの□に共通して入る漢字を後の選択肢よりそれぞれ一つずつ選びなさい。なお(1)～(5)は異なる音読み、(6)～(10)は異なる訓読みの語句になります。（解答番号は[1]～[10]）

(1) A　グループが□体される。
B　□熱作用のある薬を飲む。（解答番号は[1]）

(2) A　あらゆる事情に□通する。
B　伝統芸の道に□進する。（解答番号は[2]）

(3) A　宴会の余□で物まねをする。
B　国家の□亡の歴史をたどる。（解答番号は[3]）

(4) A　政治家の去□が注目される。
B　願いがやっと成□する。（解答番号は[4]）

(5) A　□屋に農機具をしまう。
B　毎日出□帳をつける。（解答番号は[5]）

(1)～(5)の選択肢
1、存　2、興　3、人　4、納　5、解
6、功　7、就　8、精　9、限

(6) A　明日の日本を□う若者。
B　験（げん）を□いで同じ道を通る。（解答番号は[6]）

(7) A　生産性の上昇が□しい。
B　母の生き様を□した小説。（解答番号は[7]）

(8) A　父の姿に自分の理想像を□す。
B　雲が青空に□える。（解答番号は[8]）

(9) A　□ついた心をいやす。
B　□んだ果物を除外する。（解答番号は[9]）

(10) A　□しい性格をほめる。
B　□れた才能の持ち主だ。（解答番号は[10]）

(6)～(10)の選択肢
1、傷　2、激　3、担　4、優　5、頼
6、燃　7、著　8、親　9、映

二、次の《文章1》、《文章2》はどちらも、角田光代著『お金と沈黙（ちんもく）』から引用した部分です。両方の文章を読み、後に続く問いに答えなさい。（解答番号は[11]～[22]）

《文章1》

旅が唯一（ゆいいつ）の趣味（しゅみ）であちこちによく出かけていくが、当然、その場所によって常識は違う。トイレのあと、紙で拭（ふ）く国も水で洗う国もある。ご飯を箸（はし）で食べる国も、スプーンとフォークで食べる国も、手で食べる国もある。列車が時間通りにくる国もあれば、時刻表がなんの役にもたたない国もある。

しかし、考えてみれば、常識の違いに戸惑うということが、私にはあんまりない。違っていて当然であり、違っていなくちゃあ困る、という気持ちもある。私が旅を愛するのは、自分というものがけっして普遍（ふへん）的な存在ではない、と知ることができるからでもある。私が「ふつう」と思っていることが、世界的スタンダードであるならば、旅に出たいとそもそも私は思わないだろう。

異文化のなかにぽつんと出ていったとき、かたくなに自分の基準を

2021年度

解 答 と 解 説

《2021年度の配点は解答欄に掲載してあります。》

＜数学解答＞

第1問 問1 (1) ア ⑥ (2) イ ⑤ (3) ウ ④ (4) エ ⑤ (5) オ ②
(6) カ ⑤ (7) キ ① 問2 (1) ク ③ (2) ケ ③ (3) コ ①
(4) サ ① (5) シ ④ (6) ス ②

第2問 問1 (1) ア 5 イ 4 (2) ウ − エ 4 オ 1 問2 (1) カ −
キ 1 (2) ク − ケ 2 コ 1 サ 5 (3) シ 3 (4) ス 1
セ 7 ソ 3 (5) タ 3 チ − ツ 1

第3問 問1 (1) ア ④ (2) イ 2 問2 (1) ウ 2 エ 2 (2) オ ④
(3) カ 1 キ 2 ク 3

第4問 問1 (1) ア 6 イ 0 (2) ウ 9 エ 3 オ 3 問2 (1) カ 8
(2) キ 1 ク 2 ケ 9 コ 4 (3) サ 4 シ 3 ス 8 セ 3

○配点○

第1問～第2問 各3点×20 第3問～第4問 各4点×10 計100点

＜数学解説＞

第1問 （数・文字式の計算，平方根，座標平面，数の性質，反比例，1次方程式の応用，確率）

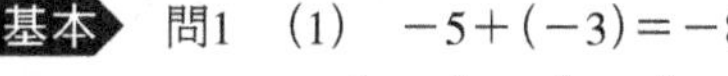

基本 問1 (1) $-5+(-3)=-8$

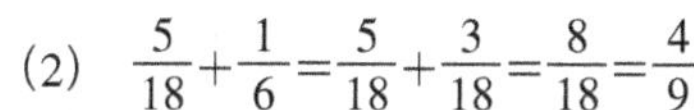

基本 (2) $\frac{5}{18}+\frac{1}{6}=\frac{5}{18}+\frac{3}{18}=\frac{8}{18}=\frac{4}{9}$

(3) $\sqrt{20}-\sqrt{45}+4\sqrt{5}=2\sqrt{5}-3\sqrt{5}+4\sqrt{5}=3\sqrt{5}$

(4) $\frac{6}{\sqrt{2}}-\sqrt{8}=3\sqrt{2}-2\sqrt{2}=\sqrt{2}$

(5) $21\div(-7)+(-2)^2=-3+4=1$

(6) $\frac{1}{3}(x+7)+\frac{1}{6}(7x-4)=\frac{2(x+7)+(7x-4)}{6}=\frac{2x+14+7x-4}{6}=\frac{9x+10}{6}$

(7) $(3x+2)(x-1)-(x+3)^2=3x^2-x-2-(x^2+6x+9)=3x^2-x-2-x^2-6x-9=2x^2-7x-11$

問2 (1) $2\sqrt{5}<n<5\sqrt{2}$ いずれも正の数なので，2乗しても大小関係は変わらない。$20<n^2<50$ $n=5$，6，7の3個

(2) x座標，y座標とも，絶対値を変えないまま符号を変える$(-2,\ 3)\to(2,\ -3)$

重要 (3) 最大公約数が6であることから，2つの自然数は6×10と$6\times a$とおくことができる。ただし，aは10との最大公約数が1である。最小公倍数が180なので，$6\times10\times a=180$ $a=3$ $6\times3=18$

(4) $y=\frac{a}{x}$なので，$x=1$のとき$y=a$，$x=4$のとき$y=\frac{a}{4}$ 変化の割合$=\frac{y\text{の増加量}}{x\text{の増加量}}=1$より

yの増加量$=x$の増加量 $\frac{a}{4}-a=4-1$ 両辺を4倍すると$a-4a=12$ $a=-4$

(5) 求める人数をx人とすると，準備費がxを用いて2通りに表せる。$400x+2600=500x-800$

$400x-500x=-800-2600$　　$-100x=-3400$　　$x=34$

(6)　2つのさいころの目の出方は全部で$6\times6=36$(通り)　　その中で和が3の倍数になる場合を数える。和が3になるのは(大のさいころの目，小のさいころの目)=(1，2)，(2，1)の2通り。6になるのは(1，5)，(2，4)，(3，3)，(4，2)，(5，1)の5通り。9になるのは(3，6)，(4，5)，(5，4)，(6，3)の4通り。12になるのは(6，6)の1通り。3の倍数になるのは$2+5+4+1=12$(通り)

よって，その確率は$\frac{12}{36}=\frac{1}{3}$

第2問　(因数分解，1次方程式，2次方程式，連立方程式)

問1　(1)　因数分解するときは，まずは共通因数を探す。$5x^2-40x+80=5(x^2-8x+16)=5(x-4)^2$

(2)　$-x^2+3x+4=-(x^2-3x-4)=-(x-4)(x+1)$

問2　(1)　$x-5=3(x-1)$　　$x-5=3x-3$　　$x-3x=-3+5$　　$-2x=2$　　$x=-1$

(2)　$x^2-13x-30=0$　　$(x+2)(x-15)=0$　　$x=-2$，15

(3)　$\frac{1}{3}(6x-21)=-(x-4)^2$　　$2x-7=-(x^2-8x+16)$　　$2x-7=-x^2+8x-16$　　$x^2-6x+9=0$　　$(x-3)^2=0$　　$x=3$

(4)　$4x^2-5=x^2+2x-3$　　$3x^2-2x-2=0$　　解の公式にあてはめる。

$x=\frac{-(-2)\pm\sqrt{(-2)^2-4\times3\times(-2)}}{2\times3}=\frac{2\pm\sqrt{4+24}}{6}=\frac{2\pm2\sqrt{7}}{6}=\frac{1\pm\sqrt{7}}{3}$

(5)　$3x+4y=5$…①　　$x=1-2y$…②　　②を①に代入　　$3(1-2y)+4y=5$　　$3-6y+4y=5$　　$-2y=2$　　$y=-1$　　これを②に代入して，$x=1-2\times(-1)=3$

第3問　(平方根，整数方程式，三平方の定理，立体の切断)

問1　(1)　3つの数はいずれも正の数なので，2乗しても大小関係は変わらない。$(\sqrt{53})^2=53$

$\left(\frac{10}{\sqrt{2}}\right)^2=\frac{100}{2}=50$　　$7.2^2=51.84$　　$50<51.84<53$なので$\frac{10}{\sqrt{2}}<7.2<\sqrt{53}$

(2)　$x^2-y^2=35$　　$(x-y)(x+y)=35$　　x，yが自然数なので，$x-y$，$x+y$とも自然数である。また，$(x+y)-(x-y)=2y>0$より，$x-y<x+y$　　35を2つの自然数の積で表すと1×35，5×7の2通りである。$(x-y,\ x+y)=(1,\ 35)$，$(5,\ 7)$であり，$(x,\ y)=(17,\ 18)$，$(1,\ 6)$の2組

問2　(1)　△DPQは∠D=90°，DP=DQ=$4\div2=2$の直角三角形である。PQ=$2\sqrt{2}$

(2)　FGの中点をS，AEの中点をT，CGの中点をUとする。立方体の上の面ABCDをPQから切ることになるが，それと平行な面EFGHを切るのは，PQと平行なRSとなる。切り口は正六角形PTRSUQとなる。

やや難　(3)　1辺の長さがPQ=$2\sqrt{2}$の正六角形の面積を求めることになる。PSとQRの交点をOとおくと，正六角形の面積は正三角形ORSの面積の6倍になる。RSの中点をIとすると，△ORIは30°，60°，90°の角をもつ，辺の比$1:2:\sqrt{3}$の直角三角形である。RS=PQ=$2\sqrt{2}$よりOR=$\sqrt{2}$，OI=$\sqrt{2}\times\sqrt{3}=\sqrt{6}$　　△ORS=$\frac{1}{2}\times2\sqrt{2}\times\sqrt{6}=2\sqrt{3}$　　正六角形PTRSUQ=$6\times2\sqrt{3}=12\sqrt{3}$

第4問　(円の性質，三平方の定理，図形と関数・グラフの融合問題)

問1　(1)　$\overset{\frown}{AB}:\overset{\frown}{BC}:\overset{\frown}{CA}=3:5:4$より，円周角について∠ACB：∠BAC：∠ABC=3：5：4

∠ACB=$3a$，∠BAC=$5a$，∠ABC=$4a$とおくと，△ABCの内角について$3a+5a+4a=180$

$12a=180$　　$a=15$　　∠ABC=$4\times15=60$

やや難　(2)　AからBCに垂線を下ろし，BCとの交点をHとする。∠ACB=$3\times15°=45°$より，△AHCは直角二等辺三角形となり，辺の比が$1:1:\sqrt{2}$なので，AH=CH=$6\div\sqrt{2}=3\sqrt{2}$　　△ABHは辺の比$1:2:\sqrt{3}$の直角三角形なのでBH=$3\sqrt{2}\div\sqrt{3}=\sqrt{6}$　　△ABC=$\frac{1}{2}\times$BC$\times$AH=$\frac{1}{2}\times(\sqrt{6}+$

$3\sqrt{2})\times3\sqrt{2}=9+3\sqrt{3}$

問2　(1)　Aは$x=-2$でx軸上の点なのでA$(-2,\ 0)$　　Pは$y=\frac{1}{2}x^2$上の点で$x=t$なのでP$\left(t,\ \frac{1}{2}t^2\right)$　$t=4$のときP$(4,\ 8)$　　$\triangle AOP=\frac{1}{2}\times2\times8=8$

重要　(2)　$t=2$のとき，P$(2,\ 2)$　　$a=\frac{2-0}{2+2}=\frac{1}{2}$　　$t=6$のときP$(6,\ 18)$　　$a=\frac{18-0}{6+2}=\frac{9}{4}$　　$2\leqq t\leqq6$のとき，$\frac{1}{2}\leqq a\leqq\frac{9}{4}$となる。

(3)　AQ：QP＝1：2よりAQのx方向成分：QPのx方向成分＝1：2　　AQのx方向成分＝2よりQPのx方向成分＝4　　Pの$x=4$であり，$y=\frac{1}{2}\times4^2=8$　　P$(4,\ 8)$である。直線ℓの式を$y=mx+n$とするとAを通ることから$-2m+n=0$…①　　Pを通ることから$4m+n=8$…②　　②－①は$6m=8$　　$m=\frac{4}{3}$　　これを①に代入して，$-\frac{8}{3}+n=0$　　$n=\frac{8}{3}$　　直線ℓの式は$y=\frac{4}{3}m+\frac{8}{3}$

★ワンポイントアドバイス★

典型的な出題が多いので，標準的な問題を解くことに慣れておくことが重要。過去問演習を通して，出題傾向になじんだり，時間配分に気配りできるようにしておけば，安心して入試にのぞめるだろう。

＜英語解答＞

問1　リスニング問題解答省略

問2　[11] ①　[12] ②　[13] ④　[14] ①　[15] ③

問3　[16] ④　[17] ④　[18] ①　[19] ②　[20] ④　[21] ②　[22] ③　[23] ③　[24] ③　[25] ①

問4　[26] ①　[27] ②　[28] ②　[29] ③　[30] ④

問5　[31] ①　[32] ④　[33] ②　[34] ③　[35] ④

問6　[36] ③　[37] ④　[38] ④　[39] ②　[40] ①　[41] ②　[42] ④

問7　[43] ①　[44] ①　[45] ①　[46] ③　[47] ①　[48] ④　[49] ③[⑤]　[50] ⑤[③]

○配点○

各2点×50　　計100点

＜英語解説＞

問1　リスニング問題解説省略。

基本　問2　(会話文：語句選択)

[11]　I hope she'll like it.「彼女はそれを気に入ると思うよ」

[12]　For two weeks. と期間を答えているので，How long で尋ねているとわかる。

[13]　同じ内容を尋ねているので，聞き返していると判断できる。

[14]　「使いたいときに使っていいよ」と言われたので You're very kind.（とても親切だね）と言っ

ている。

⑮ 会議がちょうど始まるところなので，「昼食なし」であるとわかる。

重要 問3 （語句選択問題：助動詞，現在完了，比較，不定詞，動名詞，受動態，分詞）

⑯ next month とあるので，未来の文が適切。

⑰ have been to ～「～に行ったことがある」 主語が Hiroshi なので has を用いる。

⑱ Shall we ～?「～しませんか」

⑲ than があるので，比較級を用いる。

⑳ 〈as many ＋名詞＋ as ～〉「～と同じくらい多くの…」

㉑ too ～ to …「あまりに～すぎて…できない」

㉒ finish は動名詞のみ目的語になる。

㉓ be made in ～「～で作られた，～製である」

㉔ washing his car on the road は前の名詞を修飾する分詞の形容詞的用法である。

㉕ 過去形を用いた文なので，ago「～前」が適切。

基本 問4 （英文和訳問題：現在完了，受動態，接続詞，不定詞，関係代名詞）

㉖ on one's way home from ～「～から家に帰る途中」〈have ＋過去分詞～ twice〉「2度～したことがある」という現在完了の経験用法となる。

㉗ next to ～「～の隣」

㉘ 〈命令文, and ～〉「…しなさい，そうすれば～」

㉙ how to ～「～する方法」

㉚ who gave you the birthday present は前の名詞を修飾する主格の関係代名詞である。

重要 問5 （語句整序問題：接続詞，前置詞，現在完了）

㉛ (Your idea about) Japanese history is interesting to me(.)　be interesting to ～「～にとっておもしろい」

㉜ (He didn't go) to work because he had (a cold.)　have a cold「かぜをひいている」

㉝ (Mr. Smith) showed us a beautiful picture(.)　show ＋A＋B「AにBを見せる」

㉞ (A cat) jumped out of the window when (I opened the door.)　out of ～「～の外へ」

㉟ (Ken) has wanted to visit Hokkaido for (a long time.)　for a long time「長い間」

問6 （会話文：要旨把握，語句解釈，内容吟味）

（全訳） サキ：こんにちは，オーウェン。さきです。初めまして。

オーウェン：サキさん，初めまして。カナダでの時間を楽しんでいますか？

サキ　　　：はい，でもまだ慣れていないのです。

オーウェン：本当に？あなたはどのくらいここにいますか？

サキ　　　：私は8月の最後の週にここに来ました。

オーウェン：うわー。1週間ほどしか経っていないの？

サキ　　　：はい。そして，私はここにいる最初の2～3日を眠りました。

オーウェン：本当に？なぜですか？

サキ　　　：とても疲れました。日本とバンクーバーの間には時差が大きいので，最初の数日間はとても疲れていました。申し訳ありませんが，私はこの問題の英語での言葉を知りません。

オーウェン：ああ，Jet lag？私はそれについて聞いたことがあります。

サキ　　　：なぜ Jet lag と呼ぶの？

オーウェン：確かではないんだけれど。飛行機はタイムゾーンを横断するスピードをずっと速くしたので，より時差を感じるからだと聞きました。このため、人々は疲れを感じます。

サキ　　　：なるほど。今は月曜日の午前10時ですが，東京では火曜日の午前2時です。

オーウェン：うわー。来週日本に行くと，(1)そう感じるのではないかと思います。

サキ　　　：大変ですね。日本にどのくらい滞在しますか？

オーウェン：私は学年を通して滞在します。

サキ　　　：うわー。それは私の2倍の長さです。

オーウェン：でもちょっと変だと思います。(2)時差ぼけだけが時間の違いではありません。

サキ　　　：そうそう。日本の学年は春から始まりますが，ここは今日始まったばかりです。

オーウェン：はい，(3)ちょっと心配です。

サキ　　　：なぜ心配なの？

オーウェン：みんなすでに新しいクラスではじめていて，友達を作りました。最初は教室に入るのは少し難しいでしょう。

サキ　　　：私も心配です。それは新しいクラスですが，それはまた，新しい国でもあることを覚えておいてください。今日の午後，私は新しいホストファミリーに会います。

オーウェン：まだ会ってないの？

サキ　　　：はい，まだです。私はここで最初の週に市内のホテルに滞在しました。私は市の中央施設で英語の授業や会議に行かなければならなかったんです。

オーウェン：時差ぼけは大変だったと思います。

サキ　　　：大変でした！授業中に寝そうでした！でも，授業はおもしろかったです。そして，彼らはたくさん助けてくれました。日本に着いたら同じような授業をしますか。

オーウェン：分からない。私は後でチェックする必要があると思います。

36　サキは8月の最後の週にカナダに来て，1週間滞在しているので「8月下旬～9月上旬」であると判断できる。

37　バンクーバーは月曜日の午前10時で，東京では火曜日の午前2時なので「16時間」である。

38　when I go to Japan next week と言っているので，来週日本に行く予定だとわかる。

39　時間の違いは，時差ぼけだけではなく，新学期の始まりが異なる点も挙げられている。

40　オーウェンはこの後で，初めは教室に入っていくのが少し難しいと言っていることから判断できる。

41　サキは市の中央施設で英語の授業や会議を受けた。

42　サキはこの後，ホストファミリーに会うとオーウェンに言っている。

問7　**(長文読解・物語文：英文和訳，語句補充，指示語，内容吟味)**

(全訳)　私が子供の頃，父は本当に自然の絵を描くのが大好きだった。彼は絵が完成するまで毎日何時間も絵に取り組んだ。

父の絵はいつも自然に関するものだった。時々，彼は外で見た動物の絵を描いた。猫，犬，さらにはクマなど，多くの異なる動物を描いた。動物を描いていないとき，彼は木，森，川，湖の絵を描いた。彼の絵はいつもとてもカラフルで，彼の秋の絵は私のお気に入りだった。

父が絵を描いている時，私はいつも彼を見ていた。彼は長い間，どのような色を使うか，どこに木を置くのか考えた。私は彼に木がどこにあるべきかを伝えようとしたが，彼が私の考えを使ったとは思わない。

ある日，父は絵を仕上げ，乾かした。私は誤って彼の美しい絵の一つを壊した。彼はその絵を仕上げるのに10時間かかった。秋の森で色を変える葉の絵だった。とても美しく，もっと見てみたいと思っていた。父は夕食を作るために台所にいたので，その時は私を見ていなかった。私はそれを見るために絵の近くを歩いた。しかし，私が近づいたとき，彼の絵の具のいくつかを蹴ってしまった。色が絵の上に行って，それは以前のように美しく見えなかった。

「父が絵を見ると，とても怒るだろう」と思った。私は台所に行き，何が起こったのか彼に話した。彼はその絵を見たとき，私は彼が少し悲しそうに見えると思った。しかし，彼が微笑んで「大丈夫。たくさんの絵を描くから，これが起こったことは悪いことではない」と言った。私は「腹を立てていないの？」と言った。彼は「怒っている？いいえ，全く怒っていないよ。私は幸せだ。きみは私の絵がとても好きなので，それを見るために近づきたいと思った！」と言った。その時，彼の優しい言葉にとても驚いた。

43 that he saw outside は前の名詞を修飾する目的格の関係代名詞である。

44 〈疑問詞 ＋ to ～〉の文になっている。

45 〈in ＋季節〉「～に」

46 直前の部分の動詞「look」を指している。

47 A 汚してしまった絵を見て，父が私のことを「怒る」だろうと思ったのである。
B 父は絵を見て「悲し」そうに見えるかと思ったが，微笑んで「大丈夫だよ」と言ったのである。

48 not ～ at all「全く～ない」

49・50 ③ ある日，父は秋の色が変わる葉(紅葉)の絵を描き，美しかったので，筆者はもっと見たいと思ったのである。 ⑤ 筆者は，父の絵を汚してしまったが，父は「絵を気に入って近寄ったから，うれしい」と言ったのである。

★ワンポイントアドバイス★

文法事項の割合が高くなっている。比較的基本的な文が多いので，教科書に載っている単語や英文はきちんと身につけたい。

＜国語解答＞

一 (1) 5 (2) 8 (3) 2 (4) 7 (5) 4 (6) 3 (7) 7 (8) 9 (9) 1 (10) 4

二 問一 3 問二 5 問三 2 問四 2 問五 4 問六 2・5 問七 2 問八 1 問九 1 問十 3 問十一 4

三 問一 A 2 B 3 問二 1 問三 4 問四 2 問五 1 問六 1 問七 3 問八 2 問九 2 問十 2

四 問一 (1) 1 (2) 3 問二 4 問三 1 問四 A 1 B 4 問五 2 問六 4 問七 3 問八 1 問九 3 問十 2

○配点○

一 各1点×10 二 問四・問六・問八 各2点×4 問九～問十一 各4点×3 他 各3点×5 三 問九・問十 各4点×2 他 各3点×9 四 問一・問四 各1点×4 他 各2点×8 計100点

＜国語解説＞

一 （漢字の読み書き）

(1)はA「解体(かいたい)」，B「解熱(げねつ)」。(2)はA「精通(せいつう)」，B「精進(しょうじん)」。(3)はA「余興(よきょう)」，B「興亡(こうぼう)」。(4)はA「去就(きょしゅう)」，B「成就(じょうじゅ)」。(5)はA「納屋(なや)」，B「出納帳(すいとうちょう)」。(6)はA「担(にな)う」，B「担(かつ)いで」。(7)はA「著(いちじる)しい」，B「著(あらわ)した」。(8)はA「映(うつ)す」，B「映(は)える」。(9)はA「傷(きず)ついた」，B「傷(いた)んだ」。(10)はA「優(やさ)しい」，B「優(すぐ)れた」。

二 （論説文―大意・要旨，内容吟味，文脈把握，指示語，脱文・脱語補充，漢字の読み取り，語句の意味）

問一　傍線部①は直前で述べているように，「なんとか郷に従おうとする人」のこと，前者は「かたくなに自分の基準を守ろうとする人」のことである。

問二　空欄Xは「日本の人はてんで弱い」もので，同段落最後で「お金にまつわる」ことだけはいつまでたっても苦手である，と述べている。

重要　問三　傍線部②の「不遜」は，へりくだる気持ちがなく，思いあがっていることという意味で，自分より年上の人に小銭を渡すのは②ではないか，ということなので2が適当。

基本　問四　傍線部③は，「トラブル」など好ましくないことに偶然あうという意味の「遭った」が適当。1は人と人とが顔をあわせる，対面すること。3は物事が一致すること。4は所有すること。

問五　挿入文が「しかも」で始まり，「コインを渡す習慣は，まったくない」と続いていることから，直前でお金を渡すことに関することを述べていることが読み取れるので，「現金を生で渡す」ことに「激しい抵抗を感じる」とあるDに入るのが適当。

重要　問六　傍線部④直後から続く3段落で，④の説明として「チップを渡すということが，私たちの国にはない」ので「現金を生で渡す，ということに，私たちは激しい抵抗を感じる」こと(＝2)，「商売というのは，正直さを欠いたら成立しないと……私たちは自分の国の習慣で信じている」ので，「その場限りの百円，二百円を儲けようとする気持ちが，まるでわからない」ということ(＝5)を述べている。日本ではチップを渡す習慣がないこと，商売は正直さを欠いたら成立しないと信じていることを説明していない他の選択肢は不適当。

問七　傍線部⑤は，感謝の気持ちを示すために与えるチップのこと。

問八　傍線部⑥は「目(ま)の当たり」，1は「目深(まぶか)」と読む。他の読み方は，2は「めした」，3は「めさき」，4は「かもく」。

問九　傍線部⑦は，女性が割り込んできたことを，列の人々が視線を投げることで無言で駅員に訴えかけ，駅員もそれに気づいて対処していたという，沈黙の習慣のことなので，「すべてが無言で進められていくこと」とある1が適当。列の人々と駅員の間の無言のやりとり＝沈黙の習慣について説明していない他の選択肢は不適当。

やや難　問十　傍線部⑧の「彼ら」すなわち外国人は，直前で述べているように「沈黙の習慣を持たない人々」のことで，そのような人々にとって，沈黙の習慣という無言のコミュニケーションに慣れるのはたいへんだろうということなので，3が適当。「彼ら」＝沈黙の習慣を持たない人々，すなわち言葉で表現することに慣れた人々と，「この沈黙」＝相手の気持ちを察し，無言でコミュニケーションをとること，を説明していない他の選択肢は不適当。

重要　問十一　傍線部⑨直後で⑨の説明として，自分のスタンダードがことごとく通用しない場所に身を投じ，全然わからないと思うときこそ，決して把握できない世界の手触りを実感できるのではないか，ということを述べているので，4が適当。⑨直後の内容を説明していない他の選択肢は不適当。

三 (小説―情景・心情，内容吟味，文脈把握，語句の意味)

基本 問一 二重傍線部Aは，あまりにもひどすぎてどうにもならないこと。細くて小さい箸にも太くて大きい棒にも引っかからないということから。二重傍線部Bは英語の「reality」で，現実性，真実性という意味。

問二 傍線部①は直後の段落で描かれているように，「その眼鏡をかけると，世の中の素敵なところ，楽しいところ，美しいところ，人のいいところにフォーカス(焦点，ピント)できる」ものなので，1が適当。①直後の段落内容を説明していない他の選択肢は不適当。

問三 傍線部②は「きらきら眼鏡」に対するもので，問二でも考察したように「きらきら眼鏡」は世の中や他人の良いところを意識する，心にかける目に見えない眼鏡である。そのような眼鏡をかけてきらきらして見える世界に生きている寿々ちゃんのように，自分も②のようにしてみようとする＝世界や将来をいいものとしてとらえようとする気持ちが読み取れるので，4が適当。素直な気持ちで前向きにとらえようとしていることを説明していない他の選択肢は不適当。

問四 傍線部③後で，「ぼく」は寿々ちゃんに「つ，付き合って，くれるかな……」と告白していることから，③の「気持ち」は「ぼく」の寿々ちゃんに対する好意であることが読み取れるので2が適当。③後の告白を踏まえていない他の選択肢は不適当。

重要 問五 傍線部④前でも描かれているように，寿々ちゃんに告白しようとしている「ぼく」は「声がすっかり震えてしまっ」ていることから，告白することで緊張している様子が読み取れるので1が適当。自分の気持ちを伝えることで緊張していることを説明していない他の選択肢は不適当。

重要 問六 傍線部⑤直後で，「きらきら眼鏡」をかけるだけでは「まだ足りないかなぁ」と話していることから，1が適当。「きらきら眼鏡」は前向きにとらえるためのものであるので，このことを説明していない他の選択肢は不適当。

問七 「(漫画家)デビューできる脈は，あるの？」と寿々ちゃんに聞かれて，言葉につまっている「ぼく」の様子に，傍線部⑥のようになっているので3が適当。「ぼく」が「え……，それは」という正直な反応をしていることを説明していない他の選択肢は不適当。

問八 傍線部⑦前で，「いまは」デビューできる脈がある出版社はないと話していることから，この先漫画家デビューして，寿々ちゃんと付き合う可能性もあるという気持ちが読み取れるので2が適当。「いまは」脈がある出版社もなく，デビューできなければ寿々ちゃんとも付き合えないが，先のことはわからないのであきらめたくない，という気持ちを説明していない他の選択肢は不適当。

やや難 問九 傍線部⑧前で，いまはまだデビューできそうにないが，寿々ちゃんが愉しそうに語ってくれた漫画の題材を描いてみようと「ぼく」が前向きになっていることが描かれている。また，寿々ちゃんに対する好意を「ぼく」が伝えている場面でも「寿々ちゃんの顔が，ゆっくりと微笑みに変わっていく」と描かれていることから，2が適当。「ぼく」が描く漫画にしたらいいのにと思っている題材のことを寿々ちゃんは話しているが，1の「自分も漫画家として成功する可能性が出てきたこと」は描かれていないので不適当。寿々ちゃんは「エメラルドグリーンの海の方を眺めながら」話をしているが，海に対して「嬉しく思っている」ことは読み取れないので，3，4も不適当。

重要 問十 「ぼく」は寿々ちゃんに好意を伝えているので，1は不適当。「『え，きらきら……眼鏡？』」「『あの，ぼくと――，あ，ええと』」「『え……，それは』」など「……」や「――」を多用することで「ぼく」のとまどいや緊張感が描かれているので，2は適当。「ぼく」が正直すぎる反応をするので寿々ちゃんは笑っているが，3の「ユーモアのある会話」は描かれていないので不適当。

「ぼく」と寿々ちゃんの会話によって物語が進んでいるので，「情景描写や比喩表現を多用して……幻想的な雰囲気」とある4も不適当。

四 (古文―大意・要旨，内容吟味，文脈把握，漢字の読み取り，仮名遣い，口語訳，表現技法，文学史)

〈口語訳〉 大和の国に，男と女がいた。長年互いにこの上なく思って暮らしていたが，一体どうしたことだろうか，(男は)別に女をつくった。時間があまり経たないうちに，(その今の妻を)この家に連れて来て，壁の向こうに住まわせ，(元の妻である)私のほうへはまったく寄りつかない。(元の妻は)非常につらいことだと思ったが，うらみがましいことは決して言わなかった。秋の夜の長いときに，目を覚まして聞くと，鹿が鳴いていた。ものも言わずに聞き入っていた。壁を隔てている夫が，「(あの鳴き声を)お聞きですか，西隣さん」と言ったところ，「何を」と返事をしたので，「この鹿が鳴いているのを，お聞きですか」と言ったところ，「そのように聞いています」と返事した。夫が，「それで，あれをどのようにお聞きですか」と言ったところ，元の妻がすっと返答した。

私も鹿と同じように鳴いてあなたから恋い慕われたものです，今ではよそにあなたの声を聞くだけです

と詠んだので，(夫は)この上なく心をうたれて，今の妻を追い出して，もとのように(元の妻と)ずっと暮らした。

基本 問一 歴史的仮名遣いの「ゐ・ゑ」は現代仮名遣いでは「い・え」になるので，(1)は1，(2)は3が適当。

問二 他の旧国名は，1は武蔵(むさし)，2は摂津(せっつ)など，3は駿河(するが)など，5は筑前(ちくぜん)など。

問三 傍線部②の「いかが」は疑問を表す副詞，「し」はサ変動詞「す」の連用形，「けむ」は推量の助動詞で，「どうしたことだろうか，どうしたのだろうか」という意味。

問四 カ変動詞「来(く)」の活用は，「こ(未然形)／き(連用形)／く(終止形)／くる(連体形)／くれ(已然形)／こ，こよ(命令形)」となる。Aは「て」が下に付いているので，連用形の「き」と読む。Bは「ず」が下に付いているので，未然形の「こ」と読む。

重要 問五 傍線部③は「女をえてけり」の「女」すなわち新しい妻を「この家に率て来て」＝この家に連れて来て，③＝壁の向こうに住まわせ，という意味で，さらに後で「わが方にはさらに寄り来ず」＝(元の妻である)私のほうへはまったく寄りつかない，と続いているので2が適当。

重要 問六 傍線部④の「さらに」は，後に打消しの「ず」を伴っているので「決して～ない，まったく～ない」という意味になる。「いひもねたまず」は「何か言ったり，うらむようなことは言わなかった」ということなので，4が適当。

問七 空欄C直後に「夜の長きに」とあることから，3が適当。「夜の長きに」は「夜が長い」という意味で，「秋」が深まるにつれて夜が長く感じられることを表す。秋の夜のことを「長き夜」ともいう。

やや難 問八 傍線部⑤の和歌は，「しか」は「然(しか)」と「鹿」の掛詞(＝2)，係助詞「こそ」があるので係り結びの法則により結びは已然形の「聞け」になっている(＝3)。また，「私も鹿と同じように鳴いてあなたから恋い慕われたものです，今ではよそにあなたの声を聞くだけです」という意味で，男に愛されなくなった昔からの妻が，その悲しみを鹿の声に託して詠んでいるので，4は正しいが，「男が元の妻に……指示して作らせた」とある1はあやまり。

やや難 問九 傍線部⑥は，鹿の鳴き声を聞いた元の妻が男の問いかけにすぐに和歌を詠み，その和歌が鹿の鳴き声に自分の思いを重ねた素晴らしいものだったことに対するものなので，3が適当。元の妻と詠んだ和歌に対して「めでて」＝心を打つ，心がひきつけられる，ことを説明していない1，

2は不適当。今の妻を追い出したのは男なので，「元の妻が，今の妻を追い出そうとして」とある4も不適当。

問十　他の作品の成立は，1は奈良時代，3は鎌倉時代，4は室町時代，5は江戸時代。

★ワンポイントアドバイス★

小説では，表現の特徴にも着目しながら，物語の世界を読み進めていこう。

2020年度

★★★★★★★★★★★★★★★★★★★★★★★

入　試　問　題

2020年度

横浜清風高等学校入試問題

【数　学】（50分）〈満点：100点〉

第１問

問１　次の計算として正しいものを解答群の中から選び，１つだけマークしなさい。

(1)　$-2-(-4)=$ ［ア］

［ア］に当てはまる解答群

①　-6　②　-8　③　-2　④　2

⑤　6　⑥　8　⑦　いずれでもない

(2)　$\frac{1}{7}+1=$ ［イ］

［イ］に当てはまる解答群

①　$\frac{2}{7}$　②　$\frac{8}{7}$　③　$\frac{1}{8}$　④　$\frac{1}{4}$

⑤　7　⑥　1　⑦　いずれでもない

(3)　$\sqrt{12}-\sqrt{27}+\sqrt{48}=$ ［ウ］

［ウ］に当てはまる解答群

①　$\sqrt{33}$　②　$3\sqrt{2}$　③　$4\sqrt{2}$　④　$5\sqrt{2}$

⑤　$3\sqrt{3}$　⑥　$2\sqrt{3}$　⑦　いずれでもない

(4)　$\frac{18}{\sqrt{2}}-\sqrt{98}=$ ［エ］

［エ］に当てはまる解答群

①　$\sqrt{2}$　②　$2\sqrt{2}$　③　$3\sqrt{2}$　④　$4\sqrt{2}$

⑤　$-\sqrt{2}$　⑥　$-2\sqrt{2}$　⑦　いずれでもない

(5)　$(-3)^2\div 3^2\times(-3)^3=$ ［オ］

［オ］に当てはまる解答群

①　0　②　1　③　9　④　-9

⑤　27　⑥　-27　⑦　いずれでもない

(6)　$\frac{x+3}{2}-\frac{2x-1}{3}=$ ［カ］

［カ］に当てはまる解答群

①　$-x+2$　②　$-x+4$　③　$\frac{-x+7}{6}$　④　$\frac{-x+11}{6}$

⑤　$\frac{-x+2}{6}$　⑥　$\frac{-x+4}{6}$　⑦　いずれでもない

(7) $(x+9)^2-(x-3)(x-7)=$ キ

キ に当てはまる解答群

① $8x+60$　② $8x+102$　③ $28x+60$　④ $28x+102$

⑤ $2x^2+8x+102$　⑥ $2x^2+28x+102$　⑦ いずれでもない

問２ 次の設問の答えとして正しいものを解答群の中から選び，１つだけマークしなさい。

(1) $3 \leqq \sqrt{n} < 5$ を満たす自然数 n は ク 個ある。

ク に当てはまる解答群

① 14　② 15　③ 16　④ 17

⑤ 18　⑥ いずれでもない

(2) 正六角形の外角の和は ケ である。

ケ に当てはまる解答群

① 360°　② 540°　③ 720°　④ 900°

⑤ 1080°　⑥ いずれでもない

(3) a を整数とする。２次方程式 $x^2+ax-36=0$ の２つの解がともに整数になるような a は コ 個ある。

コ に当てはまる解答群

① 5　② 7　③ 9　④ 11

⑤ 13　⑥ いずれでもない

(4) 2020の正の約数は サ 個ある。

サ に当てはまる解答群

① 10　② 11　③ 12　④ 13

⑤ 14　⑥ いずれでもない

(5) 大小２個のさいころを同時に投げて，出た目の積が偶数になる確率は シ である。ただし，２個のさいころにおいて，どの目が出ることも同様に確からしいものとする。

シ に当てはまる解答群

① $\frac{2}{7}$　② $\frac{2}{3}$　③ $\frac{3}{4}$　④ $\frac{1}{4}$

⑤ $\frac{1}{3}$　⑥ いずれでもない

(6) $x=\frac{1+\sqrt{5}}{2}$ のとき，x^2-x-1 の値は ス である。

ス に当てはまる解答群

① 0　② $-\frac{\sqrt{5}}{2}$　③ $\sqrt{5}$　④ $\frac{3-\sqrt{5}}{2}$

⑤ 1　⑥ いずれでもない

第2問

問1 左辺を因数分解した結果として，右辺の空欄に当てはまる適切な記号や数字をマークしなさい。

(1) $4x^2+16x+16=\boxed{ア}(x+\boxed{イ})^2$

(2) $-2x^2+20x+400=\boxed{ウエ}(x-\boxed{オカ})(x+\boxed{キク})$

問2 次の方程式を解き，空欄に当てはまる適切な記号や数字をマークしなさい。

(1) $x-9=3(x-1)$を解くと，$x=\boxed{ケコ}$である。

(2) $x^2-12x-28=0$を解くと，$x=\boxed{サシ}$，$\boxed{スセ}$である。
（ただし$\boxed{サシ}<\boxed{スセ}$とする。）

(3) $(3x+2)^2=3x(3x+9)$を解くと，$x=\dfrac{\boxed{ソ}}{\boxed{タチ}}$である。

(4) $5x^2-9x+3=0$を解くと，$x=\dfrac{\boxed{ツ}\pm\sqrt{\boxed{テト}}}{\boxed{ナニ}}$である。

(5) $\begin{cases}7x+3y=34\\x+5y=14\end{cases}$を解くと，$x=\boxed{ヌ}$，$y=\boxed{ネ}$である。

第3問

問1 次の各問について，空欄に当てはまる適切な記号や数字をマークしなさい。

(1) nは自然数とする。nと24の最大公約数が12，最小公倍数が120であるとき，$n=\boxed{アイ}$である。

(2) $\sqrt{3n+1}$と$\sqrt{3(3n+1)+1}$をともに整数とするような自然数nのうち，最小のものは，$n=\boxed{ウ}$である。

問2

右下の図に示した立体O－ABCは，OB＝AB＝BC＝5，∠OBA＝∠OBC＝∠ABC＝90°の三角錐（すい）である。また，3点P，Q，Rはそれぞれ辺OA，OB，OC上にあり，平面PQRは平面ABCと平行である。

次の各問について，空欄に当てはまる適切な記号や数字をマークしなさい。

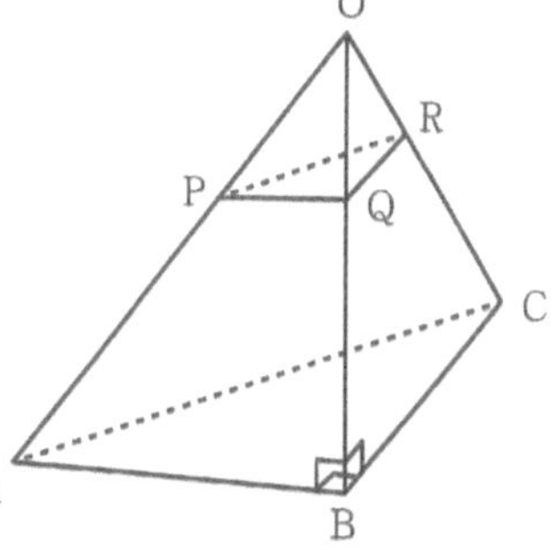

(1) 三角錐O－ABCの表面積は，
$\dfrac{\boxed{エオ}+\boxed{カキ}\sqrt{\boxed{ク}}}{\boxed{ケ}}$である。

(2) △PQRの面積が2であるとき，OQ：QB＝$\boxed{コ}:\boxed{サ}$である。

(3) 三角錐O－ABCを，3点B，P，Rを通る平面で切断するとき，その切断面が正三角形となるのは線分OPの長さが

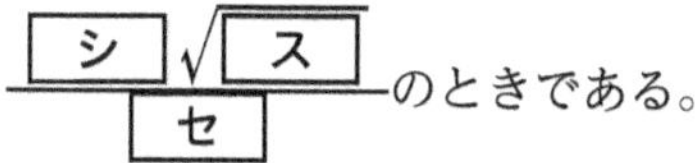
$\dfrac{\boxed{シ}\sqrt{\boxed{ス}}}{\boxed{セ}}$のときである。

第4問

問1

中心がOである円Cの円周上に点Tをとり，点Tにおける円Cの接続をℓとする。直線ℓ上に$\angle \mathrm{TPO}=30^\circ$となるように点Pをとり，直線POと円$C$の交点を，点Pに近い方からそれぞれA，Bとする。

このとき，次の各問について，空欄に当てはまる適切な記号や数字をマークしなさい。

(1) $\angle \mathrm{PBT}=$ アイ °である。

(2) 円Cの面積と△PTBの面積の比は，π ： $\dfrac{\boxed{ウ}\sqrt{\boxed{エ}}}{\boxed{オ}}$である。

問2

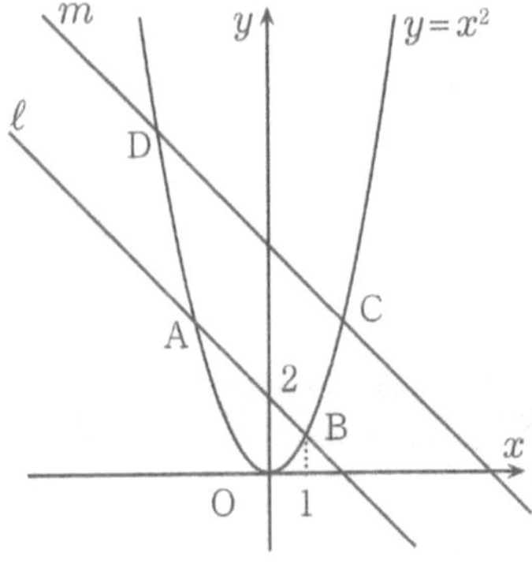

右の図のように，放物線$y=x^2$と直線ℓとの交点をA，Bとし，直線mとの交点をC，Dとする。点Bのx座標が1であり，直線ℓの切片は2である。また，直線ℓと直線mは平行であり，点Aと点Cはy軸に関して対称である。

このとき，次の各問について，空欄に当てはまる適切な記号や数字をマークしなさい。

(1) 直線ℓの方程式は，$y=$ カ $x+$ キ である。

(2) 点Dの座標は(クケ ， コ)である。

(3) 四角形ABCDの面積は サシ である。

【英　語】（50分）〈満点：100点〉
【注意】 リスニング問題は試験開始10分後に放送されます。

リスニング問題

1 （解答番号 1 ～ 5 ）

A. 次のNo.1からNo.5の対話文を聞き，最後の発言に対する相手の応答として最も適当なものを①～④の中からそれぞれ1つずつ選び，その番号をマークしてください。放送は2回繰り返されます。放送中にメモをとってもかまいません。

1 ① Did you enjoy it?
② Oh, what are you going to see?
③ OK. I will see you there.
④ Thank you but I can't go with you.

2 ① I'll show you a nice pet shop.
② That's too bad.
③ I have a pet, too.
④ I know you don't like pets.

3 ① Oh, I didn't know her hometown was France.
② Oh, I didn't know she bought them in France.
③ Oh, I didn't know her parents were here today.
④ Oh, I didn't know her parents baked them.

4 ① Will you go anywhere?
② Will you help me?
③ I'll help you.
④ I'll go to the party.

5 ① Well, I don't like to go to the hospital.
② Well, I like to go to the hospital.
③ Well, this medicine isn't good.
④ Well, this medicine is good.

（解答番号 6 ～ 10 ）

B. はじめに英文が放送されます。その内容について，No.6からNo.10のそれぞれの問いに対する答えとして最も適当なものを①～④の中から1つずつ選び，その番号をマークしてください。放送は2回繰り返されます。放送中にメモをとってもかまいません。

6 ① His hobbies
② His friends
③ His family
④ His school days

7 ① His friends
② His grandmother

③ His sister
④ His mother

8 ① Vase
② Light
③ Sugar
④ Water

9 ① Because the flowers died.
② Because the flowers remained beautiful.
③ Because his grandmother got sick.
④ Because his grandmother didn't want to talk to her.

10 ① He wants to live a long life.
② He wants to talk with his grandmother more.
③ He wants to grow more flowers.
④ He wants to change water every day.

※リスニングテストの放送台本は非公表です。

筆記問題

2 （解答番号 11 ～ 15 ）

次の会話の（　　　）に入る最も適当なものを下の①～④の中から1つずつ選び，その番号をマークしてください。

11 A：Can I speak to Mrs.Smith?
B：（　　　　） Hold on, please.
① She is out now.
② She has a fever.
③ She is on another line now.
④ She is fine.

12 A：What a lovely day, isn't it? Shall we go for a walk?
B：（　　　　） I'll get my hat.
① Don't say that again.
② I don't like walking.
③ I'm afraid so.
④ That sounds nice.

13 A：I went to Hawaii last year.
B：Who did you go there with?
A：I went alone. （　　　　）
B：Never. I hope to go there some day.
① Is this your first visit there?
② Have you ever been to Hawaii?

③ Would you like to go there?

④ Would you like to have Hawaiian food?

14 A：Excuse me. I'd like to exchange these shoes.

B：(　　　)

A：Well, they are too small for me.

B：OK. I'll find bigger ones for you.

① What does it matter?

② What's wrong with them?

③ It doesn't matter.

④ How do you like it?

15 A：What do you usually do after school?

B：I play soccer with my classmates.

A：You do? (　　　)

B：Five or six times a week.

A：Wow!

① How often do you play ?

② How long do you play?

③ When do you play soccer?.

④ What is your position?

3 (解答番号 16 ～ 25)

次の英文中の(　　　)に入る最も適当なものを①～④の中から1つずつ選び，その番号をマークしてください。

16 I don't know the man (　　　) I met yesterday.

① whom　② where　③ whose　④ which

17 (　　　) early is good for your health.

① Gotten up　② Get up　③ Gets up　④ Getting up

18 Yumi (　　　) me since I was a child.

① knew　② has known　③ knows　④ have known

19 The boy is only three years old. He is (　　　) to go to school.

① too young　② too old　③ not young　④ not tall

20 How (　　　) going shopping?

① on　② for　③ in　④ about

21 My mother always gets up (　　　) 6 o'clock.

① in　② at　③ from　④ on

22 She can speak English (　　　) than me.

① well　② best　③ better　④ more

23 (　　　) we don't hurry, we'll miss the train.

① Because　② If　③ Since　④ That

24 Ken left Tokyo (　　　) Osaka yesterday.
① to　　② in　　③ for　　④ from

25 It is important (　　　) friends.
① made　　② to making　　③ to make　　④ to made

4 (解答番号 26 ～ 30)
次の英文に合う最も適当な日本語訳を①～④の中から1つずつ選び，その番号をマークしてください。

26 Which of you will go shopping with her?
① 彼女と買い物に行くのはあなたたちですか。
② どちらの店に彼女と行くのですか。
③ 君たちのどちらが彼女と買い物に行くのですか。
④ あなたたちはどちらも彼女と買い物に行きますか。

27 The boy was kind enough to take me to the station.
① その少年は親切で，私を駅まで連れて行ってくれることがあります。
② その少年は親切だが，私は一人で駅まで十分に行くことができました。
③ その少年は親切で，駅まで私を送ってくれると申し出ました。
④ その少年は親切にも，私を駅まで連れて行ってくれました。

28 My father has gone to Osaka on business.
① 私の父は仕事で大阪に行ったことがあります。
② 私の父は仕事で大阪に行ってしまいました。
③ 私の父は仕事で大阪へ行ってきたところです。
④ 私の父は仕事で大阪へ行きます。

29 I haven't heard from her since she got married.
① 彼女が結婚して以来，被女からの音信がずっとありません。
② 彼女が結婚したという噂は聞こえてきません。
③ 結婚して以来，彼女の歌う声を聞いていません。
④ 私か結婚してから彼女と話す機会がなくなってしまいました。

30 No one knows where he lives or what he does.
① 彼は住んでいるところで何をしているかは知られていません。
② 彼の住んでいるところや仕事を知らない人はいません。
③ 彼の住んでいるところや仕事は誰も知りません。
④ 彼の住んでいるところやどのような人物かは誰も知りません。

5 (解答番号 31 ～ 35)
以下が英文として成立するように(　　)内の語句を並べかえ，(　　)内において2番目と4番目にあてはまるものの番号の組み合わせとして最も適当なものを①～④の中から1つずつ選び，その番号をマークしてください。ただし，文頭の語も小文字で示されています。

(例)『1と2』　2番目…1　　4番目…2

31 (1. was 2. this purse 3. by 4. he 5. given) his girlfriend on his birthday.
① 1と2 ② 1と3 ③ 5と2 ④ 1と4

32 (1. tell 2. you 3. would 4. how 5. me) to get to the building?
① 1と2 ② 2と5 ③ 4と1 ④ 3と2

33 (1. who 2. standing 3. the man 4. is 5. by) the tree is my uncle.
① 4と2 ② 3と1 ③ 1と2 ④ 2と1

34 Do you (1. the boys 2. soccer 3. in 4. know 5. playing) the park?
① 1と2 ② 5と1 ③ 1と5 ④ 5と3

35 Thank you (1. the party 2. to 3. me 4. inviting 5. for).
① 5と3 ② 4と2 ③ 4と1 ④ 1と5

6 （解答番号 36 ～ 42 ）

次の英文を読んで，以下の問題に答えてください。

Yumi : Hi, Lisa. Welcome to our school. I'll be your *buddy. My name is Yumi.

Lisa : Oh, hello, Yumi. My name is Lisa Smith. Thank you for being my buddy. Will I be in your class?

Yumi : Actually, no. I'm a third-year student, so our lessons are really quite *hectic. So, you are going to be in my friend's class.

Lisa : Why are they so busy?

Yumi : We are preparing for our university entrance examinations.

Lisa : That sounds *tough. But is it OK for you (1)<u>to help</u> me?

Yumi : Of course, it's OK. I have been looking forward to it. I really enjoy speaking English. I'm interested in other countries and I am also looking forward to teaching you Japanese.

Lisa : Thank you.

Yumi : In fact, my dream is to be a teacher.

Lisa : Here in Japan?

Yumi : *To tell the truth, I'd really like to teach in another country.

Lisa : Wow, that sounds great! Where would you like to teach?

Yumi : I'm not sure yet, but I am planning to go to a university in the US. How about you?

Lisa : I haven't decided what I'd like to do in the future yet.

Yumi : That's OK. You still have plenty of time. What would you like to do at this school?

Lisa : Of course I want to make many friends. Also, I hear that there are a lot of club activities at this school. Is that true?

Yumi : It is. Do you play any sports?

Lisa : I played soccer back home. But I think I'd like to try something (2)<u>else</u>.

Yumi : I'm a member of the dance team. (3)<u>Why don't you come to watch our practice after school today?</u>

Lisa : Dance team? That sounds great.

Yumi : Great! Anyway, I'll take you to your classroom now. Let's go!

＊buddy「相棒」　＊hectic「大忙しの」　＊tough「きつい，つらい」　＊to tell the truth「実は」

36 ～ 39 のそれぞれの英語の質問に対する答えとして最も適当なものを①～④の中から1つ選び，その番号をマークしてください。

36 What class will Lisa be in?

① She will be in Yumi's class.

② She will not be in class.

③ She will be in the same class as Yumi's friend.

④ She will be in the same class as Lisa's friend.

37 What does Yumi <u>not</u> say in the conversation?

① She has been looking forward to helping Lisa.

② She really enjoys speaking English.

③ She is interested in foreign countries.

④ She is looking forward to being taught Japanese by Lisa.

38 What does Lisa want to do in the future?

① She wants to become a teacher in her home country.

② She wants to go to the university in the U.S.

③ She has a lot of dreams and plenty of time.

④ She hasn't decided what she wants to do.

39 What will Lisa do after this conversation?

① She will decide what she wants to do in the future.

② She will play soccer in the playground.

③ She will go into her classroom.

④ She will take part in the dance team.

40～ 42 はそれぞれの指示に従って，設問に答えてください。

40 次の英文の下線部が本文中の下線部(1)と同じ用法で使われているものを①～④の中から1つ選び，その番号をマークしてください。

① He studied Spanish <u>to work</u> in the famous company.

② She told me the way <u>to go</u> to the station.

③ I found it difficult <u>to get</u> up early.

④ My mother wants something cold <u>to drink</u>.

41 下線部(2)で使われている意味と同じような意味を持つものとして最も適当なものを①～④の中から1つ選び，その番号をマークしてください。

① yet

② different

③ plenty

④ anyway

42 下線部(3)と同じ内容を表す英文として最も適当なものを①～④の中から1つ選び，その番号をマークしてください。

① How about coming to watch our practice after school today?

② Why do you have to come to watch our practice after school today?
③ Shall we watch the practice and dance together after school today?
④ Do you know when we practice dancing after school today?

7 (解答番号 43 ～ 50)

次の英文を読んで，以下の問題に答えてください。

Sometimes our dreams can take us to the places that we never expect. When I was a young boy, I lived in a small village in the mountains. While my brothers and sisters enjoyed playing outside and playing sports, I was more interested in watching nature. One day, my mother gave me a set of paints and a paintbrush. She said, "*Instead of looking at the mountains, why don't you try to paint them?" And so I began painting.

The pictures that I painted at first were not very good. I tried to paint the mountains and the trees around my village, but *no matter how hard I tried, I could not paint them the way that I wanted to. My brothers and sisters saw my pictures and laughed at me. I became sad and decided to give up. I threw the pictures in the trash and put the paints away.

The next morning, when I woke up, (1)<u>the pictures and the paints were on my table</u>. My mother told me that she liked my paintings and that I should keep on trying.

After (2)<u>that</u>, I *realized that if I wanted to become a better artist, I would have to try hard. I stopped worrying about making mistakes and tried my hardest to paint the best pictures that I could. Soon, I could paint *not only mountains and trees but also towns and buildings. I decided to paint more and more different places, so I said goodbye to my family, left my home, and traveled to a larger city.

Life in the city was *tough, but I kept on working hard, painting pictures, and learning new and exciting things. I made a lot of new friends in my new *surroundings. They taught me about classical art, modern art, and culture. While city life was tough, I believe that (3)<u>it</u> made me into the man I am today.

Eventually, I found a different job, which was not connected to art. However, *through this job, I could change the lives of many people. It was art that brought me to this job, and, no matter how busy I became, I never lost my love of painting or my love for the beauty of nature.

＊instead of ～「～する代わりに」　＊no matter how ～「どんなに～でも」　＊realize ～「～に気づく」
＊not only ～ but also…「～だけでなく…も」　＊tough「きつい，つらい」　＊surrounding「環境」
＊through「～を通して」

43 筆者が絵を描くきっかけは何か。①～④の中から1つ選び，その番号をマークしてください。

① 自分以外の兄弟はスポーツが得意だから
② 山の中の小さな村に住んでいたから
③ お母さんが画材を与えてくれたから
④ 小学校で絵を学んだから

44 筆者が最初に書いた絵を①～④の中から1つ選び，その番号をマークしてください。

① 大きな町の山と湖

② 小さな町の山と丸太
③ 小さな村の山と木々
④ 大きな村の山と丸太

45 筆者が絵を描くことに対する兄弟の反応を①～④の中から1つ選び，その番号をマークしてください。
① あざ笑った
② 同意した
③ 混乱した
④ 不安だった

46 下線部(1)『the pictures and the paints were on my table.』とあるが，このことと最も関連性が高いと思われる人物を①～④の中から1つ選び，その番号をマークしてください。
① 兄弟
② 自分
③ 叔父
④ 母

47 下線部(2)の『that』が指すものを①～④の中から1つ選び，その番号をマークしてください。
① 初めて絵を描いたこと
② 絵が上手くかけたこと
③ 兄弟に馬鹿にされたこと
④ 母親に励まされたこと

48 筆者はなぜ村を出たのか。その理由を①～④の中から1つ選び，その番号をマークしてください。
① 兄弟に嫌気がさしたから
② 母親が新しい仕事を始めたから
③ 多くの場所を描くことにしたから
④ 友人が勧めたから

49 下線部(3)の『it』が指すものを①～④の中から1つ選び，その番号をマークしてください。
① friend
② city life
③ culture
④ classical art

50 筆者について正しいものを①～④の中から1つ選び，その番号をマークしてください。
① 初めから絵を上手く描けた
② 母親に自然の中で遊ぶことをすすめられた
③ 兄弟から芸術を学んだ
④ 友達に芸術や文化を教えてもらった

しまったから。

問六、本文の内容と合致しているものを、次の選択肢の中から**二つ**選びなさい（解答番号は50・51）

1、唐にいた僧は、他に仕事があるにも関わらず、どうしても欲しいものがあり、それを手に入れるために天竺に渡った。

2、僧は穴に入り、そこから続く道をずっと歩いて行くと、そこは一度来たことのあるような場所で、僧は嬉しく思った。

3、僧は自分の前を通り過ぎていく人に対して助けを求めたが、聞いてくれる人も助けてくれる人もいなかった。

4、僧は自分の存在が周りの人に見えているのだろうかと不思議に思い、その悩みで数日間苦しんだが、死なずに済んだ。

5、この話は唐代の中国の僧侶である玄奘三蔵が、天竺に渡られたときの日記に記したものである。

問七、この文章の作品『宇治拾遺物語』は鎌倉時代の作品です。同じ鎌倉時代の作品として適切なものを、次の選択肢の中から一つ選びなさい。（解答番号は52）

1、枕草子　　2、蜻蛉日記　　3、万葉集　　4、平家物語

A「見行き」(解答番号は43)

1、僧　2、穴　3、牛　4、花

B「行く」(解答番号は44)

1、僧　2、穴　3、牛　4、花

問二、 傍線部C「僧も入りけり」とありますが、僧が入った理由として最も適切なものを、次の選択肢の中から一つ選びなさい。(解答番号は45)

1、山にいた牛が穴に入っていくのを見ていると、知らない山に来てしまったことの不安が解消すると思ったから。

2、山にいた牛が穴に入っていくのを見て、「自分も入らなければならない」という使命感にかられたから。

3、山にいた牛が穴に入っていくのを見ていると、突然その牛に連れてこられてしまったから。

4、山にいた牛が穴に入っていくのを見て、僧も「入ってみたい」と興味をそそられたから。

問三、 傍線部D「見も知らぬ花の色のいみじきが」、傍線部F「めでたかりけるままに、多く食ひたりければ」の現代語訳として最も適切なものを、後の選択肢の中からそれぞれ一つずつ選びなさい。

D「見も知らぬ花の色のいみじきが」(解答番号は46)

1、見ても分からない花がみすぼらしい姿で

2、見たことはあるが、名前が分からない美しい形の花が

3、見たことがなく、全く知らないすばらしい色合いの花が

4、見るまで知らなかった花の色が変わっていくので

F「めでたかりけるままに、多く食ひたりければ」(解答番号は47)

1、おめでたいことを言って、たくさん食べたので

2、喜びにまかせて、いっぱい食べたので

3、とても気に入って、まだまだ食べ足りないのに

4、とれるだけとって、腹いっぱい食べることにより

問四、 傍線部E「かくあらんと覚えて」の説明として最も適切なものを、次の選択肢の中から一つ選びなさい。(解答番号は48)

1、僧は天の甘露も、この花のように食べられるものなのかと思った。

2、僧は天の甘露も、この花のようにおいしいものなのかと思った。

3、僧は天の甘露も、この世界のように壮大なものなのかと思った。

4、僧は天の甘露も、この世界のように美しいものなのかと思った。

問五、 傍線部G「堪へ難き事限なし」の理由として最も適切なものを、次の選択肢の中から一つ選びなさい。(解答番号は49)

1、初めは何の変哲もない穴だったのに、その穴の大きさが異様なまでに広がったため、逆に窮屈に覚えて、穴の外に出られなくなってしまったから。

2、訪れたときは特に何も考えていなかったが、急に現実の世界が狭く感じてしまい、穴から出て行くことが恐ろしくなってしまったから。

3、食べ過ぎで太ってしまい、その姿を周囲に見せることを情けなく、恥ずかしく思い、穴から出られなくなってしまったから。

4、来たときは簡単に通れた穴なのに、自分の身体が大きくなってしまったために、穴の入り口から先に出ることができなくなって

（解答番号は40）

1、擬人法　　2、直喩　　3、隠喩

4、倒置　　5、体言止め

問九、傍線部7「嘘」とありますが、どのような「嘘」ですか。最も適切なものを次の選択肢の中から一つ選びなさい。

（解答番号は41）

1、打点王氏が、草壁には野球の素質があると言うこと。

2、安斎が、久留米と言い争いをしているフリをすること。

3、僕が、安斎を利用して久留米と対決をすること。

4、草壁が、自身は運動が苦手であると装うこと。

5、佐久間が、草壁をその気にさせるセリフを言うこと。

問十、傍線部8「『僕は、そうは、思いません』と言い切った」から読み取れる草壁の心情として最も適切なものを、次の選択肢の中から一つ選びなさい。（解答番号は42）

1、打点王氏から褒められて嬉しく感じる一方で、自分はまだまだ上手でないと冷静に構えている。

2、打点王氏からの言葉をお世辞とからかわれて、久留米に対して強い拒絶を抱いている。

3、打点王氏から認められて自信を取り戻し、本気でプロを目指そうと決心している。

4、久留米から現実に引き戻されることを言われて、やはりプロは無理なんだと自分に言い聞かせている。

5、久留米から散々バカにされて、もはや久留米を自分の担任であるとは思えなくなっている。

四、次の文章を読んで、後の問いに答えよ。（解答番号は43～52）

今は昔、唐[注1]にありける僧の、天竺[注2]に渡りて、他事にあらず、ただ物のゆかしければ、物見にしありきければ、所々見行きけり。ある片山に、大なる穴あり。牛のありけるがこの穴に入りけるを見て、ゆかしく覚えければ、牛の行くにつきて、僧も入りけり。遥に行きて、明き所へ出でぬ。見まはせば、あらぬ世界と覚えて、見も知らぬ花の色のいみじきが、咲き乱れたり。牛この花を食ひけり。試みにこの花を一房取りて食ひたりければ、うまき事、天の甘露もかくあらんと覚えて、めでたかりけるままに、多く食ひたりければ、ただ肥えに肥え太りけり。

心得ず恐ろしく思ひて、ありつる穴の方へ帰り行くに、初めはやすく通りつる穴、身の太くなりて、狭く覚えて、やうやうとして、穴の口までは出でたれども、え出でずして、堪へ難き事限なし。前を通る人に「これ助けよ」と呼ばはりけれども、耳に聞き入るる人もなし。助くる人もなかりけり。人の目にも何と見えけるやらん、不思議なり。日比[注3]重りて死にぬ。後は石になりて、穴の口に頭をさし出したるやうにてなんありける。玄奘三蔵[注4]天竺に渡り給ひたりける日記に、この由記されたり。

（『宇治拾遺物語』より）

注　1、唐……………中国の古称。
　　2、天竺…………インドの古称。
　　3、日比…………数日間。
　　4、玄奘三蔵……唐代の中国の僧侶。

問一、傍線部A「見行き」、傍線部B「行く」の主語として適切なものを、後の選択肢の中からそれぞれ一つずつ選びなさい。

空欄③、（解答番号は32）
空欄④、（解答番号は33）
空欄⑤、（解答番号は34）

選択肢		
1、くしゃっ	2、はっきり	3、ぼそぼそ
4、びくっ	5、ぎろっ	6、こくり

問三、 傍線部1「なぜか面白くない気持ちになった」とあるが、なぜ僕と安斎はこのような気持ちになったと考えられますか。最も適切なものを次の選択肢の中から一つ選びなさい。（解答番号は35）

1、久留米が野球部で鳴らしていた実力を、皆にまざまざと見せつけたから。
2、久留米が、運動は不得意そうに見えたのに、美しくバットを振る姿を見せたから。
3、久留米が、自身の容姿が整っているだけでなく、運動も得意なことがわかったから。
4、久留米が女子生徒に恰好いいと言われて、調子に乗っていたから。
5、久留米が美しいスウィングを披露し、女子生徒の関心を引いたから。

問四、 傍線部2「本来の目的」とは何ですか。最も適切なものを次の選択肢の中から一つ選びなさい。（解答番号は36）

1、草壁に、久留米への好意を持たせること。
2、久留米の、生徒に対する考えを変えること。
3、打点王氏に、草壁の実力を認めさせること。
4、安斎の、久留米に対する言葉づかいを改めさせること。
5、クラスメートに、草壁の存在を認めさせること。

問五、 傍線部3「安斎が舌打ちするのが聞こえた」とありますが、ここから読み取れる安斎の心情は何ですか。最も適切なものを次の選択肢の中から一つ選びなさい。（解答番号は37）

1、安堵　2、痛快　3、立腹
4、萎縮　5、落胆

問六、 傍線部4「先入観」とありますが、誰のどのような先入観ですか。最も適切なものを次の選択肢の中から一つ選びなさい。（解答番号は38）

1、クラスメートの、草壁は何をやっても駄目だという先入観。
2、その場にいる全ての人々の、草壁は運動が苦手だという先入観。
3、安斎の、久留米は良い教師ではないという先入観。
4、久留米の、草壁は能力が低いという先入観。
5、打点王氏の、久留米と安斎は仲が悪いという先入観。

問七、 傍線部5「いちやく」を漢字で表記するとどうなりますか。最も適切なものを次の選択肢の中から一つ選びなさい。（解答番号は39）

1、一訳　2、一約　3、一役
4、一躍　5、一薬

問八、 傍線部6「透明の風船でも破裂させるような」に使われている修辞法として適切なものを、次の選択肢の中から一つ選びなさい。

もしかすると、見てはいたのかもしれないが、今となっては覚えていない。

「プロの選手になれますか」草壁の顔は朱に染まっていたが、それは恥ずかしさよりも、気持ちの高まりのためだったはずだ。久留米の立つ方向から、鼻で笑う声が聞こえたのもその時だ。何か、草壁をたしなめる台詞を発したかもしれない。

「先生、草壁には野球の素質があるかもしれないよ。もちろん、ないかもしれないし。ただ、決めつけるのはやめてください」

「安斎はどうして、そんなにムキになっているんだ」久留米が冷静に、淡々といなす。

「でも、草壁君、野球ちゃんとやってみたらいいかもよ」佐久間がいつの間にか、僕たちの背後に立っていた。「ほら、プロに太鼓判押されたんだから」

草壁は首を力強く縦に振った。

恐る恐る目を向けると、打点王氏は僕の予想に反して、明るい顔をしていた。

あれは、乗りかかった船、の気持ちだったのだろうか。それとも、先生と安斎とのやり取りから、[7]嘘を突き通すべきだと判断したのか、そうでなければ、草壁の隠れた能力を実際に見抜いたのか、いやもしかすると、豪放磊落（らいらく）の大打者は、あまり深いことは考えていなかったのかもしれない。彼は草壁に向かい、「そうだね。努力すれば、きっといい選手になる」と付け足した。

久留米はそこでも落ち着き払っていた。「何だかそんな風に、持ち上げてもらってありがたいです」と打点王氏に頭を下げた。「草壁、おまえ、本気にするんじゃないぞ」とも言った。「あくまでもお世辞だからな」

念押しする口調が可笑しかったから、いく人かが笑った。場が和んだといえば、和んだが、わざわざそんなことを言わなくとも、と僕は承服できぬ思いを抱いた。

「先生、でも」草壁が言ったのはそこで、だ。「僕は」

「何だ、草壁」

「先生、僕は」草壁はゆっくりと、[8]「僕は、そうは、思いません」と言い切った。

安斎の表情が［⑤］と歪（ゆが）み、笑顔となるのが目に入るが、すぐに見えなくなった。なぜなら、僕も目を閉じるほど顔を歪め、笑っていたからだ。

（伊坂幸太郎『逆ソクラテス』より）

問一、波線部ア・イの対義語として最も適切なものを、後の選択肢の中からそれぞれ一つずつ選びなさい。

ア、形式（解答番号は28）

1、内容　2、性質　3、体裁　4、容体　5、実際

イ、緊張（解答番号は29）

1、弛緩　2、平静　3、日常　4、過敏　5、緩和

問二、空欄①～⑤に入れるべき語として最も適切なものを、次の選択肢の中からそれぞれ一つずつ選びなさい。

空欄①、（解答番号は30）

空欄②、（解答番号は31）

には力がこもり、声も裏返っていた。

「こんなことで緊張して、どうするんだ。緊張も何も」

「先生」あの時の安斎はよく臆せず、喋り続けられたものだ。つくづく感心する。「草壁が何をやっても駄目みたいな言い方はやめてください」

「安斎、何を言ってるんだ」

「子供たち全員に期待してください、とは思わないですけど、駄目だと決めつけられるのはきついです」

安斎は、ここが勝負の場だと覚悟を決めていたのかもしれない。立ち向かうと肚を決めたのが分かり、僕は気が気ではなかった。

打点王氏のほうはといえば、大らかなのか、鈍感なのか、安斎と久留米との間で起きる火花を気に掛けることもなく、草壁のそばに歩み寄ると、「もう一回振ってみようか」と言った。

はい、と草壁は顎を引くと、すっと構えた。先ほどよりは強張りはなく、脚の開き方も良かった。

4先入観を、と僕は念じていた。そのバットで、吹き飛ばしてほしい、と。

もちろん草壁が、プロ顔負けの美しいスウィングを披露し、その場にいる誰もが呆気に取られ、草壁が5いちやく学校の人気者になる、といった劇的な出来事が起こると期待していたわけではなかった。むしろ、そのようなことは起きなかった。草壁の一振りは、先ほどの腰砕けのものに比べればはるかに良くなっていたが、目を瞠るほどではなかった。

安斎を見ると、彼はまた、打点王氏を見上げていた。

腕を組んでいた打点王氏は、草壁を見つめ、「もう一回やってみよう」と言う。

③ とうなずいた草壁がまた、バットを回転させる。弱いながらに、風の音がした。

「君は、野球が好きなの?」打点王氏が訊ねると、草壁はまた首だけで答えかけたが、すぐに、「はい」と言葉を足した。

「よく練習するのかな」

「テレビの試合を見て、部屋の中だけど、時々」と ④ と言った。「ちゃんとは、やったことありません」

「そうか」打点王氏はそこで、少し考える時間を空けた。体を捻り、安斎と僕に一瞥をくれ、久留米とも視線を合わせた。その後で、草壁の肘や肩の位置を修正した。

草壁が素振りをする。

ずいぶん良くなったのは、僕にも分かる。同時に、打点王氏が、「いいぞ!」と大きな、6透明の風船でも破裂させるような、威勢の良い声を出した。まわりの生徒たちからの注目が集まる。

「中学に行ったら、野球部に入ったらいいよ」選手は言い、そして、僕たちが望んでいたあの言葉を口にした。「君には素質があるよ」と。

自分の周囲の景色が急に明るくなった。安斎もそうだったに違いない。白く輝き、肚の中から光が放射される。報われた、という思いだったのか、達成した、という思いだったのか、血液まで指先にまで辿り着く、充足感があった。

草壁は目を丸くし、まばたきを何度もやった。「本当ですか」

その時、久留米がどういう顔をしていたのか、僕は見逃していた。

り指導のふりをするのではなく、一人一人のフォームを見ては、肘や膝を触り、丁寧にアドバイスをした。

僕たちのいるあたりには、一時間もしてからやっと来た。

打点王氏は、僕と安斎に気づくと顔を少しひくつかせた。前日、タクシーに乗り込んできた二人だとわかったのだ。「昨日はどうも」と挨拶する様子で、笑みも浮かべた。「どれ、振ってごらん」と声をかけてくる。

僕は、うん、とうなずき、バットを構えたが、「うん、じゃなくて、はい、だろ」と横から指摘された。見れば久留米が立っていた。スポーツウェア姿も様になり、打点王氏の隣に立つと、コーチのように見える。

「はい」僕は慌てて、言い直す。ろくな素振りはできなかったが、打点王氏は笑うこともなく、「もう少し、顎を引いてごらん」とアドバイスをしてくれた。「体の真ん中に芯があるのを意識して」

はい、と答えてバットを振ると、僕自身は変化が分からぬものの、「うん、そうそう」と褒められる。安斎も、僕と似たような扱いを受けた。

そして、だ。安斎がいよいよ、[2]本来の目的に向かい、一歩踏み出す。

「久留米先生、草壁のフォーム、どうですか」と投げかけたのだ。

久留米は不意に言われたため、小さく驚き、同時に、草壁がどうかしたのか、と醒めた表情も浮かべた。草壁という生徒がいること自体、忘れている気配すらあった。

草壁は、僕たちのいる場所から少し離れたところにいたが、打点王氏が近づいていくと、[イ]緊張のせいなのか、顔を真っ赤にした。

「やってごらん」打点王氏が声をかける。

草壁はうなずいた。

「うなずくだけじゃなくて、返事をきちんとしなさい」久留米はすかさず、注意をした。

草壁は［ ① ］と背筋を伸ばし、「はい」と声を震わせた。

あたふたしながら、バットを一振りする。僕から見ても、不恰好で、バランスが悪かった。腕だけで振っているため、どこか弱々しかった。

「草壁、女子じゃないんだから、何だそのフォームは」久留米の声は大きくはないのだが、低く、あたりによく聞こえる。近くにいた生徒が、「草壁、女子みたいだって」と言い、土田か誰かが、「オカマの草壁」と囃した。[3]安斎が舌打ちするのが聞こえた。久留米が意図的に言ったとは思わぬが、確かに、そういった発言により、他の生徒たちが、「草壁のことを下位に扱っても良し」と決めている節はある。

安斎は縋るような目で、打点王氏を見上げた。「草壁はどうですか?」と、草壁の名前を［ ② ］と発音し、昨日の依頼を想起させるように、言った。

打点王氏は眉を少し下げ、口元を歪めた。このスウィングを褒めるのは至難のわざ、と思ったのかもしれない。

「よし、じゃあ草壁、もう一回、やってみなさい」久留米が言ったが、そこで、安斎が、「先生、黙ってて」と言い放った。

久留米は、自分に反発するような声を投げかけた安斎に、目をやった。自分に向けられた槍の切っ先の形を、じっと確認するかのようではあった。むっとしているかどうかも分からない。

「先生がそういうことを言うと、草壁は緊張しちゃうから」安斎の目いつも花びらを目で追うようになっているから。

2、サクラには豊満な枝振りが累々と重なるイメージがあり描きやすいから。

3、当たり前のように花弁をかけるようになるまで花びらを目で追わずにいられなくなるのが日本人の特性だから。

4、バラの手まりのようなたわわな形を描くのがサクラに比べて難しいから。

問十、傍線部⑩「子どもの脳は混乱して、感性のモデル（仕組み）を作りそこねる。」の原因はどのようなことですか。最も適切なものを次の選択肢の中から一つ選びなさい。（解答番号は26）

1、サクラとCherry blossomsの意味をつなぎあわせられないこと。

2、ことばと見たものを正しく結び合わせることができないこと。

3、仲間達と感動を共有できない状態が続くこと。

4、世界中を旅しすぎてどこに行っても異邦人という感覚を持ってしまうこと。

問十一、本文の内容と合致しているものを、次の選択肢の中から一つ選びなさい。（解答番号は27）

1、脳が何かを強く認識した瞬間、私たちの身体は強い緊張状態になる。

2、古代日本人は自分のことと遠くのこととの区別がついていなかった。

3、人間には相手の発した言葉を自分が発したかのように感じる力がある。

4、日本人の両親に育てられなければサクラを理解することができない。

三、次の文章を読んで、後の問いに答えなさい。（解答番号は28～42）

野球教室の日は晴れた。「日ごろの行いが良かったから」と校長先生は典型的な言い回しを口にし、「どうして大人はよくそう言いたがるのかな」と疑問に感じたが、とにかく、前日とは打って変わり、快晴だった。

午前中の二時間、希望する生徒はバットを持ち、校庭に出て、選手の指示通りに素振りの練習をした。

担任教師たちのいく人かは腕に覚えがあるのか、生徒たちにまじりバットを振った。久留米もその一人で、いつも真面目な顔でチョークを使っているだけであるし、体育の授業でも笛を吹く程度であったから、運動が得意な印象はなかったのだが、学生時代は野球部で鳴らしていたというのも嘘ではなかったらしく、美しい姿勢で素振りを披露した。

「久留米先生、恰好（かっこう）いい」と女子生徒から声が上がり、僕と安斎は顔を見合わせ、1なぜか面白くない気持ちになった。

安斎も、僕と似たり寄ったりの、情けないスウィングをしていたが、途中で、「加賀、校庭でバットを振っているのは何だか変だよな」と言った。

「新しい組み体操みたいだ」

「みんなで振り回して、電気でも起こしている感じにも見える」

打点王氏は真面目な人だったのだろう、ア形式的にふらふらと歩き回ら。

2、マニュアル車のギアシフトのニュートラルのような状態を作らなければならないから。

3、強い認識に対しては、状況に応じて柔軟な対応が出来る状態を作らなければならないから。

4、驚いたときや伸びをしたとき、口と喉を開けて自然発生音を出さなければならないから。

問五、傍線部④「暗黙の了解を求めている。」は具体的にどのようなことを求めているのですか。最も適切なものを次の選択肢の中から一つ選びなさい。（解答番号は21）

1、主題にあたる句の後にア段の助詞を添えること。

2、自分が話す内容について偏見無く受け取ってもらうこと。

3、受け入れる側に気持ちを受け入れる姿勢やうなずきを要求すること。

4、語感によって互いの考えを交換し繊細な意識の場を作ること。

問六、傍線部⑤「古代日本人」の説明として**適切でない**ものを次の選択肢の中から一つ選びなさい。（解答番号は22）

1、古代日本人の心根は自分のことも遠くのことも同じ発音であったことから推測することができる。

2、様々なことを「あ」と呼ぶことからあらゆるものに話しかけようとする古代日本人の優しさを感じることができる。

3、古代日本人が話の初めに「自分の話を聞いて欲しい」という気持ちを添えていたことは大和言葉から推測できる。

4、古代日本人達は今から話すことの主体になるもの全てに同じ語をあてていた。

問七、傍線部⑥「この生来の能力」とはどのようなものですか。最も適切なものを次の選択肢の中から一つ選びなさい。（解答番号は23）

1、人間に生まれつき備わっている、目の前の動作に共鳴する能力。

2、生後三日以内の新生児が、ゆっくりと繰り返し舌の出し入れをする力。

3、場合によっては出生二日の時点でさえ行われることがある新生児の「真似」。

4、新生児が母親の発音体感に共鳴して発音を覚えていく能力。

問八、傍線部⑦「蕩けそうな気持ちになる。」の理由として最も適切なものを次の選択肢の中から一つ選びなさい。（解答番号は24）

1、「ヨル」という語が包み込むような意識と内向する意識の両方を持っているから。

2、低音のセクシーな響きは時と場合によってしか、心の真芯にやってこないから。

3、三歳までに得た言葉は多くの場合「Good night」ではないから。

4、発音体感による癒やしといたわりの気持ちの両方を感じることができるから。

問九、傍線部⑧「『バラの花弁を描いてみて』と言われて描ける日本人は少なくても、『サクラの花弁を描いてみて』と言われれば、たいていの人が描けるだろう。」の理由として最も適切なものを次の選択肢の中から一つ選びなさい。（解答番号は25）

1、サクラという語の語感によって日本人は散り際をもっとも愛し母語を生んだ土地に住んでいるのであれば問題はない。ただし、その場合は、父親や父親の両親が、積極的に育児に参加する必要がある。

サクラを、日本人の両親からCherry blossomsと初期入力されたら、長じて後も、サクラの歌に込められた情感がいま一歩ピンとこない。仲間たちの感動がわからない。「あいつとは、いまいち、心が打ち解けたような気がしない」と言われてしまうことにもなりかねない。

だからといって、豊満に重なる花房(はなぶさ)を見て、このことばを咀嚼(そしゃく)したわけじゃないので、英語圏の人が感じるCherry blossomsの賑やかなゴージャス感もわからない。

こうして、母語でない言葉で育つと、世界中、どこに行っても異邦人のように感じて生きることになってしまうのである。

母語を決して軽んじてはいけない。母語は、自らの意識とつながり、外界のすべてとつながっている。これこそが、母語の本質なのである。

（黒川伊保子『日本語はなぜ美しいのか』より）

問一、（ A ）～（ D ）に入れるのに最も適切なものを、それぞれ次の選択肢の中から選びなさい。

（A）、（解答番号は11）　（B）、（解答番号は12）
（C）、（解答番号は13）　（D）、（解答番号は14）

選択肢		
1、だから	2、また	3、加えて
4、たとえば	5、ところが	6、たしかに

問二、 X ・ Y に入れるのに最も適切なものを、それぞれ次の選択肢の中から一つずつ選びなさい。

X （解答番号は15）

1、躍動　2、高揚　3、没入　4、開放

Y （解答番号は16）

1、サクラ　2、枝　3、バラ　4、風

問三、 傍線①、③、⑨の語の本文中の意味として最も適切なものを、それぞれ後の選択肢の中から一つずつ選びなさい。

① 「語感」（解答番号は17）

1、言葉を生み出す創造的な感覚
2、言葉に対する微妙な感覚
3、母語形成に関わる学術的な感覚
4、母語に働く音楽的な感覚

③ 「わだかまり」（解答番号は18）

1、すっきりしないこと
2、ありのままであること
3、脱力できていること
4、力が入っていること

⑨ 「豊満」（解答番号は19）

1、実り多く豊かなさま
2、みずみずしく健康的なさま
3、豊かに満ちているさま
4、どっしりとして重厚なさま

問四、 傍線部②「どこにも力の入らない状態を作らなければならない」の理由として最も適切なものを次の選択肢の中から一つ選びなさい。（解答番号は20）

1、胃の辺りにぐっと力を入れ守りの体制に入らないといけないかが与えてくれる始まりの開放感と、透明な朝の光が、赤ちゃんの脳にインプットされる。「おはよう」に乗せられた、お母さんの弾むような気持ちも一緒にインプットされる。

「夜よ、おやすみ」と、お母さんが赤ちゃんを寝かしつける。ヨル YoRu は、包み込むような意図を作るオ段の Yo と内向するウ段の Ru でできた、優しい癒しの発音体感を与えてくれる。ヨルという言葉の発音体感による癒しと、穏やかな闇が赤ちゃんの脳にインプットされるのである。また、「おやすみ」に乗せられた、お母さんのいたわりの気持ちも一緒にインプットされる。

こうして、三歳までに子どもたちは、ことばの音と、人の所作や情感と、情景とを結びつけて、脳にことばと意識の関係を作り上げていくのである。

だからこそ、大人になっても私たちは、恋人に「おやすみ」と囁かれたら、⑦蕩けそうな気持ちになる。低音の「Good night」もセクシーでいいけれど、「お・や・す・み」ほど、心の真芯にやってこない。

語感はまた、ものの見方や、ことの捉え方にも影響している。

サクラ SaKura は、息を舌の上にすべらせ、口元に風を作り出す Sa、何かが一点で止まったイメージの Ku、花びらのように舌をひるがえす Ra で構成された語である。つまり、語感的には、風に散る瞬間の花の象を表す名称なのだ。

あの花を「サクラ」と呼ぶ私たち日本人は、散り際を最も愛する。桜の枝に風が吹きぬけ、はらりと花弁がひるがえったとき、私たちは、その花びらを目で追わずにはいられなくなる。⑧「バラの花弁を描いてみて」と言われて描ける日本人は少なくても、「サクラの花弁を描いてみて」と言われれば、たいていの人が描けるだろう。それが、あの花をサクラと呼ぶ私たち日本人の、あの花の見方なのだ。

（ D ）、Cherry blossoms の語感は、華やかで賑やかだ。手まりのような花をたわわにつけた、⑨豊満な枝振りが、累々と重なるイメージである。ここには、[Y] のドラマが入っていない。

もちろん、どちらも桜の情景には違いないが、散り際をイメージさせるサクラは軽やかで潔く、満開の枝振りをイメージさせる Cherry blossoms は豊満で永遠だ。前者は旅立ちのイメージに似合うが、後者にそれはない。

さて、散歩中の日本人の親子が、見ごろの桜に出会ったとしよう。母親は、日本語で育ったので、当然、サクラとしてその花を見る。つまり、はらはらと散る花びらに心を奪われる。感激した母親が、バイリンガルにするために英語で育てている娘に「It's Cherry blossoms. How beautiful!」と話しかけたとしよう。

母親の視線は、散る花びらを追っている。豊満な枝振りの Cherry blossoms を凝視してはいない。娘は、母親の視線を追うので、ことばの象と合っていない花の風景を見ることになる。

母親（主たる保育者）の母語でない言葉を、子どもの母語に採択するのには相当の覚悟が必要、と、私が主張する理由がここにある。

母親の母語でない言葉で子どもを育てると、ときに、ことばの語感と母親の意識がずれる。⑩つまり、ことばの語感と、母親の所作や情景がずれるのである。当然、子どもの脳は混乱して、感性のモデル（仕組み）を作りそこねる。

もちろん、母親の母語でなくても、父親の母語であり、家族がその識は、正反対の動作につながるからだ。したがって、脳が強い認識を感じたとき、身体は、緊張するのではなく、ニュートラルな、②どこにも力の入らない状態を作らなければならないのである。

　このように、口をぽかんと開け、喉までも開放するアの発音体感は、上半身をリラックスさせ、どこにも力の入らない、ニュートラルな状態を作り出す。

　（　B　）、私たちは、突発的な出来事に遭遇すると、「あっ」と声を上げ、一瞬のストップモーションを作るのである。これが、「うっ」だと、胃のあたりにぐっと力が入って、次の動作が遅れる。守りの態勢に入るのには悪くない掛け声だが、認識対象が獲物なら、きっと逃してしまうに違いない。

　同じ理由で、こわばった身体をリラックスさせようとしたとき、私たちは「あー」と伸びをする。特に欠伸（あくび）は、アの発音体感に、大量の酸素補給を加えた、効率の良いリフレッシュ体操だ。

　この、どこにも力の入らない、あっけらかんとしたアの発音体感は、開放的な「始まりの意識」をも感じさせる。何かを始める直前の身体感覚だからだ。また、どこにも力が入らないので、目の前のものをありのままに受け入れる、③わだかまりのなさも感じさせる。私たち日本人は、文章の中で、主題にあたる句の後には、ア段の助詞を添える。たとえば、「私の考えは」とか、「彼の生き方が」のように。そこには、これからこの話をするから、まっさらな気持ちでありのままに受け入れてね、という④暗黙の了解を求めている。受け入れる側も、その瞬間、この気持ちを受け取って、微（かす）かにうなずいたりする。語感によって交換される、繊細な意識の場がここにはあるのだ。

　ちなみに、大和言葉では、自分のことを「あ（吾）」と呼んだ。遠くのものを指し示すときも「あ（あれ、あの）」である。今から話すことの主体になるものすべてに「あ」をつけて、「さあ、聞いて。よろしくね」という気持ちを添えた⑤古代日本人。その心根を、とても身近に感じてしまうのは、私だけだろうか。

　ところで、（　C　）、アと発音するほうは始まりの気持ちになるだろうけど、言われたほうは、口も喉も開けていない。同じように、始まりの気持ちになるのだろうかという疑問を抱かれる読者もいると思う。

　実は、私たち人間には、目の前の動作に共鳴する能力が生まれつき備わっている。このため、相手が発音した言葉でも、まるで自分が発音したかのように感じるのである。

　たとえば、生後三日以内の新生児の目の前で、ゆっくりと繰り返し舌を出し入れしてやると、何人かの新生児が真似（まね）をすることが観察されている。岡本夏木先生が著書『子どもとことば』の中で「新生児の共鳴動作」と呼んだこの行動を、わが家の息子も生後二日目に見せてくれた。

　⑥この生来の能力によって、赤ちゃんは、お母さんの発音体感に共鳴し、発音を覚えていくのである。

　体感を共有しているので、お母さんがアと発音したときに、お母さん自身が感じているあっけらかんとした［X］感や、始まりの意識を、赤ちゃんは、もちろん共に感じている。「朝よ、おはよう」と、お母さんが赤ちゃんを抱き上げる。カーテンのすき間からは、初夏の陽射しが入り込んでいる。このとき、アサAsaということばの発音体感

【国語】（五〇分）〈満点：一〇〇点〉

一、次の漢字の問いに答えなさい。（解答番号は1～10）

問一、次の各文における傍線部の漢字をカタカナにした場合、正しいものはどれですか。適切なものを後の選択肢の中からそれぞれ一つずつ選びなさい。

A、作風を模倣する。（解答番号は1）
1、バクホウ　2、モハン　3、モホウ　4、バクハン

B、法律を遵守する。（解答番号は2）
1、ソンシュ　2、ゼンシュ　3、ジュンシュ　4、トウシュ

C、謀反を企てる。（解答番号は3）
1、ボウハン　2、ムハン　3、ボウホン　4、ムホン

D、過去を顧みる。（解答番号は4）
1、カエリ　2、ココロ　3、カンガ　4、ハカリ

E、危険を伴う仕事。（解答番号は5）
1、ツクロ　2、トモナ　3、オオ　4、タダヨ

問二、次の各文における傍線部のカタカナを漢字に直した場合、正しいものはどれですか。適切なものを後の選択肢の中からそれぞれ一つずつ選びなさい。

A、文明がスイ退する。（解答番号は6）
1、推　2、衰　3、遂　4、炊

B、社会福シを充実させる。（解答番号は7）
1、資　2、施　3、祉　4、試

C、予算をサク減する。（解答番号は8）
1、削　2、策　3、搾　4、錯

D、古い家がホウ壊する。（解答番号は9）
1、崩　2、縫　3、報　4、倣

E、人権をヨウ護する。（解答番号は10）
1、容　2、揚　3、揺　4、擁

二、次の文章を読んで、後の問いに答えなさい。（解答番号は11～27）

さて、①語感研究から見た母語形成の過程をお話ししよう。

母音アイウエオには、それぞれに、意識と直結したイメージがある。アという音は、口と喉（のど）を開けて出す自然発生音である。驚いたときや、伸びをしたとき、私たちは自然にこの音声を発する。

（　A　）、夜の繁華街で、家にいるはずの妻の姿を見かけたら、夫は「あ」と言って立ち止まるに違いない。このとき、身体は、後頭部の上から吊られたように、すっと伸びて、はたと止まったような状態になっているはずである。

脳が何かを強く認識した瞬間、私たちの身体は、背筋がすっと伸び、前後左右どちらにも体を捻（ひね）れるような状態になる。マニュアル車のギアシフトのニュートラルのような状態である。認識した相手が敵なら逃げなきゃならないし、獲物なら追いつかなければならない。強い認

大切なことはメモしておこうネ！

2020年度

解 答 と 解 説

《2020年度の配点は解答欄に掲載してあります。》

<数学解答>

第1問 問1 (1) ア ④ (2) イ ② (3) ウ ⑤ (4) エ ② (5) オ ⑥
(6) カ ④ (7) キ ③ 問2 (1) ク ③ (2) ケ ① (3) コ ③
(4) サ ③ (5) シ ③ (6) ス ①

第2問 問1 (1) ア 4 イ 2 (2) ウ － エ 2 オ 2 カ 0 キ 1
ク 0 問2 (1) ケ － コ 3 (2) サ － シ 2 ス 1 セ 4
(3) ソ 4 タ 1 チ 5 (4) ツ 9 テ 2 ト 1 ナ 1 ニ 0
(5) ヌ 4 ネ 2

第3問 問1 (1) ア 6 イ 0 (2) ウ 5 問2 (1) エ 7 オ 5 カ 2
キ 5 ク 3 ケ 2 (2) コ 2 サ 3 (3) シ 5 ス 2 セ 2

第4問 問1 (1) ア 3 イ 0 (2) ウ 3 エ 3 オ 4 問2 (1) カ －
キ 2 (2) ク － ケ 3 コ 9 (3) サ 1 シ 6

○配点○

第1問～第2問 各3点×20 第3問～第4問 各4点×10 計100点

<数学解説>

第1問 (数・文字式の計算，平方根，角度，2次方程式，約数，確率)

問1 (1) $-2-(-4)=-2+4=2$

(2) $\frac{1}{7}+1=\frac{1}{7}+\frac{7}{7}=\frac{8}{7}$

(3) $\sqrt{12}-\sqrt{27}+\sqrt{48}=2\sqrt{3}-3\sqrt{3}+4\sqrt{3}=3\sqrt{3}$

(4) $\frac{18}{\sqrt{2}}-\sqrt{98}=\frac{18\sqrt{2}}{2}-\sqrt{98}=9\sqrt{2}-7\sqrt{2}=2\sqrt{2}$

(5) $(-3)^2\div3^2\times(-3)^3=-\frac{3^2\times3^3}{3^2}=-3^3=-27$

(6) $\frac{x+3}{2}-\frac{2x-1}{3}=\frac{3(x+3)-2(2x-1)}{6}=\frac{3x+9-4x+2}{6}=\frac{-x+11}{6}$

(7) $(x+9)^2-(x-3)(x-7)=x^2+18x+81-(x^2-10x+21)=28x+60$

問2 (1) $3\leqq\sqrt{n}<5$ いずれも正の数なので，2乗しても大小関係は変わらない。$9\leqq n<25$ $24-8=16$(個)

(2) 多角形の外角の和は360°

(3) 2つの整数p，qが2次方程式の解のとき，$(x-p)(x-q)=0$の形になる。左辺を展開すると$x^2-(p+q)x+pq=0$となる。$x^2+ax-36=0$と比較すると，$pq=-36$，$a=-(p+q)$ これを満たすp，q($p<q$とする)，そしてaの組(p, q, a)は$(p, q, a)=(-36, 1, 35)$，$(-18, 2, 16)$，$(-12, 3, 9)$，$(-9, 4, 5)$，$(-6, 6, 0)$，$(-4, 9, -5)$，$(-3, 12, -9)$，$(-2, 18, -16)$，$(-36, 1, 35)$の9組

(4)　整数a，bが$a\times b=2020$となるとき，a，bは2020の約数である。$1\times2020=2020$，$2\times1010=2020$，$4\times505=2020$，$5\times404=2020$，$10\times202=2020$，$20\times101=2020$より，約数は1，2，4，5，10，20，101，202，404，505，1010，2020の12個

(5)　2個のさいころの目の出方は全部で$6\times6=36$(通り)　その中で，積が奇数になるは，2つの目のいずれもが奇数のときなので$3\times3=9$(通り)　それ以外の場合は偶数なので偶数になるのは$36-9=27$(通り)　その確率は$\frac{27}{36}=\frac{3}{4}$

(6)　$x=\frac{1+\sqrt{5}}{2}$のとき，両辺を2倍すると$2x=1+\sqrt{5}$　$2x-1=\sqrt{5}$　両辺を2乗すると$4x^2-4x+1=5$　$4x^2-4x-4=0$　$x^2-x-1=0$

第2問　(因数分解，1次方程式，2次方程式)

問1　(1)　$4x^2+16x+16=4(x^2+4x+4)=4(x+2)^2$

(2)　$-2x^2+20x+400=-2(x^2-10x-200)=-2(x-20)(x+10)$

基本　問2　(1)　$x-9=3(x-1)$　$x-9=3x-3$　$-2x=6$　$x=-3$

(2)　$x^2-12x-28=0$　$(x+2)(x-14)=0$　$x=-2,\ 14$

(3)　$(3x+2)^2=3x(3x+9)$　$9x^2+12x+4=9x^2+27x$　$-15x=-4$　$x=\frac{4}{15}$

(4)　$5x^2-9x+3=0$　解の公式を用いる。$x=\frac{-(-9)\pm\sqrt{(-9)^2-4\times5\times3}}{2\times5}=\frac{9\pm\sqrt{21}}{10}$

(5)　$7x+3y=34$…①　$x+5y=14$…②は7倍して$7x+35y=98$…②×7　②×7－①は$32y=64$　$y=2$　②に代入すると$x+10=14$　$x=4$

第3問　(数の性質，平方根，空間図形の計量，三平方の定理，相似)

問1　(1)　nと24の最大公約数が12であることから$n=12$Nとおくことができる。$24=12\times2$なので，Nは2で割り切れない整数である。このとき最小公倍数は$12\times2\times\mathrm{N}=120$よりN＝5　$n=12\times5=60$

やや難　(2)　$\sqrt{3n+1}$が整数AのときAは正の整数となり，両辺を2乗すると$3n+1=\mathrm{A}^2$　これを変形すると$n=\frac{\mathrm{A}^2-1}{3}$　A＝1のとき$n=0$となり，nが自然数であることに反する。A＝2のときは$n=1$で，$\sqrt{3(3n+1)+1}=\sqrt{3\times4+1}=\sqrt{13}$となりこれは整数ではない。A＝3のときは$n=\frac{8}{3}$となり$n$が整数にならない。A＝4のとき$n=\frac{4^2-1}{3}=5$で，$\sqrt{3(3n+1)+1}=\sqrt{3\times16+1}=\sqrt{49}=7$となり，成り立つ。

重要　問2　(1)　△OAB，△OBC，△ABCは直角をはさむ2辺の長さが5の直角二等辺三角形。それぞれの面積は$\frac{1}{2}\times5\times5=\frac{25}{2}$。△OACは3辺の長さが$5\sqrt{2}$の正三角形になる。OからACに垂線OHをひくと，△OAHは30°，60°，90°の角をもつ直角三角形になり，辺の比は$1:2:\sqrt{3}$　$\mathrm{OA}=5\sqrt{2}$より$\mathrm{AH}=\frac{5\sqrt{2}}{2}$　$\mathrm{OH}=\frac{5\sqrt{2}}{2}\times\sqrt{3}=\frac{5\sqrt{6}}{2}$　$\triangle\mathrm{OAC}=\frac{1}{2}\times5\sqrt{2}\times\frac{5\sqrt{6}}{2}=\frac{25\sqrt{3}}{2}$　表面積は$\frac{25}{2}\times3+\frac{25\sqrt{3}}{2}=\frac{75+25\sqrt{3}}{2}$

(2)　三角錐O－PQRと三角錐O－ABCは相似な図形。△PQR＝2，$\triangle\mathrm{ABC}=\frac{1}{2}\times5\times5=\frac{25}{2}$なので，面積の比は$2:\frac{25}{2}=4:25=2^2:5^2$　したがって，辺の比は$2:5$　OQ：OB＝2：5より，

OQ：QB＝2：3

やや難 (3)　△OABが直角二等辺三角形でPQ//ABなので，△OPQも直角二等辺三角形。OQ＝aとおくとPQ＝a，OP＝$\sqrt{2}a$　△OACが正三角形でAC//PQなので，△OPRも正三角形でPR＝OP＝$\sqrt{2}a$　切断面△BPRが正三角形なので，BP＝PR＝$\sqrt{2}a$　△BPQは∠BQP＝90°の直角二角形であり，PQ＝OQ＝a，BP＝$\sqrt{2}a$なので，QB＝a＝OQ　OQ＝QBとなるので△OPQと△OABは相似な三角形で辺の比はOQ：OB＝1：2　OP：OA＝OQ：OB＝1：2となり，OP＝$\frac{1}{2}$×OA＝$\frac{1}{2}$×$5\sqrt{2}$＝$\frac{5\sqrt{2}}{2}$

第4問　(円の性質，面積比，2乗に比例する関数と直線)

問1　(1)　△TPOは∠TPO＝30°，∠OTP＝90°より∠POT＝180－90－30＝60°　△OTBはOT＝OBの二等辺三角形なので∠OBT＝∠OTBであり，外角の定理により∠OBT＋∠OTB＝∠POT＝60°　よって∠PBT＝∠OBT＝60÷2＝30°

(2)　円Cの半径をrとすると，面積はπr^2　△TPOは30°，60°，90°の角をもつ直角三角形なので，OP＝$2r$，TP＝$\sqrt{3}r$　TからBPに垂線をおろし，BPとの交点をHとする。△OTHは∠HOT＝60°，∠THO＝90°，∠OTH＝30°の直角三角形なので，OH＝$\frac{1}{2}r$，TH＝$\frac{\sqrt{3}}{2}r$　BP＝OB＋OP＝$r+2r=3r$　△PTB＝$\frac{1}{2}\times 3r\times\frac{\sqrt{3}}{2}r=\frac{3\sqrt{3}}{4}r^2$　円C：△PTB＝$\pi r^2:\frac{3\sqrt{3}}{4}r^2=\pi:\frac{3\sqrt{3}}{4}$

問2　(1)　点Bは$y=x^2$上の点で，$x=1$なので，$y=1^2=1$　B(1，1)である。直線ℓは切片2の直線なので$y=ax+2$とおける。また，Bを通ることから$1=a+2$　$a=-1$　直線ℓの式は$y=-x+2$である。

(2)　点Aは直線ℓと$y=x^2$の交点なので，$x^2=-x+2$を解けばx座標が求まる。$x^2+x-2=0$　$(x+2)(x-1)=0$　$x=-2$，1のうち，$x=1$はBのx座標なので，A(－2，4)　点Cは点Aとy軸に関して対称な点なので，C(2，4)　直線mは直線ℓと平行であることから$y=-x+b$とおくと，Cを通ることから$4=-2+b$　$b=6$　よって，直線mの式は$y=-x+6$となる。点Dはこれと$y=x^2$の交点なので，$x^2=-x+6$を解けばx座標が求まる。$x^2+x-6=0$　$(x+3)(x-2)=0$　$x=-3$，2となるが$x=2$はCのx座標なので，Dの$x=-3$　$y=(-3)^2=9$　D(－3，9)

(3)　四角形ABCD＝△ACD＋△ACB＝$\frac{1}{2}\times 4\times 5+\frac{1}{2}\times 4\times 3=10+6=16$

★ワンポイントアドバイス★

問題数が多いので，正確に，素早く問題を処理していく必要がある。第1問，第2問に基本的な問題が並ぶので，ここでどれだけ確実に得点できるかが重要。後半の問題に対応するために，標準的な問題演習で力をつけておく必要がある。

＜英語解答＞

問1　リスニング問題解答省略

問2　11 ③　12 ④　13 ②　14 ②　15 ①

問3　16 ①　17 ④　18 ②　19 ①　20 ④　21 ②　22 ③　23 ②　24 ③　25 ③

問4 26 ③　27 ④　28 ②　29 ①　30 ③
問5 31 ①　32 ②　33 ③　34 ①　35 ②
問6 36 ③　37 ④　38 ④　39 ③　40 ③　41 ②　42 ①
問7 43 ③　44 ③　45 ①　46 ④　47 ④　48 ③　49 ②　50 ④

○配点○

各2点×50　　計100点

＜英語解説＞

問1　リスニング問題解説省略。

基本 問2　（会話文：語句選択）

11 Hold on, please.「ちょっと待ってください」と答えていることから分かる。

12 散歩に誘われていることに対する答えを選ぶ。

13 Have you ever been to ～?「～に行ったことがありますか」

14 What's wrong with ～?「～どうしたの」

15 「週5回か6回」と答えているので，回数を尋ねる文を選ぶ。

重要 問3　（語句選択問題：関係代名詞，動名詞，現在完了，不定詞，前置詞，比較，接続詞）

16 空欄の後に，「主語＋動詞」と続いているので，目的格の関係代名詞 whom を選ぶ。

17 主語になる部分なので，動名詞を選ぶ。

18 since があることから現在完了の形を選ぶ。

19 too ～ to …「～すぎて…できない」

20 〈How about ＋動名詞〉で「～するのはどうですか」と相手を誘う文になる。

21 〈at ＋時刻〉「～時に」となる。

22 than があるため，比較級 better を用いる。

23 If ～「もし～ならば」

24 leave A for B「Bに向かってAを出発する」

25 It is ～ to …「…することは～だ」

重要 問4　（英文和訳問題：助動詞，不定詞，現在完了，間接疑問文）

26 Which of you が英文の主語となっている。

27 ～ enough to …「とても～ので…してくれる」

28 have[has] gone to ～「～に行ってしまった」は，今はここにいないということを意味する。

29 hear from ～「～から便りがある」

30 where he lives or what he does は間接疑問文になっている。

重要 問5　（語句整序問題：受動態，不定詞，間接疑問文，分詞，動名詞）

31 He was given this purse by (his girlfriend on his birthday.)　〈be動詞＋過去分詞〉で受動態の文になる。

32 Would you tell me how (to get to the building?)　how to ～「～の方法・し方」

33 The man who is standing by (the tree is my uncle.)　who is standing by the tree は the man を修飾する関係代名詞である。

34 (Do you) know the boys playing soccer in (the park ?)　playing soccer in the park は前の名詞を修飾する分詞の形容詞的用法である。

35 (Thank you) for inviting me to the party(.)　Thank you for ～ing.「～してくれてありが

とう」

問6 (会話文：要旨把握，語句解釈，内容吟味)

(全訳) Yumi：こんにちは，リサ。ようこそ私たちの学校へ。私があなたの相棒よ。私の名前はユミよ。

Lisa ：こんにちは，ユミ。私の名前はリサ・スミスです。相棒になってくれてありがとう。私はあなたのクラスかしら。

Yumi：ちがうわ。私は3年生で，私たちの授業は大忙しなの。だから，あなたは私の友だちのクラスよ。

Lisa ：なぜそんなに忙しいの？

Yumi：大学の入学試験の準備をしているのよ。

Lisa ：それはつらそうね。でもあなたが私を(1)手伝うの大丈夫？

Yumi：もちろん大丈夫よ。私は楽しみにしていたの。英語を話して楽しいの。私はほかの国に興味があって，あなたに日本語を教えるのも楽しみにしているのよ。

Lisa ：ありがとう。

Yumi：実は，私の夢は教師になることなの。

Lisa ：ここ日本で？

Yumi：実は，本当はほかの国で教えたいわ。

Lisa ：うわぁ，それはすごいね！どこで教えたいの？

Yumi：まだわからないわ。でも，アメリカの大学に行く計画をしているの。あなたはどう？

Lisa ：まだ将来何がしたいか決めていないわ。

Yumi：それはいいわね。まだたくさん時間があるもの。この学校で何がしたい？

Lisa ：もちろんたくさんの友だちを作りたいわ。それに，この学校には多くの部活動があるって聞いたわ。本当？

Yumi：えぇ。何かスポーツする？

Lisa ：サッカーをしていたわ。でも，何か(2)他のものをしたいと思っているの。

Yumi：私は，ダンス部員なの。(3)今日の放課後，私たちの練習見にこない？

Lisa ：ダンス部？それはいいわね。

Yumi：よし！ともかく，今は教室に連れていかなきゃね。行きましょう！

36 リサはユミの友だちと同じクラスになる予定である。

37 ユミはリサに日本語を教えることを楽しみにしていると言っている。

38 リサはまだ将来何をしたいか決まっていないと言っている。

39 リサはこの会話の後，ユミに教室に連れていってもらう。

40 to help は不定詞の名詞的用法で，本文中の it は形式主語である。③の it は形式目的語になっている。

41 else「他の」という意味であるので，different が最も近い意味となる。

42 Why don't you ～? = How about ～ing?「～するのはどうですか」

問7 (長文読解・物語文：要旨把握，内容吟味，指示語)

(全訳) ときどき，私たちの夢は，予想しなかった場所へ私たちを連れていく。私が若いとき，私は山の小さな村に住んでいた。兄や姉が外で遊んだり，スポーツをしたりしている間，私は自然を見ることにより興味を持っていた。ある日，母が私に絵の具と筆のセットを持ってきた。彼女は「山を見るかわりに，描いてみたらどう？」と言った。そして私は描き始めた。

私が最初に描いた絵は，あまりよくなかった。村の周りの山や木を描こうとしたが，どんなに一生懸命描いても，私が描きたいようには描けなかった。兄や姉は私の絵を見て，私を笑った。私は悲しくなり，あきらめることに決めた。私はゴミ箱の中に絵を投げ入れ，絵の具を置き去った。

次の朝，起きたとき，(1)絵と絵の具がテーブルに置いてあった。母は私に，私の絵が好きだと言い，やり続けるべきだと言った。

(2)その後，私は，もし上手な絵描きになりたいのなら，一生懸命挑戦しなければならないだろうと気づいた。私は間違えることを心配するのをやめ，できるだけ上手な絵を描くために，最善を尽くすようにした。すぐに，山や木だけではなく，町や建物も描くことができた。私はさらに違う場所を描こうと決め，そして家族にさようならをいい，家を去り，より大きな町へ旅をした。

都会での生活はつらかったが，一生懸命働き，絵を描き，新たなワクワクすることを学び続けた。私は新たな環境で多くの新しい友だちを作った。彼らは古典芸術や近代芸術，文化について教えてくれた。都会の生活はつらい一方で，(3)それが今日の私に変えたと信じている。

やがて，私は違う職を見つけ，それは芸術と関係のないものだった。しかしながら，この仕事を通して，私は多くの人の生活を変えることができた。私をこの仕事に導いたのは芸術であり，どんなに忙しくなっても，私は絵や自然の美への愛を失うことはなかった。

43 母が絵の具や筆を与えたことで，絵を描こうとしたのである。
44 筆者は最初，周りの山や木を絵に描いていた。
45 兄や姉は，筆者が書いた絵を見て，筆者のことを笑ったのである。
46 兄弟は筆者のことを笑ったが，母は筆者に絵を描くことをやめてほしくなかったのである。
47 母に，絵を描き続けるべきだと言われ，続けることにしたのである。
48 違う場所で絵を描こうと思い，大きな町へと旅したのである。
49 今日の私に変えたのは，都会のつらい生活である。
50 筆者の友だちが，古典芸術や近代芸術，文化について教えてくれたのである。

★ワンポイントアドバイス★

幅広い文法事項が問われているため，過去問や問題集を用いて，中学校で学んだ英文法をきちんと身につけたい。

<国語解答>

一　問一　A 3　B 3　C 4　D 1　E 2　問二　A 2　B 3　C 1　D 1　E 4

二　一　(A) 4　(B) 1　(C) 6　(D) 5　問二　X 4　Y 4　問三　① 2　③ 1　⑨ 3　問四　3　問五　2　問六　2　問七　1　問八　4　問九　1　問十　2　問十一　3

三　問一　ア 1　イ 1　問二　① 4　② 2　③ 6　④ 3　⑤ 1　問三　5　問四　2　問五　3　問六　4　問七　4　問八　2　問九　1　問十　3

四　問一　A 1　B 3　問二　4　問三　D 3　F 2　問四　2　問五　4　問六　3・5　問七　4

○推定配点○

一　各1点×10　二　問十一　3点　他　各2点×16

三　問三・問四・問六・問九・問十　各3点×5　　他　各2点×10
四　各2点×10　　　計100点

＜国語解説＞

一　(漢字の読み書き)

やや難　問一　Aの「模倣」は，他のものをまねること。Bの「遵守」は，決められたことに従い，しっかり守ること。Cの「謀反」は，国家や君主にそむいて兵を挙げること。Dの音読みは「コ」。熟語は「回顧」など。Eの音読みは「ハン・バン」。熟語は「同伴」「伴奏」など。

重要　問二　Aの「衰退」は，勢いを失い弱まること。Bの「社会福祉」は，公的配慮によって等しく受けることのできる安定した生活や社会環境。Cの「削減」は，けずってへらすこと。Dの「崩壊」は，こわれてくずれてしまうこと。Eの「擁護」は，かばい守ること。

二　(論説文一大意・要旨，内容吟味，文脈把握，接続語，脱語補充，語句の意味)

問一　(A)は，直前の内容の具体例が続いているので，4が適切。(B)は，直前の内容を根拠とした内容が「……のである。」の形で続いているので，1が適切。(C)は，直後の内容を認めつつ，「……けど」など逆接の接続語の後で，意見や主張を述べるという形になっているので，6が適切。(D)は，直前で述べている日本語の「サクラ」の語感とは対照的な，英語の「Cherry blossoms」の語感について述べているので，5が適切。

基本　問二　空欄Xは「アと発音したときに」感じるもので，直後でも「アサAsaということばの発音体感」が「開放感」を与えてくれることを述べている。空欄Yは，日本語の「サクラSakura」は語感的には「風」に散る瞬間の花の象を表す名称であるが，英語の「Cherry blossoms」の語感は華やかで賑やかで，「風」のドラマが入っていない，と述べている。

問三　①は「この，どこにも……」で始まる段落最後で述べているように，繊細な意識の場となるものでもあるので，2が適切。③は，心の中に不満や疑惑などこだわりとなっている重苦しい感情のこと。⑨は，熟語そのままの意味で，3が適切。肉づきのよいさまという意味もある。

重要　問四　傍線部②のある段落で，脳が何かを強く認識した瞬間，私たちの身体が，背筋が伸び，前後左右どちらにも体を捻れるような状態になるのは，正反対の動作につながるからであり，脳が強い認識を感じたとき，身体は緊張するのではなく，②であることを述べているので，3が適切。②のある段落内容の要旨を踏まえていない，1，4は不適切。前後左右どちらにも捻れるような身体の状態をたとえた表現である「マニュアル車のギアシフトのニュートラルのような状態」だけの説明になっている2も不適切。

問五　傍線部④は直前で述べているように，「これからこの話をするから，まっさらな気持ちでありのままに受け入れてね」ということなので，2が適切。④直前の内容を踏まえていない他の選択肢は不適切。

問六　傍線部⑤のある段落で，1，3，4は述べているが，2の「古代日本人の優しさ」とは述べていないので，適切でない。

問七　「生来」は，生まれつき，生まれてからずっと，という意味で，傍線部⑥は，一つ前の段落で述べている，「私たち人間には，目の前の動作に共鳴する能力」のことである。

重要　問八　お母さんが赤ちゃんを寝かしつけるときの「夜よ，おやすみ」という言葉を例に，ヨルという言葉の発音体感による癒しと，穏やかな闇，また，お母さんのいたわりの気持ちが赤ちゃんの脳にインプットされ，脳にことばと意識の関係を作り上げていくので，大人になっても⑦のように感じることを述べている。これらの内容から，4が適切。「発音体感」を説明していない他の選択肢は不適切。

問九　傍線部⑧のある段落と直前の段落で，⑧の理由として，語感的には風に散る瞬間の花の象を表す名称である「サクラ」の散り際を，私たち日本人は最も愛し，吹きぬける風にひるがえる花びらを目で追わずにはいられなくなることを述べているので，1が適切。「サクラ」のもつ語感のことと，花びらを目で追わずにはいられないことの両方を説明していない他の選択肢は不適切。

重要 問十　傍線部⑩前で，日本語で育った母親は，サクラとして散る花びらに心を奪われ，英語で育てている娘に「It's Cherry blossoms. How beautiful!」と話しかけた場合，母親の視線は散る花びらを追っていてCherry blossomsを凝視しておらず，娘は母親の視線を追うので，ことばの象と合っていない花の風景を見ることになる，すなわち，母親の母語でない言葉で子どもを育てると，ことばの語感と，母親の所作や情景がずれる，ということを述べている。この「ずれる」は，ことばと見ている情景がずれている，ということなので，2が適切。ことばと情景がずれることを説明していない他の選択肢は不適切。

やや難 問十一　「脳が強い認識を感じたとき，身体は，緊張するのではなく，……」と述べているので，1は合致しない。2の「区別がついていなかった」とは述べていないので，合致しない。3は「実は，私たちは……」で始まる段落で述べているので，合致する。「ことばの語感と，母親の所作や情景がずれる」ことで「子どもの脳は混乱」すること，「サクラを，日本人の両親からCherry blossomsと初期入力されたら，長じて後も，サクラの歌に込められた情感がいま一歩ピンとこない」と述べているが，4の「理解することができない」とは述べていないので，合致しない。

三　（小説一情景・心情，内容吟味，文脈把握，脱語補充，漢字の書き取り，対義語，表現技法）

問一　外に現れた形や様子，という意味のアの対義語は，器などの中身という意味の1。心が張りつめて体がこわばること，という意味のイの対義語は，心や体がゆるむこと，という意味の1で「しかん」と読む。5の「緩和(かんわ)」は，物事の状態の厳しさや激しさの程度をやわらげること，という意味。

問二　空欄①は，瞬間的に身をふるわせたりこわばらせたりするさまを表す4が適切。空欄②は，明確であいまいなところがないという意味の2が適切。空欄③は，首を前にかたむけるさまを表す6が適切。空欄④は，声が低くて聞き取りにくいさまを表す3が適切。空欄⑤は，歪んだ表情を表しているので，1が適切。

問三　傍線部1は，美しい姿勢で素振りを披露した久留米に，「久留米先生，格好いい」と女子生徒から声が上がったことに対するものなので，5が適切。女子生徒から声が上がったことを説明していない1，2，3は不適切。4の「調子に乗っていた」も描かれていないので，不適切。

重要 問四　「久留米は，自分に反発……」で始まる場面で，ここが勝負の場だと覚悟を決めて「子供たち全員に期待してください，とは思わないですけど，駄目だと決めつけられるのはきついです」と安斎が久留米に言っていることに，久留米に立ち向かうと肚を決めた安斎の気持ちが分かったという「僕」の心情が描かれている。この安斎の覚悟が傍線部2であり，そのきっかけとして「『久留米先生，草壁のフォーム，どうですか』と投げかけたのだ」と描かれているので，2が適切。2が久留米に対するものであることを説明していない他の選択肢は不適切。

問五　傍線部3は，「草壁，女子じゃないんだから」という久留米の言葉に，周りが「オカマの草壁」と囃したことに対する安斎の心情なので，3が適切。

問六　傍線部4は，「草壁が何をやっても駄目みたいな言い方」をして「駄目だと決めつけ」る久留米が持っているもの(4)であり，その久留米の「先入観」を，草壁のバットで吹き飛ばしてほしい，と「僕」は思っている。

問七　傍線部5は，いっぺんに評価が高まること，という意味の4が適切。

基本 問八　傍線部6は，「ような」を用いて，打点王氏の声を「透明の風船でも破裂させる」ことにたとえているので，2が適切。1は，人間ではないものを人間にたとえる修辞法。3は，「～のような，ようだ」などを用いずに，直接他のもので表現する修辞法。4は，文などの語や文節を普通の順序とは逆にする修辞法。5は，文などの語尾を名詞や代名詞などの体言で止める修辞法。

やや難 問九　傍線部7は，打点王氏が「そうだね。努力すれば，きっといい選手になる」と言ったことに対するもので，打点王氏がこのように言ったのは「嘘」を突き通すべきだと判断したのか，草壁の隠れた能力を見抜いたのか，あまり深いことは考えていなかったのかもしれない，と「僕」が打点王氏の言葉を推測していることが描かれている。

重要 問十　傍線部8は，「そうだね。努力すれば，きっといい選手になる」と打点王氏が言ったことに，「草壁，おまえ，本気にするんじゃないぞ」「あくまでもお世辞だからな」と言う久留米の言葉に対するものである。久留米の言葉を否定している傍線部8は，打点王氏の言葉で自信を取り戻し，「いい選手」になる決意が読み取れるので，3が適切。

四 （古文―大意・要旨，内容吟味，文脈把握，口語訳，文学史）

〈口語訳〉 今となっては昔のことだが，唐にいた僧が，天竺に渡って，他に用があるわけでもなく，ただいろいろな物を知りたかったので，見物をして歩き回り，所々を見歩いていた。(すると)ある山の片側に，大きな穴があった。牛がおり(その牛が)この穴の中に入ったのを見て，好奇心をそそられたので，牛の行くのに従って，僧も入って行った。(穴の)奥深くまで進んで行くと，明るい所に出た。見回すと，(そこは)別世界かと思われて，見たことがなく，全く知らないすばらしい色合いの花が，咲き乱れていた。牛はこの花を食った。(そこでこの僧も)試しにこの花を一房取って食べたところ，そのおいしい事といったら，天の甘露もこうであろうかと思われて，喜びにまかせて，いっぱい食べたので，ただ肥えに肥え太ってしまった。

(僧は)わけがわからず恐ろしく思って，さきほど出て来た穴の方へ帰って行くと，来たときは簡単に通れた穴が，体が肥ってしまったため，狭く感じ，やっとのことで，穴の入り口までは戻れたが，(その先へ)出ることができず，堪え難いことこの上ない。前を通る人に，「おい助けてくれ」と呼び続けてみたが，聞き入れる人もいない。助けてくれる人もいなかった。人の目には何と見えたのであろうか，不思議である。数日間で(僧は)死んでしまった。その後は石になって，穴の入口に頭を差し出したようになっていた。玄奘三蔵が天竺に渡られた折に書かれた日記に，このことを記している。

重要 問一　傍線部Aは「僧」が，所々を見歩いていた，ということ。傍線部B直前の「の」は主語を表す格助詞なので，「牛」が主語。

問二　僧は「牛のありけるがこの穴に入りける」のを見て「ゆかしく覚え」て，自分も穴に入ったので，4が適切。「ゆかしく」は，好奇心がそそられ，心がひきつけられる状態のことで，対象によって，見たい，聞きたい，知りたい，などの気持ちを表す。

重要 問三　傍線部Dの「見も知らぬ」は，一度も見たこともなく，まったく知らない，という意味。「いみじき」は，すばらしい，すぐれている，という意味。傍線部Fの「めでたかり」は，魅力的で心ひかれる，という意味。「たり」は完了の助動詞。

問四　傍線部Eの「かく(このように，こう)」は，試しに食べた花がおいしかったことを指しており，天の甘露もこの花のようにおいしいものなのかと思われた，ということ。

問五　「初めはやすく通りつる穴……え出ずして」とあるように，体が肥ってしまったことで，来たときは簡単に通れた穴の先に出ることができなくなったために，傍線部Gのようになってしまったので，4が適切。僧自身の身体が大きくなってしまったことを説明していない，1，2は不適切。3の「恥ずかしく思い」も描かれていないので不適切。

やや難 問六 「他事にあらず，ただ物のゆかしければ」とあるので，1は合致しない。穴の中は「一度来たことのあるような場所」とは描かれていないので，2も不適切。3は「前を通る人……人もなし。」とあるので，合致する。「日比重りて死にぬ。」の「ぬ」は完了の助動詞で「死んでしまった」という意味なので，4は合致しない。「玄奘三蔵天竺に……記されたり。」とあるので，5は合致する。

基本 問七 鎌倉時代の作品は，4である。1と2は平安時代，3は奈良時代。

★ワンポイントアドバイス★

論説文では，文中で用いられている専門用語の正確な意味の把握とともに，筆者がどのようにとらえているかも読み取っていこう。

解答用紙集

○月×日　△曜日　天気（合格日和）

◆ご利用のみなさまへ
＊解答用紙の公表を行っていない学校につきましては、弊社の責任において、解答用紙を制作いたしました。
＊編集上の理由により一部縮小掲載した解答用紙がございます。
＊編集上の理由により一部実物と異なる形式の解答用紙がございます。

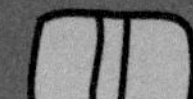

人間の最も偉大な力とは、その一番の弱点を克服したところから生まれてくるものである。 ――カール・ヒルティ――

東京学参株式会社

横浜清風高等学校　2024年度

◇数学◇

※ 135％に拡大していただくと，解答欄は実物大になります。

第 1 問

解答番号	−	1	2	3	4	5	6	7	8	9	0	a	b	c
ア	−	1	2	3	4	5	6	7	8	9	0	a	b	c
イ	−	1	2	3	4	5	6	7	8	9	0	a	b	c
ウ	−	1	2	3	4	5	6	7	8	9	0	a	b	c
エ	−	1	2	3	4	5	6	7	8	9	0	a	b	c
オ	−	1	2	3	4	5	6	7	8	9	0	a	b	c
カ	−	1	2	3	4	5	6	7	8	9	0	a	b	c
キ	−	1	2	3	4	5	6	7	8	9	0	a	b	c
ク	−	1	2	3	4	5	6	7	8	9	0	a	b	c
ケ	−	1	2	3	4	5	6	7	8	9	0	a	b	c
コ	−	1	2	3	4	5	6	7	8	9	0	a	b	c
サ	−	1	2	3	4	5	6	7	8	9	0	a	b	c
シ	−	1	2	3	4	5	6	7	8	9	0	a	b	c
ス	−	1	2	3	4	5	6	7	8	9	0	a	b	c
セ	−	1	2	3	4	5	6	7	8	9	0	a	b	c
ソ	−	1	2	3	4	5	6	7	8	9	0	a	b	c
タ	−	1	2	3	4	5	6	7	8	9	0	a	b	c
チ	−	1	2	3	4	5	6	7	8	9	0	a	b	c
ツ	−	1	2	3	4	5	6	7	8	9	0	a	b	c
テ	−	1	2	3	4	5	6	7	8	9	0	a	b	c
ト	−	1	2	3	4	5	6	7	8	9	0	a	b	c
ナ	−	1	2	3	4	5	6	7	8	9	0	a	b	c
ニ	−	1	2	3	4	5	6	7	8	9	0	a	b	c
ヌ	−	1	2	3	4	5	6	7	8	9	0	a	b	c
ネ	−	1	2	3	4	5	6	7	8	9	0	a	b	c
ノ	−	1	2	3	4	5	6	7	8	9	0	a	b	c

第 2 問

解答番号	−	1	2	3	4	5	6	7	8	9	0	a	b	c
ア	−	1	2	3	4	5	6	7	8	9	0	a	b	c
イ	−	1	2	3	4	5	6	7	8	9	0	a	b	c
ウ	−	1	2	3	4	5	6	7	8	9	0	a	b	c
エ	−	1	2	3	4	5	6	7	8	9	0	a	b	c
オ	−	1	2	3	4	5	6	7	8	9	0	a	b	c
カ	−	1	2	3	4	5	6	7	8	9	0	a	b	c
キ	−	1	2	3	4	5	6	7	8	9	0	a	b	c
ク	−	1	2	3	4	5	6	7	8	9	0	a	b	c
ケ	−	1	2	3	4	5	6	7	8	9	0	a	b	c
コ	−	1	2	3	4	5	6	7	8	9	0	a	b	c
サ	−	1	2	3	4	5	6	7	8	9	0	a	b	c
シ	−	1	2	3	4	5	6	7	8	9	0	a	b	c
ス	−	1	2	3	4	5	6	7	8	9	0	a	b	c
セ	−	1	2	3	4	5	6	7	8	9	0	a	b	c
ソ	−	1	2	3	4	5	6	7	8	9	0	a	b	c
タ	−	1	2	3	4	5	6	7	8	9	0	a	b	c
チ	−	1	2	3	4	5	6	7	8	9	0	a	b	c
ツ	−	1	2	3	4	5	6	7	8	9	0	a	b	c
テ	−	1	2	3	4	5	6	7	8	9	0	a	b	c
ト	−	1	2	3	4	5	6	7	8	9	0	a	b	c
ナ	−	1	2	3	4	5	6	7	8	9	0	a	b	c
ニ	−	1	2	3	4	5	6	7	8	9	0	a	b	c
ヌ	−	1	2	3	4	5	6	7	8	9	0	a	b	c
ネ	−	1	2	3	4	5	6	7	8	9	0	a	b	c
ノ	−	1	2	3	4	5	6	7	8	9	0	a	b	c

第 3 問

解答番号	−	1	2	3	4	5	6	7	8	9	0	a	b	c
ア	−	1	2	3	4	5	6	7	8	9	0	a	b	c
イ	−	1	2	3	4	5	6	7	8	9	0	a	b	c
ウ	−	1	2	3	4	5	6	7	8	9	0	a	b	c
エ	−	1	2	3	4	5	6	7	8	9	0	a	b	c
オ	−	1	2	3	4	5	6	7	8	9	0	a	b	c
カ	−	1	2	3	4	5	6	7	8	9	0	a	b	c
キ	−	1	2	3	4	5	6	7	8	9	0	a	b	c
ク	−	1	2	3	4	5	6	7	8	9	0	a	b	c
ケ	−	1	2	3	4	5	6	7	8	9	0	a	b	c
コ	−	1	2	3	4	5	6	7	8	9	0	a	b	c
サ	−	1	2	3	4	5	6	7	8	9	0	a	b	c
シ	−	1	2	3	4	5	6	7	8	9	0	a	b	c
ス	−	1	2	3	4	5	6	7	8	9	0	a	b	c
セ	−	1	2	3	4	5	6	7	8	9	0	a	b	c
ソ	−	1	2	3	4	5	6	7	8	9	0	a	b	c
タ	−	1	2	3	4	5	6	7	8	9	0	a	b	c
チ	−	1	2	3	4	5	6	7	8	9	0	a	b	c
ツ	−	1	2	3	4	5	6	7	8	9	0	a	b	c
テ	−	1	2	3	4	5	6	7	8	9	0	a	b	c
ト	−	1	2	3	4	5	6	7	8	9	0	a	b	c
ナ	−	1	2	3	4	5	6	7	8	9	0	a	b	c
ニ	−	1	2	3	4	5	6	7	8	9	0	a	b	c
ヌ	−	1	2	3	4	5	6	7	8	9	0	a	b	c
ネ	−	1	2	3	4	5	6	7	8	9	0	a	b	c
ノ	−	1	2	3	4	5	6	7	8	9	0	a	b	c

第 4 問

解答番号	−	1	2	3	4	5	6	7	8	9	0	a	b	c
ア	−	1	2	3	4	5	6	7	8	9	0	a	b	c
イ	−	1	2	3	4	5	6	7	8	9	0	a	b	c
ウ	−	1	2	3	4	5	6	7	8	9	0	a	b	c
エ	−	1	2	3	4	5	6	7	8	9	0	a	b	c
オ	−	1	2	3	4	5	6	7	8	9	0	a	b	c
カ	−	1	2	3	4	5	6	7	8	9	0	a	b	c
キ	−	1	2	3	4	5	6	7	8	9	0	a	b	c
ク	−	1	2	3	4	5	6	7	8	9	0	a	b	c
ケ	−	1	2	3	4	5	6	7	8	9	0	a	b	c
コ	−	1	2	3	4	5	6	7	8	9	0	a	b	c
サ	−	1	2	3	4	5	6	7	8	9	0	a	b	c
シ	−	1	2	3	4	5	6	7	8	9	0	a	b	c
ス	−	1	2	3	4	5	6	7	8	9	0	a	b	c
セ	−	1	2	3	4	5	6	7	8	9	0	a	b	c
ソ	−	1	2	3	4	5	6	7	8	9	0	a	b	c
タ	−	1	2	3	4	5	6	7	8	9	0	a	b	c
チ	−	1	2	3	4	5	6	7	8	9	0	a	b	c
ツ	−	1	2	3	4	5	6	7	8	9	0	a	b	c
テ	−	1	2	3	4	5	6	7	8	9	0	a	b	c
ト	−	1	2	3	4	5	6	7	8	9	0	a	b	c
ナ	−	1	2	3	4	5	6	7	8	9	0	a	b	c
ニ	−	1	2	3	4	5	6	7	8	9	0	a	b	c
ヌ	−	1	2	3	4	5	6	7	8	9	0	a	b	c
ネ	−	1	2	3	4	5	6	7	8	9	0	a	b	c
ノ	−	1	2	3	4	5	6	7	8	9	0	a	b	c

記入方法及び注意事項

1.記入は必ず鉛筆またはシャープペンシルで，◯の中を正確にぬりつぶして下さい。

2.訂正する場合は，消しゴムできれいに消して下さい。

3.この解答用紙を汚したり，折り曲げたりしないで下さい。

良い例	悪い例
●	⌀ ⊙ ◐

横浜清風高等学校　2024年度

◇英語◇

※ 135%に拡大していただくと，解答欄は実物大になります。

解答番号	解答記入欄 1	2	3	4	5	6	7	8	9	0	解答番号	解答記入欄 1	2	3	4	5	6	7	8	9	0	解答番号	解答記入欄 1	2	3	4	5	6	7	8	9	0	解答番号	解答記入欄 1	2	3	4	5	6	7	8	9	0
1	①	②	③	④	⑤	⑥	⑦	⑧	⑨	⓪	26	①	②	③	④	⑤	⑥	⑦	⑧	⑨	⓪	51	①	②	③	④	⑤	⑥	⑦	⑧	⑨	⓪	76	①	②	③	④	⑤	⑥	⑦	⑧	⑨	⓪
2	①	②	③	④	⑤	⑥	⑦	⑧	⑨	⓪	27	①	②	③	④	⑤	⑥	⑦	⑧	⑨	⓪	52	①	②	③	④	⑤	⑥	⑦	⑧	⑨	⓪	77	①	②	③	④	⑤	⑥	⑦	⑧	⑨	⓪
3	①	②	③	④	⑤	⑥	⑦	⑧	⑨	⓪	28	①	②	③	④	⑤	⑥	⑦	⑧	⑨	⓪	53	①	②	③	④	⑤	⑥	⑦	⑧	⑨	⓪	78	①	②	③	④	⑤	⑥	⑦	⑧	⑨	⓪
4	①	②	③	④	⑤	⑥	⑦	⑧	⑨	⓪	29	①	②	③	④	⑤	⑥	⑦	⑧	⑨	⓪	54	①	②	③	④	⑤	⑥	⑦	⑧	⑨	⓪	79	①	②	③	④	⑤	⑥	⑦	⑧	⑨	⓪
5	①	②	③	④	⑤	⑥	⑦	⑧	⑨	⓪	30	①	②	③	④	⑤	⑥	⑦	⑧	⑨	⓪	55	①	②	③	④	⑤	⑥	⑦	⑧	⑨	⓪	80	①	②	③	④	⑤	⑥	⑦	⑧	⑨	⓪
6	①	②	③	④	⑤	⑥	⑦	⑧	⑨	⓪	31	①	②	③	④	⑤	⑥	⑦	⑧	⑨	⓪	56	①	②	③	④	⑤	⑥	⑦	⑧	⑨	⓪	81	①	②	③	④	⑤	⑥	⑦	⑧	⑨	⓪
7	①	②	③	④	⑤	⑥	⑦	⑧	⑨	⓪	32	①	②	③	④	⑤	⑥	⑦	⑧	⑨	⓪	57	①	②	③	④	⑤	⑥	⑦	⑧	⑨	⓪	82	①	②	③	④	⑤	⑥	⑦	⑧	⑨	⓪
8	①	②	③	④	⑤	⑥	⑦	⑧	⑨	⓪	33	①	②	③	④	⑤	⑥	⑦	⑧	⑨	⓪	58	①	②	③	④	⑤	⑥	⑦	⑧	⑨	⓪	83	①	②	③	④	⑤	⑥	⑦	⑧	⑨	⓪
9	①	②	③	④	⑤	⑥	⑦	⑧	⑨	⓪	34	①	②	③	④	⑤	⑥	⑦	⑧	⑨	⓪	59	①	②	③	④	⑤	⑥	⑦	⑧	⑨	⓪	84	①	②	③	④	⑤	⑥	⑦	⑧	⑨	⓪
10	①	②	③	④	⑤	⑥	⑦	⑧	⑨	⓪	35	①	②	③	④	⑤	⑥	⑦	⑧	⑨	⓪	60	①	②	③	④	⑤	⑥	⑦	⑧	⑨	⓪	85	①	②	③	④	⑤	⑥	⑦	⑧	⑨	⓪
11	①	②	③	④	⑤	⑥	⑦	⑧	⑨	⓪	36	①	②	③	④	⑤	⑥	⑦	⑧	⑨	⓪	61	①	②	③	④	⑤	⑥	⑦	⑧	⑨	⓪	86	①	②	③	④	⑤	⑥	⑦	⑧	⑨	⓪
12	①	②	③	④	⑤	⑥	⑦	⑧	⑨	⓪	37	①	②	③	④	⑤	⑥	⑦	⑧	⑨	⓪	62	①	②	③	④	⑤	⑥	⑦	⑧	⑨	⓪	87	①	②	③	④	⑤	⑥	⑦	⑧	⑨	⓪
13	①	②	③	④	⑤	⑥	⑦	⑧	⑨	⓪	38	①	②	③	④	⑤	⑥	⑦	⑧	⑨	⓪	63	①	②	③	④	⑤	⑥	⑦	⑧	⑨	⓪	88	①	②	③	④	⑤	⑥	⑦	⑧	⑨	⓪
14	①	②	③	④	⑤	⑥	⑦	⑧	⑨	⓪	39	①	②	③	④	⑤	⑥	⑦	⑧	⑨	⓪	64	①	②	③	④	⑤	⑥	⑦	⑧	⑨	⓪	89	①	②	③	④	⑤	⑥	⑦	⑧	⑨	⓪
15	①	②	③	④	⑤	⑥	⑦	⑧	⑨	⓪	40	①	②	③	④	⑤	⑥	⑦	⑧	⑨	⓪	65	①	②	③	④	⑤	⑥	⑦	⑧	⑨	⓪	90	①	②	③	④	⑤	⑥	⑦	⑧	⑨	⓪
16	①	②	③	④	⑤	⑥	⑦	⑧	⑨	⓪	41	①	②	③	④	⑤	⑥	⑦	⑧	⑨	⓪	66	①	②	③	④	⑤	⑥	⑦	⑧	⑨	⓪	91	①	②	③	④	⑤	⑥	⑦	⑧	⑨	⓪
17	①	②	③	④	⑤	⑥	⑦	⑧	⑨	⓪	42	①	②	③	④	⑤	⑥	⑦	⑧	⑨	⓪	67	①	②	③	④	⑤	⑥	⑦	⑧	⑨	⓪	92	①	②	③	④	⑤	⑥	⑦	⑧	⑨	⓪
18	①	②	③	④	⑤	⑥	⑦	⑧	⑨	⓪	43	①	②	③	④	⑤	⑥	⑦	⑧	⑨	⓪	68	①	②	③	④	⑤	⑥	⑦	⑧	⑨	⓪	93	①	②	③	④	⑤	⑥	⑦	⑧	⑨	⓪
19	①	②	③	④	⑤	⑥	⑦	⑧	⑨	⓪	44	①	②	③	④	⑤	⑥	⑦	⑧	⑨	⓪	69	①	②	③	④	⑤	⑥	⑦	⑧	⑨	⓪	94	①	②	③	④	⑤	⑥	⑦	⑧	⑨	⓪
20	①	②	③	④	⑤	⑥	⑦	⑧	⑨	⓪	45	①	②	③	④	⑤	⑥	⑦	⑧	⑨	⓪	70	①	②	③	④	⑤	⑥	⑦	⑧	⑨	⓪	95	①	②	③	④	⑤	⑥	⑦	⑧	⑨	⓪
21	①	②	③	④	⑤	⑥	⑦	⑧	⑨	⓪	46	①	②	③	④	⑤	⑥	⑦	⑧	⑨	⓪	71	①	②	③	④	⑤	⑥	⑦	⑧	⑨	⓪	96	①	②	③	④	⑤	⑥	⑦	⑧	⑨	⓪
22	①	②	③	④	⑤	⑥	⑦	⑧	⑨	⓪	47	①	②	③	④	⑤	⑥	⑦	⑧	⑨	⓪	72	①	②	③	④	⑤	⑥	⑦	⑧	⑨	⓪	97	①	②	③	④	⑤	⑥	⑦	⑧	⑨	⓪
23	①	②	③	④	⑤	⑥	⑦	⑧	⑨	⓪	48	①	②	③	④	⑤	⑥	⑦	⑧	⑨	⓪	73	①	②	③	④	⑤	⑥	⑦	⑧	⑨	⓪	98	①	②	③	④	⑤	⑥	⑦	⑧	⑨	⓪
24	①	②	③	④	⑤	⑥	⑦	⑧	⑨	⓪	49	①	②	③	④	⑤	⑥	⑦	⑧	⑨	⓪	74	①	②	③	④	⑤	⑥	⑦	⑧	⑨	⓪	99	①	②	③	④	⑤	⑥	⑦	⑧	⑨	⓪
25	①	②	③	④	⑤	⑥	⑦	⑧	⑨	⓪	50	①	②	③	④	⑤	⑥	⑦	⑧	⑨	⓪	75	①	②	③	④	⑤	⑥	⑦	⑧	⑨	⓪	100	①	②	③	④	⑤	⑥	⑦	⑧	⑨	⓪

記入方法及び注意事項

1.記入は必ず鉛筆またはシャープペンシルで，⓪の中を正確にぬりつぶして下さい。

2.訂正する場合は，消しゴムできれいに消して下さい。

3.この解答用紙を汚したり，折り曲げたりしないで下さい。

良い例	悪い例
●	⊘ ⊙ ◐

横浜清風高等学校　2024年度

◇国語◇

※ 135%に拡大していただくと，解答欄は実物大になります。

解答番号	解答記入欄										解答番号	解答記入欄										解答番号	解答記入欄										解答番号	解答記入欄									
	1	2	3	4	5	6	7	8	9	0		1	2	3	4	5	6	7	8	9	0		1	2	3	4	5	6	7	8	9	0		1	2	3	4	5	6	7	8	9	0
1	1	2	3	4	5	6	7	8	9	0	26	1	2	3	4	5	6	7	8	9	0	51	1	2	3	4	5	6	7	8	9	0	76	1	2	3	4	5	6	7	8	9	0
2	1	2	3	4	5	6	7	8	9	0	27	1	2	3	4	5	6	7	8	9	0	52	1	2	3	4	5	6	7	8	9	0	77	1	2	3	4	5	6	7	8	9	0
3	1	2	3	4	5	6	7	8	9	0	28	1	2	3	4	5	6	7	8	9	0	53	1	2	3	4	5	6	7	8	9	0	78	1	2	3	4	5	6	7	8	9	0
4	1	2	3	4	5	6	7	8	9	0	29	1	2	3	4	5	6	7	8	9	0	54	1	2	3	4	5	6	7	8	9	0	79	1	2	3	4	5	6	7	8	9	0
5	1	2	3	4	5	6	7	8	9	0	30	1	2	3	4	5	6	7	8	9	0	55	1	2	3	4	5	6	7	8	9	0	80	1	2	3	4	5	6	7	8	9	0
6	1	2	3	4	5	6	7	8	9	0	31	1	2	3	4	5	6	7	8	9	0	56	1	2	3	4	5	6	7	8	9	0	81	1	2	3	4	5	6	7	8	9	0
7	1	2	3	4	5	6	7	8	9	0	32	1	2	3	4	5	6	7	8	9	0	57	1	2	3	4	5	6	7	8	9	0	82	1	2	3	4	5	6	7	8	9	0
8	1	2	3	4	5	6	7	8	9	0	33	1	2	3	4	5	6	7	8	9	0	58	1	2	3	4	5	6	7	8	9	0	83	1	2	3	4	5	6	7	8	9	0
9	1	2	3	4	5	6	7	8	9	0	34	1	2	3	4	5	6	7	8	9	0	59	1	2	3	4	5	6	7	8	9	0	84	1	2	3	4	5	6	7	8	9	0
10	1	2	3	4	5	6	7	8	9	0	35	1	2	3	4	5	6	7	8	9	0	60	1	2	3	4	5	6	7	8	9	0	85	1	2	3	4	5	6	7	8	9	0
11	1	2	3	4	5	6	7	8	9	0	36	1	2	3	4	5	6	7	8	9	0	61	1	2	3	4	5	6	7	8	9	0	86	1	2	3	4	5	6	7	8	9	0
12	1	2	3	4	5	6	7	8	9	0	37	1	2	3	4	5	6	7	8	9	0	62	1	2	3	4	5	6	7	8	9	0	87	1	2	3	4	5	6	7	8	9	0
13	1	2	3	4	5	6	7	8	9	0	38	1	2	3	4	5	6	7	8	9	0	63	1	2	3	4	5	6	7	8	9	0	88	1	2	3	4	5	6	7	8	9	0
14	1	2	3	4	5	6	7	8	9	0	39	1	2	3	4	5	6	7	8	9	0	64	1	2	3	4	5	6	7	8	9	0	89	1	2	3	4	5	6	7	8	9	0
15	1	2	3	4	5	6	7	8	9	0	40	1	2	3	4	5	6	7	8	9	0	65	1	2	3	4	5	6	7	8	9	0	90	1	2	3	4	5	6	7	8	9	0
16	1	2	3	4	5	6	7	8	9	0	41	1	2	3	4	5	6	7	8	9	0	66	1	2	3	4	5	6	7	8	9	0	91	1	2	3	4	5	6	7	8	9	0
17	1	2	3	4	5	6	7	8	9	0	42	1	2	3	4	5	6	7	8	9	0	67	1	2	3	4	5	6	7	8	9	0	92	1	2	3	4	5	6	7	8	9	0
18	1	2	3	4	5	6	7	8	9	0	43	1	2	3	4	5	6	7	8	9	0	68	1	2	3	4	5	6	7	8	9	0	93	1	2	3	4	5	6	7	8	9	0
19	1	2	3	4	5	6	7	8	9	0	44	1	2	3	4	5	6	7	8	9	0	69	1	2	3	4	5	6	7	8	9	0	94	1	2	3	4	5	6	7	8	9	0
20	1	2	3	4	5	6	7	8	9	0	45	1	2	3	4	5	6	7	8	9	0	70	1	2	3	4	5	6	7	8	9	0	95	1	2	3	4	5	6	7	8	9	0
21	1	2	3	4	5	6	7	8	9	0	46	1	2	3	4	5	6	7	8	9	0	71	1	2	3	4	5	6	7	8	9	0	96	1	2	3	4	5	6	7	8	9	0
22	1	2	3	4	5	6	7	8	9	0	47	1	2	3	4	5	6	7	8	9	0	72	1	2	3	4	5	6	7	8	9	0	97	1	2	3	4	5	6	7	8	9	0
23	1	2	3	4	5	6	7	8	9	0	48	1	2	3	4	5	6	7	8	9	0	73	1	2	3	4	5	6	7	8	9	0	98	1	2	3	4	5	6	7	8	9	0
24	1	2	3	4	5	6	7	8	9	0	49	1	2	3	4	5	6	7	8	9	0	74	1	2	3	4	5	6	7	8	9	0	99	1	2	3	4	5	6	7	8	9	0
25	1	2	3	4	5	6	7	8	9	0	50	1	2	3	4	5	6	7	8	9	0	75	1	2	3	4	5	6	7	8	9	0	100	1	2	3	4	5	6	7	8	9	0

記入方法及び注意事項

1.記入は必ず鉛筆またはシャープペンシルで、◯の中を正確にぬりつぶして下さい。

2.訂正する場合は、消しゴムできれいに消して下さい。

3.この解答用紙を汚したり、折り曲げたりしないで下さい。

良い例	悪い例
●	⊘ ⊙ ◨

横浜清風高等学校　2023年度

◇数学◇

※ 133%に拡大していただくと，解答欄は実物大になります。

第1問

解答番号	−	1	2	3	4	5	6	7	8	9	0	a	b	c
ア	−	1	2	3	4	5	6	7	8	9	0	a	b	c
イ	−	1	2	3	4	5	6	7	8	9	0	a	b	c
ウ	−	1	2	3	4	5	6	7	8	9	0	a	b	c
エ	−	1	2	3	4	5	6	7	8	9	0	a	b	c
オ	−	1	2	3	4	5	6	7	8	9	0	a	b	c
カ	−	1	2	3	4	5	6	7	8	9	0	a	b	c
キ	−	1	2	3	4	5	6	7	8	9	0	a	b	c
ク	−	1	2	3	4	5	6	7	8	9	0	a	b	c
ケ	−	1	2	3	4	5	6	7	8	9	0	a	b	c
コ	−	1	2	3	4	5	6	7	8	9	0	a	b	c
サ	−	1	2	3	4	5	6	7	8	9	0	a	b	c
シ	−	1	2	3	4	5	6	7	8	9	0	a	b	c
ス	−	1	2	3	4	5	6	7	8	9	0	a	b	c
セ	−	1	2	3	4	5	6	7	8	9	0	a	b	c
ソ	−	1	2	3	4	5	6	7	8	9	0	a	b	c
タ	−	1	2	3	4	5	6	7	8	9	0	a	b	c
チ	−	1	2	3	4	5	6	7	8	9	0	a	b	c
ツ	−	1	2	3	4	5	6	7	8	9	0	a	b	c
テ	−	1	2	3	4	5	6	7	8	9	0	a	b	c
ト	−	1	2	3	4	5	6	7	8	9	0	a	b	c
ナ	−	1	2	3	4	5	6	7	8	9	0	a	b	c
ニ	−	1	2	3	4	5	6	7	8	9	0	a	b	c
ヌ	−	1	2	3	4	5	6	7	8	9	0	a	b	c
ネ	−	1	2	3	4	5	6	7	8	9	0	a	b	c
ノ	−	1	2	3	4	5	6	7	8	9	0	a	b	c

第2問

解答番号	−	1	2	3	4	5	6	7	8	9	0	a	b	c
ア	−	1	2	3	4	5	6	7	8	9	0	a	b	c
イ	−	1	2	3	4	5	6	7	8	9	0	a	b	c
ウ	−	1	2	3	4	5	6	7	8	9	0	a	b	c
エ	−	1	2	3	4	5	6	7	8	9	0	a	b	c
オ	−	1	2	3	4	5	6	7	8	9	0	a	b	c
カ	−	1	2	3	4	5	6	7	8	9	0	a	b	c
キ	−	1	2	3	4	5	6	7	8	9	0	a	b	c
ク	−	1	2	3	4	5	6	7	8	9	0	a	b	c
ケ	−	1	2	3	4	5	6	7	8	9	0	a	b	c
コ	−	1	2	3	4	5	6	7	8	9	0	a	b	c
サ	−	1	2	3	4	5	6	7	8	9	0	a	b	c
シ	−	1	2	3	4	5	6	7	8	9	0	a	b	c
ス	−	1	2	3	4	5	6	7	8	9	0	a	b	c
セ	−	1	2	3	4	5	6	7	8	9	0	a	b	c
ソ	−	1	2	3	4	5	6	7	8	9	0	a	b	c
タ	−	1	2	3	4	5	6	7	8	9	0	a	b	c
チ	−	1	2	3	4	5	6	7	8	9	0	a	b	c
ツ	−	1	2	3	4	5	6	7	8	9	0	a	b	c
テ	−	1	2	3	4	5	6	7	8	9	0	a	b	c
ト	−	1	2	3	4	5	6	7	8	9	0	a	b	c
ナ	−	1	2	3	4	5	6	7	8	9	0	a	b	c
ニ	−	1	2	3	4	5	6	7	8	9	0	a	b	c
ヌ	−	1	2	3	4	5	6	7	8	9	0	a	b	c
ネ	−	1	2	3	4	5	6	7	8	9	0	a	b	c
ノ	−	1	2	3	4	5	6	7	8	9	0	a	b	c

第3問

解答番号	−	1	2	3	4	5	6	7	8	9	0	a	b	c
ア	−	1	2	3	4	5	6	7	8	9	0	a	b	c
イ	−	1	2	3	4	5	6	7	8	9	0	a	b	c
ウ	−	1	2	3	4	5	6	7	8	9	0	a	b	c
エ	−	1	2	3	4	5	6	7	8	9	0	a	b	c
オ	−	1	2	3	4	5	6	7	8	9	0	a	b	c
カ	−	1	2	3	4	5	6	7	8	9	0	a	b	c
キ	−	1	2	3	4	5	6	7	8	9	0	a	b	c
ク	−	1	2	3	4	5	6	7	8	9	0	a	b	c
ケ	−	1	2	3	4	5	6	7	8	9	0	a	b	c
コ	−	1	2	3	4	5	6	7	8	9	0	a	b	c
サ	−	1	2	3	4	5	6	7	8	9	0	a	b	c
シ	−	1	2	3	4	5	6	7	8	9	0	a	b	c
ス	−	1	2	3	4	5	6	7	8	9	0	a	b	c
セ	−	1	2	3	4	5	6	7	8	9	0	a	b	c
ソ	−	1	2	3	4	5	6	7	8	9	0	a	b	c
タ	−	1	2	3	4	5	6	7	8	9	0	a	b	c
チ	−	1	2	3	4	5	6	7	8	9	0	a	b	c
ツ	−	1	2	3	4	5	6	7	8	9	0	a	b	c
テ	−	1	2	3	4	5	6	7	8	9	0	a	b	c
ト	−	1	2	3	4	5	6	7	8	9	0	a	b	c
ナ	−	1	2	3	4	5	6	7	8	9	0	a	b	c
ニ	−	1	2	3	4	5	6	7	8	9	0	a	b	c
ヌ	−	1	2	3	4	5	6	7	8	9	0	a	b	c
ネ	−	1	2	3	4	5	6	7	8	9	0	a	b	c
ノ	−	1	2	3	4	5	6	7	8	9	0	a	b	c

第4問

解答番号	−	1	2	3	4	5	6	7	8	9	0	a	b	c
ア	−	1	2	3	4	5	6	7	8	9	0	a	b	c
イ	−	1	2	3	4	5	6	7	8	9	0	a	b	c
ウ	−	1	2	3	4	5	6	7	8	9	0	a	b	c
エ	−	1	2	3	4	5	6	7	8	9	0	a	b	c
オ	−	1	2	3	4	5	6	7	8	9	0	a	b	c
カ	−	1	2	3	4	5	6	7	8	9	0	a	b	c
キ	−	1	2	3	4	5	6	7	8	9	0	a	b	c
ク	−	1	2	3	4	5	6	7	8	9	0	a	b	c
ケ	−	1	2	3	4	5	6	7	8	9	0	a	b	c
コ	−	1	2	3	4	5	6	7	8	9	0	a	b	c
サ	−	1	2	3	4	5	6	7	8	9	0	a	b	c
シ	−	1	2	3	4	5	6	7	8	9	0	a	b	c
ス	−	1	2	3	4	5	6	7	8	9	0	a	b	c
セ	−	1	2	3	4	5	6	7	8	9	0	a	b	c
ソ	−	1	2	3	4	5	6	7	8	9	0	a	b	c
タ	−	1	2	3	4	5	6	7	8	9	0	a	b	c
チ	−	1	2	3	4	5	6	7	8	9	0	a	b	c
ツ	−	1	2	3	4	5	6	7	8	9	0	a	b	c
テ	−	1	2	3	4	5	6	7	8	9	0	a	b	c
ト	−	1	2	3	4	5	6	7	8	9	0	a	b	c
ナ	−	1	2	3	4	5	6	7	8	9	0	a	b	c
ニ	−	1	2	3	4	5	6	7	8	9	0	a	b	c
ヌ	−	1	2	3	4	5	6	7	8	9	0	a	b	c
ネ	−	1	2	3	4	5	6	7	8	9	0	a	b	c
ノ	−	1	2	3	4	5	6	7	8	9	0	a	b	c

記入方法及び注意事項

1.記入は必ず鉛筆またはシャープペンシルで，○の中を正確にぬりつぶして下さい。
2.訂正する場合は，消しゴムできれいに消して下さい。
3.この解答用紙を汚したり，折り曲げたりしないで下さい。

良い例	悪い例
●	⊘ ⊙ ◧

横浜清風高等学校　　2023年度

◇英語◇

※ 133％に拡大していただくと，解答欄は実物大になります。

解答番号	解答記入欄										解答番号	解答記入欄										解答番号	解答記入欄										解答番号	解答記入欄									
	1	2	3	4	5	6	7	8	9	0		1	2	3	4	5	6	7	8	9	0		1	2	3	4	5	6	7	8	9	0		1	2	3	4	5	6	7	8	9	0
1	①	②	③	④	⑤	⑥	⑦	⑧	⑨	⓪	26	①	②	③	④	⑤	⑥	⑦	⑧	⑨	⓪	51	①	②	③	④	⑤	⑥	⑦	⑧	⑨	⓪	76	①	②	③	④	⑤	⑥	⑦	⑧	⑨	⓪
2	①	②	③	④	⑤	⑥	⑦	⑧	⑨	⓪	27	①	②	③	④	⑤	⑥	⑦	⑧	⑨	⓪	52	①	②	③	④	⑤	⑥	⑦	⑧	⑨	⓪	77	①	②	③	④	⑤	⑥	⑦	⑧	⑨	⓪
3	①	②	③	④	⑤	⑥	⑦	⑧	⑨	⓪	28	①	②	③	④	⑤	⑥	⑦	⑧	⑨	⓪	53	①	②	③	④	⑤	⑥	⑦	⑧	⑨	⓪	78	①	②	③	④	⑤	⑥	⑦	⑧	⑨	⓪
4	①	②	③	④	⑤	⑥	⑦	⑧	⑨	⓪	29	①	②	③	④	⑤	⑥	⑦	⑧	⑨	⓪	54	①	②	③	④	⑤	⑥	⑦	⑧	⑨	⓪	79	①	②	③	④	⑤	⑥	⑦	⑧	⑨	⓪
5	①	②	③	④	⑤	⑥	⑦	⑧	⑨	⓪	30	①	②	③	④	⑤	⑥	⑦	⑧	⑨	⓪	55	①	②	③	④	⑤	⑥	⑦	⑧	⑨	⓪	80	①	②	③	④	⑤	⑥	⑦	⑧	⑨	⓪
6	①	②	③	④	⑤	⑥	⑦	⑧	⑨	⓪	31	①	②	③	④	⑤	⑥	⑦	⑧	⑨	⓪	56	①	②	③	④	⑤	⑥	⑦	⑧	⑨	⓪	81	①	②	③	④	⑤	⑥	⑦	⑧	⑨	⓪
7	①	②	③	④	⑤	⑥	⑦	⑧	⑨	⓪	32	①	②	③	④	⑤	⑥	⑦	⑧	⑨	⓪	57	①	②	③	④	⑤	⑥	⑦	⑧	⑨	⓪	82	①	②	③	④	⑤	⑥	⑦	⑧	⑨	⓪
8	①	②	③	④	⑤	⑥	⑦	⑧	⑨	⓪	33	①	②	③	④	⑤	⑥	⑦	⑧	⑨	⓪	58	①	②	③	④	⑤	⑥	⑦	⑧	⑨	⓪	83	①	②	③	④	⑤	⑥	⑦	⑧	⑨	⓪
9	①	②	③	④	⑤	⑥	⑦	⑧	⑨	⓪	34	①	②	③	④	⑤	⑥	⑦	⑧	⑨	⓪	59	①	②	③	④	⑤	⑥	⑦	⑧	⑨	⓪	84	①	②	③	④	⑤	⑥	⑦	⑧	⑨	⓪
10	①	②	③	④	⑤	⑥	⑦	⑧	⑨	⓪	35	①	②	③	④	⑤	⑥	⑦	⑧	⑨	⓪	60	①	②	③	④	⑤	⑥	⑦	⑧	⑨	⓪	85	①	②	③	④	⑤	⑥	⑦	⑧	⑨	⓪
11	①	②	③	④	⑤	⑥	⑦	⑧	⑨	⓪	36	①	②	③	④	⑤	⑥	⑦	⑧	⑨	⓪	61	①	②	③	④	⑤	⑥	⑦	⑧	⑨	⓪	86	①	②	③	④	⑤	⑥	⑦	⑧	⑨	⓪
12	①	②	③	④	⑤	⑥	⑦	⑧	⑨	⓪	37	①	②	③	④	⑤	⑥	⑦	⑧	⑨	⓪	62	①	②	③	④	⑤	⑥	⑦	⑧	⑨	⓪	87	①	②	③	④	⑤	⑥	⑦	⑧	⑨	⓪
13	①	②	③	④	⑤	⑥	⑦	⑧	⑨	⓪	38	①	②	③	④	⑤	⑥	⑦	⑧	⑨	⓪	63	①	②	③	④	⑤	⑥	⑦	⑧	⑨	⓪	88	①	②	③	④	⑤	⑥	⑦	⑧	⑨	⓪
14	①	②	③	④	⑤	⑥	⑦	⑧	⑨	⓪	39	①	②	③	④	⑤	⑥	⑦	⑧	⑨	⓪	64	①	②	③	④	⑤	⑥	⑦	⑧	⑨	⓪	89	①	②	③	④	⑤	⑥	⑦	⑧	⑨	⓪
15	①	②	③	④	⑤	⑥	⑦	⑧	⑨	⓪	40	①	②	③	④	⑤	⑥	⑦	⑧	⑨	⓪	65	①	②	③	④	⑤	⑥	⑦	⑧	⑨	⓪	90	①	②	③	④	⑤	⑥	⑦	⑧	⑨	⓪
16	①	②	③	④	⑤	⑥	⑦	⑧	⑨	⓪	41	①	②	③	④	⑤	⑥	⑦	⑧	⑨	⓪	66	①	②	③	④	⑤	⑥	⑦	⑧	⑨	⓪	91	①	②	③	④	⑤	⑥	⑦	⑧	⑨	⓪
17	①	②	③	④	⑤	⑥	⑦	⑧	⑨	⓪	42	①	②	③	④	⑤	⑥	⑦	⑧	⑨	⓪	67	①	②	③	④	⑤	⑥	⑦	⑧	⑨	⓪	92	①	②	③	④	⑤	⑥	⑦	⑧	⑨	⓪
18	①	②	③	④	⑤	⑥	⑦	⑧	⑨	⓪	43	①	②	③	④	⑤	⑥	⑦	⑧	⑨	⓪	68	①	②	③	④	⑤	⑥	⑦	⑧	⑨	⓪	93	①	②	③	④	⑤	⑥	⑦	⑧	⑨	⓪
19	①	②	③	④	⑤	⑥	⑦	⑧	⑨	⓪	44	①	②	③	④	⑤	⑥	⑦	⑧	⑨	⓪	69	①	②	③	④	⑤	⑥	⑦	⑧	⑨	⓪	94	①	②	③	④	⑤	⑥	⑦	⑧	⑨	⓪
20	①	②	③	④	⑤	⑥	⑦	⑧	⑨	⓪	45	①	②	③	④	⑤	⑥	⑦	⑧	⑨	⓪	70	①	②	③	④	⑤	⑥	⑦	⑧	⑨	⓪	95	①	②	③	④	⑤	⑥	⑦	⑧	⑨	⓪
21	①	②	③	④	⑤	⑥	⑦	⑧	⑨	⓪	46	①	②	③	④	⑤	⑥	⑦	⑧	⑨	⓪	71	①	②	③	④	⑤	⑥	⑦	⑧	⑨	⓪	96	①	②	③	④	⑤	⑥	⑦	⑧	⑨	⓪
22	①	②	③	④	⑤	⑥	⑦	⑧	⑨	⓪	47	①	②	③	④	⑤	⑥	⑦	⑧	⑨	⓪	72	①	②	③	④	⑤	⑥	⑦	⑧	⑨	⓪	97	①	②	③	④	⑤	⑥	⑦	⑧	⑨	⓪
23	①	②	③	④	⑤	⑥	⑦	⑧	⑨	⓪	48	①	②	③	④	⑤	⑥	⑦	⑧	⑨	⓪	73	①	②	③	④	⑤	⑥	⑦	⑧	⑨	⓪	98	①	②	③	④	⑤	⑥	⑦	⑧	⑨	⓪
24	①	②	③	④	⑤	⑥	⑦	⑧	⑨	⓪	49	①	②	③	④	⑤	⑥	⑦	⑧	⑨	⓪	74	①	②	③	④	⑤	⑥	⑦	⑧	⑨	⓪	99	①	②	③	④	⑤	⑥	⑦	⑧	⑨	⓪
25	①	②	③	④	⑤	⑥	⑦	⑧	⑨	⓪	50	①	②	③	④	⑤	⑥	⑦	⑧	⑨	⓪	75	①	②	③	④	⑤	⑥	⑦	⑧	⑨	⓪	100	①	②	③	④	⑤	⑥	⑦	⑧	⑨	⓪

記入方法及び注意事項

1.記入は必ず鉛筆またはシャープペンシルで，◯の中を正確にぬりつぶして下さい。

2.訂正する場合は，消しゴムできれいに消して下さい。

3.この解答用紙を汚したり，折り曲げたりしないで下さい。

良い例	悪い例
●	∅ ⊙ ◨

横浜清風高等学校　2023年度

◇国語◇

※ 133％に拡大していただくと，解答欄は実物大になります。

解答番号	解答記入欄									
	1	2	3	4	5	6	7	8	9	0
1	①	②	③	④	⑤	⑥	⑦	⑧	⑨	⓪
2	①	②	③	④	⑤	⑥	⑦	⑧	⑨	⓪
3	①	②	③	④	⑤	⑥	⑦	⑧	⑨	⓪
4	①	②	③	④	⑤	⑥	⑦	⑧	⑨	⓪
5	①	②	③	④	⑤	⑥	⑦	⑧	⑨	⓪
6	①	②	③	④	⑤	⑥	⑦	⑧	⑨	⓪
7	①	②	③	④	⑤	⑥	⑦	⑧	⑨	⓪
8	①	②	③	④	⑤	⑥	⑦	⑧	⑨	⓪
9	①	②	③	④	⑤	⑥	⑦	⑧	⑨	⓪
10	①	②	③	④	⑤	⑥	⑦	⑧	⑨	⓪
11	①	②	③	④	⑤	⑥	⑦	⑧	⑨	⓪
12	①	②	③	④	⑤	⑥	⑦	⑧	⑨	⓪
13	①	②	③	④	⑤	⑥	⑦	⑧	⑨	⓪
14	①	②	③	④	⑤	⑥	⑦	⑧	⑨	⓪
15	①	②	③	④	⑤	⑥	⑦	⑧	⑨	⓪
16	①	②	③	④	⑤	⑥	⑦	⑧	⑨	⓪
17	①	②	③	④	⑤	⑥	⑦	⑧	⑨	⓪
18	①	②	③	④	⑤	⑥	⑦	⑧	⑨	⓪
19	①	②	③	④	⑤	⑥	⑦	⑧	⑨	⓪
20	①	②	③	④	⑤	⑥	⑦	⑧	⑨	⓪
21	①	②	③	④	⑤	⑥	⑦	⑧	⑨	⓪
22	①	②	③	④	⑤	⑥	⑦	⑧	⑨	⓪
23	①	②	③	④	⑤	⑥	⑦	⑧	⑨	⓪
24	①	②	③	④	⑤	⑥	⑦	⑧	⑨	⓪
25	①	②	③	④	⑤	⑥	⑦	⑧	⑨	⓪

解答番号	解答記入欄									
	1	2	3	4	5	6	7	8	9	0
26	①	②	③	④	⑤	⑥	⑦	⑧	⑨	⓪
27	①	②	③	④	⑤	⑥	⑦	⑧	⑨	⓪
28	①	②	③	④	⑤	⑥	⑦	⑧	⑨	⓪
29	①	②	③	④	⑤	⑥	⑦	⑧	⑨	⓪
30	①	②	③	④	⑤	⑥	⑦	⑧	⑨	⓪
31	①	②	③	④	⑤	⑥	⑦	⑧	⑨	⓪
32	①	②	③	④	⑤	⑥	⑦	⑧	⑨	⓪
33	①	②	③	④	⑤	⑥	⑦	⑧	⑨	⓪
34	①	②	③	④	⑤	⑥	⑦	⑧	⑨	⓪
35	①	②	③	④	⑤	⑥	⑦	⑧	⑨	⓪
36	①	②	③	④	⑤	⑥	⑦	⑧	⑨	⓪
37	①	②	③	④	⑤	⑥	⑦	⑧	⑨	⓪
38	①	②	③	④	⑤	⑥	⑦	⑧	⑨	⓪
39	①	②	③	④	⑤	⑥	⑦	⑧	⑨	⓪
40	①	②	③	④	⑤	⑥	⑦	⑧	⑨	⓪
41	①	②	③	④	⑤	⑥	⑦	⑧	⑨	⓪
42	①	②	③	④	⑤	⑥	⑦	⑧	⑨	⓪
43	①	②	③	④	⑤	⑥	⑦	⑧	⑨	⓪
44	①	②	③	④	⑤	⑥	⑦	⑧	⑨	⓪
45	①	②	③	④	⑤	⑥	⑦	⑧	⑨	⓪
46	①	②	③	④	⑤	⑥	⑦	⑧	⑨	⓪
47	①	②	③	④	⑤	⑥	⑦	⑧	⑨	⓪
48	①	②	③	④	⑤	⑥	⑦	⑧	⑨	⓪
49	①	②	③	④	⑤	⑥	⑦	⑧	⑨	⓪
50	①	②	③	④	⑤	⑥	⑦	⑧	⑨	⓪

解答番号	解答記入欄									
	1	2	3	4	5	6	7	8	9	0
51	①	②	③	④	⑤	⑥	⑦	⑧	⑨	⓪
52	①	②	③	④	⑤	⑥	⑦	⑧	⑨	⓪
53	①	②	③	④	⑤	⑥	⑦	⑧	⑨	⓪
54	①	②	③	④	⑤	⑥	⑦	⑧	⑨	⓪
55	①	②	③	④	⑤	⑥	⑦	⑧	⑨	⓪
56	①	②	③	④	⑤	⑥	⑦	⑧	⑨	⓪
57	①	②	③	④	⑤	⑥	⑦	⑧	⑨	⓪
58	①	②	③	④	⑤	⑥	⑦	⑧	⑨	⓪
59	①	②	③	④	⑤	⑥	⑦	⑧	⑨	⓪
60	①	②	③	④	⑤	⑥	⑦	⑧	⑨	⓪
61	①	②	③	④	⑤	⑥	⑦	⑧	⑨	⓪
62	①	②	③	④	⑤	⑥	⑦	⑧	⑨	⓪
63	①	②	③	④	⑤	⑥	⑦	⑧	⑨	⓪
64	①	②	③	④	⑤	⑥	⑦	⑧	⑨	⓪
65	①	②	③	④	⑤	⑥	⑦	⑧	⑨	⓪
66	①	②	③	④	⑤	⑥	⑦	⑧	⑨	⓪
67	①	②	③	④	⑤	⑥	⑦	⑧	⑨	⓪
68	①	②	③	④	⑤	⑥	⑦	⑧	⑨	⓪
69	①	②	③	④	⑤	⑥	⑦	⑧	⑨	⓪
70	①	②	③	④	⑤	⑥	⑦	⑧	⑨	⓪
71	①	②	③	④	⑤	⑥	⑦	⑧	⑨	⓪
72	①	②	③	④	⑤	⑥	⑦	⑧	⑨	⓪
73	①	②	③	④	⑤	⑥	⑦	⑧	⑨	⓪
74	①	②	③	④	⑤	⑥	⑦	⑧	⑨	⓪
75	①	②	③	④	⑤	⑥	⑦	⑧	⑨	⓪

解答番号	解答記入欄									
	1	2	3	4	5	6	7	8	9	0
76	①	②	③	④	⑤	⑥	⑦	⑧	⑨	⓪
77	①	②	③	④	⑤	⑥	⑦	⑧	⑨	⓪
78	①	②	③	④	⑤	⑥	⑦	⑧	⑨	⓪
79	①	②	③	④	⑤	⑥	⑦	⑧	⑨	⓪
80	①	②	③	④	⑤	⑥	⑦	⑧	⑨	⓪
81	①	②	③	④	⑤	⑥	⑦	⑧	⑨	⓪
82	①	②	③	④	⑤	⑥	⑦	⑧	⑨	⓪
83	①	②	③	④	⑤	⑥	⑦	⑧	⑨	⓪
84	①	②	③	④	⑤	⑥	⑦	⑧	⑨	⓪
85	①	②	③	④	⑤	⑥	⑦	⑧	⑨	⓪
86	①	②	③	④	⑤	⑥	⑦	⑧	⑨	⓪
87	①	②	③	④	⑤	⑥	⑦	⑧	⑨	⓪
88	①	②	③	④	⑤	⑥	⑦	⑧	⑨	⓪
89	①	②	③	④	⑤	⑥	⑦	⑧	⑨	⓪
90	①	②	③	④	⑤	⑥	⑦	⑧	⑨	⓪
91	①	②	③	④	⑤	⑥	⑦	⑧	⑨	⓪
92	①	②	③	④	⑤	⑥	⑦	⑧	⑨	⓪
93	①	②	③	④	⑤	⑥	⑦	⑧	⑨	⓪
94	①	②	③	④	⑤	⑥	⑦	⑧	⑨	⓪
95	①	②	③	④	⑤	⑥	⑦	⑧	⑨	⓪
96	①	②	③	④	⑤	⑥	⑦	⑧	⑨	⓪
97	①	②	③	④	⑤	⑥	⑦	⑧	⑨	⓪
98	①	②	③	④	⑤	⑥	⑦	⑧	⑨	⓪
99	①	②	③	④	⑤	⑥	⑦	⑧	⑨	⓪
100	①	②	③	④	⑤	⑥	⑦	⑧	⑨	⓪

記入方法及び注意事項

1.記入は必ず鉛筆またはシャープペンシルで，○の中を正確にぬりつぶして下さい。
2.訂正する場合は，消しゴムできれいに消して下さい。
3.この解答用紙を汚したり，折り曲げたりしないで下さい。

良い例	悪い例
●	⊘ ⊙ ◐

横浜清風高等学校　2022年度

◇数学◇

※ 133%に拡大していただくと，解答欄は実物大になります。

第１問

解答番号	−	1	2	3	4	5	6	7	8	9	0	a	b	c
ア	−	1	2	3	4	5	6	7	8	9	0	a	b	c
イ	−	1	2	3	4	5	6	7	8	9	0	a	b	c
ウ	−	1	2	3	4	5	6	7	8	9	0	a	b	c
エ	−	1	2	3	4	5	6	7	8	9	0	a	b	c
オ	−	1	2	3	4	5	6	7	8	9	0	a	b	c
カ	−	1	2	3	4	5	6	7	8	9	0	a	b	c
キ	−	1	2	3	4	5	6	7	8	9	0	a	b	c
ク	−	1	2	3	4	5	6	7	8	9	0	a	b	c
ケ	−	1	2	3	4	5	6	7	8	9	0	a	b	c
コ	−	1	2	3	4	5	6	7	8	9	0	a	b	c
サ	−	1	2	3	4	5	6	7	8	9	0	a	b	c
シ	−	1	2	3	4	5	6	7	8	9	0	a	b	c
ス	−	1	2	3	4	5	6	7	8	9	0	a	b	c
セ	−	1	2	3	4	5	6	7	8	9	0	a	b	c
ソ	−	1	2	3	4	5	6	7	8	9	0	a	b	c
タ	−	1	2	3	4	5	6	7	8	9	0	a	b	c
チ	−	1	2	3	4	5	6	7	8	9	0	a	b	c
ツ	−	1	2	3	4	5	6	7	8	9	0	a	b	c
テ	−	1	2	3	4	5	6	7	8	9	0	a	b	c
ト	−	1	2	3	4	5	6	7	8	9	0	a	b	c
ナ	−	1	2	3	4	5	6	7	8	9	0	a	b	c
ニ	−	1	2	3	4	5	6	7	8	9	0	a	b	c
ヌ	−	1	2	3	4	5	6	7	8	9	0	a	b	c
ネ	−	1	2	3	4	5	6	7	8	9	0	a	b	c
ノ	−	1	2	3	4	5	6	7	8	9	0	a	b	c

第２問

解答番号	−	1	2	3	4	5	6	7	8	9	0	a	b	c
ア	−	1	2	3	4	5	6	7	8	9	0	a	b	c
イ	−	1	2	3	4	5	6	7	8	9	0	a	b	c
ウ	−	1	2	3	4	5	6	7	8	9	0	a	b	c
エ	−	1	2	3	4	5	6	7	8	9	0	a	b	c
オ	−	1	2	3	4	5	6	7	8	9	0	a	b	c
カ	−	1	2	3	4	5	6	7	8	9	0	a	b	c
キ	−	1	2	3	4	5	6	7	8	9	0	a	b	c
ク	−	1	2	3	4	5	6	7	8	9	0	a	b	c
ケ	−	1	2	3	4	5	6	7	8	9	0	a	b	c
コ	−	1	2	3	4	5	6	7	8	9	0	a	b	c
サ	−	1	2	3	4	5	6	7	8	9	0	a	b	c
シ	−	1	2	3	4	5	6	7	8	9	0	a	b	c
ス	−	1	2	3	4	5	6	7	8	9	0	a	b	c
セ	−	1	2	3	4	5	6	7	8	9	0	a	b	c
ソ	−	1	2	3	4	5	6	7	8	9	0	a	b	c
タ	−	1	2	3	4	5	6	7	8	9	0	a	b	c
チ	−	1	2	3	4	5	6	7	8	9	0	a	b	c
ツ	−	1	2	3	4	5	6	7	8	9	0	a	b	c
テ	−	1	2	3	4	5	6	7	8	9	0	a	b	c
ト	−	1	2	3	4	5	6	7	8	9	0	a	b	c
ナ	−	1	2	3	4	5	6	7	8	9	0	a	b	c
ニ	−	1	2	3	4	5	6	7	8	9	0	a	b	c
ヌ	−	1	2	3	4	5	6	7	8	9	0	a	b	c
ネ	−	1	2	3	4	5	6	7	8	9	0	a	b	c
ノ	−	1	2	3	4	5	6	7	8	9	0	a	b	c

第３問

解答番号	−	1	2	3	4	5	6	7	8	9	0	a	b	c
ア	−	1	2	3	4	5	6	7	8	9	0	a	b	c
イ	−	1	2	3	4	5	6	7	8	9	0	a	b	c
ウ	−	1	2	3	4	5	6	7	8	9	0	a	b	c
エ	−	1	2	3	4	5	6	7	8	9	0	a	b	c
オ	−	1	2	3	4	5	6	7	8	9	0	a	b	c
カ	−	1	2	3	4	5	6	7	8	9	0	a	b	c
キ	−	1	2	3	4	5	6	7	8	9	0	a	b	c
ク	−	1	2	3	4	5	6	7	8	9	0	a	b	c
ケ	−	1	2	3	4	5	6	7	8	9	0	a	b	c
コ	−	1	2	3	4	5	6	7	8	9	0	a	b	c
サ	−	1	2	3	4	5	6	7	8	9	0	a	b	c
シ	−	1	2	3	4	5	6	7	8	9	0	a	b	c
ス	−	1	2	3	4	5	6	7	8	9	0	a	b	c
セ	−	1	2	3	4	5	6	7	8	9	0	a	b	c
ソ	−	1	2	3	4	5	6	7	8	9	0	a	b	c
タ	−	1	2	3	4	5	6	7	8	9	0	a	b	c
チ	−	1	2	3	4	5	6	7	8	9	0	a	b	c
ツ	−	1	2	3	4	5	6	7	8	9	0	a	b	c
テ	−	1	2	3	4	5	6	7	8	9	0	a	b	c
ト	−	1	2	3	4	5	6	7	8	9	0	a	b	c
ナ	−	1	2	3	4	5	6	7	8	9	0	a	b	c
ニ	−	1	2	3	4	5	6	7	8	9	0	a	b	c
ヌ	−	1	2	3	4	5	6	7	8	9	0	a	b	c
ネ	−	1	2	3	4	5	6	7	8	9	0	a	b	c
ノ	−	1	2	3	4	5	6	7	8	9	0	a	b	c

第４問

解答番号	−	1	2	3	4	5	6	7	8	9	0	a	b	c
ア	−	1	2	3	4	5	6	7	8	9	0	a	b	c
イ	−	1	2	3	4	5	6	7	8	9	0	a	b	c
ウ	−	1	2	3	4	5	6	7	8	9	0	a	b	c
エ	−	1	2	3	4	5	6	7	8	9	0	a	b	c
オ	−	1	2	3	4	5	6	7	8	9	0	a	b	c
カ	−	1	2	3	4	5	6	7	8	9	0	a	b	c
キ	−	1	2	3	4	5	6	7	8	9	0	a	b	c
ク	−	1	2	3	4	5	6	7	8	9	0	a	b	c
ケ	−	1	2	3	4	5	6	7	8	9	0	a	b	c
コ	−	1	2	3	4	5	6	7	8	9	0	a	b	c
サ	−	1	2	3	4	5	6	7	8	9	0	a	b	c
シ	−	1	2	3	4	5	6	7	8	9	0	a	b	c
ス	−	1	2	3	4	5	6	7	8	9	0	a	b	c
セ	−	1	2	3	4	5	6	7	8	9	0	a	b	c
ソ	−	1	2	3	4	5	6	7	8	9	0	a	b	c
タ	−	1	2	3	4	5	6	7	8	9	0	a	b	c
チ	−	1	2	3	4	5	6	7	8	9	0	a	b	c
ツ	−	1	2	3	4	5	6	7	8	9	0	a	b	c
テ	−	1	2	3	4	5	6	7	8	9	0	a	b	c
ト	−	1	2	3	4	5	6	7	8	9	0	a	b	c
ナ	−	1	2	3	4	5	6	7	8	9	0	a	b	c
ニ	−	1	2	3	4	5	6	7	8	9	0	a	b	c
ヌ	−	1	2	3	4	5	6	7	8	9	0	a	b	c
ネ	−	1	2	3	4	5	6	7	8	9	0	a	b	c
ノ	−	1	2	3	4	5	6	7	8	9	0	a	b	c

記入方法及び注意事項

1.記入は必ず鉛筆またはシャープペンシルで，◯の中を正確にぬりつぶして下さい。
2.訂正する場合は，消しゴムできれいに消して下さい。
3.この解答用紙を汚したり，折り曲げたりしないで下さい。

良い例	悪い例
●	⌀ ⊙ ◐

横浜清風高等学校　2022年度

◇英語◇

※ 133％に拡大していただくと，解答欄は実物大になります。

解答番号	解答記入欄										解答番号	解答記入欄										解答番号	解答記入欄										解答番号	解答記入欄									
	1	2	3	4	5	6	7	8	9	0		1	2	3	4	5	6	7	8	9	0		1	2	3	4	5	6	7	8	9	0		1	2	3	4	5	6	7	8	9	0
1	①	②	③	④	⑤	⑥	⑦	⑧	⑨	⓪	26	①	②	③	④	⑤	⑥	⑦	⑧	⑨	⓪	51	①	②	③	④	⑤	⑥	⑦	⑧	⑨	⓪	76	①	②	③	④	⑤	⑥	⑦	⑧	⑨	⓪
2	①	②	③	④	⑤	⑥	⑦	⑧	⑨	⓪	27	①	②	③	④	⑤	⑥	⑦	⑧	⑨	⓪	52	①	②	③	④	⑤	⑥	⑦	⑧	⑨	⓪	77	①	②	③	④	⑤	⑥	⑦	⑧	⑨	⓪
3	①	②	③	④	⑤	⑥	⑦	⑧	⑨	⓪	28	①	②	③	④	⑤	⑥	⑦	⑧	⑨	⓪	53	①	②	③	④	⑤	⑥	⑦	⑧	⑨	⓪	78	①	②	③	④	⑤	⑥	⑦	⑧	⑨	⓪
4	①	②	③	④	⑤	⑥	⑦	⑧	⑨	⓪	29	①	②	③	④	⑤	⑥	⑦	⑧	⑨	⓪	54	①	②	③	④	⑤	⑥	⑦	⑧	⑨	⓪	79	①	②	③	④	⑤	⑥	⑦	⑧	⑨	⓪
5	①	②	③	④	⑤	⑥	⑦	⑧	⑨	⓪	30	①	②	③	④	⑤	⑥	⑦	⑧	⑨	⓪	55	①	②	③	④	⑤	⑥	⑦	⑧	⑨	⓪	80	①	②	③	④	⑤	⑥	⑦	⑧	⑨	⓪
6	①	②	③	④	⑤	⑥	⑦	⑧	⑨	⓪	31	①	②	③	④	⑤	⑥	⑦	⑧	⑨	⓪	56	①	②	③	④	⑤	⑥	⑦	⑧	⑨	⓪	81	①	②	③	④	⑤	⑥	⑦	⑧	⑨	⓪
7	①	②	③	④	⑤	⑥	⑦	⑧	⑨	⓪	32	①	②	③	④	⑤	⑥	⑦	⑧	⑨	⓪	57	①	②	③	④	⑤	⑥	⑦	⑧	⑨	⓪	82	①	②	③	④	⑤	⑥	⑦	⑧	⑨	⓪
8	①	②	③	④	⑤	⑥	⑦	⑧	⑨	⓪	33	①	②	③	④	⑤	⑥	⑦	⑧	⑨	⓪	58	①	②	③	④	⑤	⑥	⑦	⑧	⑨	⓪	83	①	②	③	④	⑤	⑥	⑦	⑧	⑨	⓪
9	①	②	③	④	⑤	⑥	⑦	⑧	⑨	⓪	34	①	②	③	④	⑤	⑥	⑦	⑧	⑨	⓪	59	①	②	③	④	⑤	⑥	⑦	⑧	⑨	⓪	84	①	②	③	④	⑤	⑥	⑦	⑧	⑨	⓪
10	①	②	③	④	⑤	⑥	⑦	⑧	⑨	⓪	35	①	②	③	④	⑤	⑥	⑦	⑧	⑨	⓪	60	①	②	③	④	⑤	⑥	⑦	⑧	⑨	⓪	85	①	②	③	④	⑤	⑥	⑦	⑧	⑨	⓪
11	①	②	③	④	⑤	⑥	⑦	⑧	⑨	⓪	36	①	②	③	④	⑤	⑥	⑦	⑧	⑨	⓪	61	①	②	③	④	⑤	⑥	⑦	⑧	⑨	⓪	86	①	②	③	④	⑤	⑥	⑦	⑧	⑨	⓪
12	①	②	③	④	⑤	⑥	⑦	⑧	⑨	⓪	37	①	②	③	④	⑤	⑥	⑦	⑧	⑨	⓪	62	①	②	③	④	⑤	⑥	⑦	⑧	⑨	⓪	87	①	②	③	④	⑤	⑥	⑦	⑧	⑨	⓪
13	①	②	③	④	⑤	⑥	⑦	⑧	⑨	⓪	38	①	②	③	④	⑤	⑥	⑦	⑧	⑨	⓪	63	①	②	③	④	⑤	⑥	⑦	⑧	⑨	⓪	88	①	②	③	④	⑤	⑥	⑦	⑧	⑨	⓪
14	①	②	③	④	⑤	⑥	⑦	⑧	⑨	⓪	39	①	②	③	④	⑤	⑥	⑦	⑧	⑨	⓪	64	①	②	③	④	⑤	⑥	⑦	⑧	⑨	⓪	89	①	②	③	④	⑤	⑥	⑦	⑧	⑨	⓪
15	①	②	③	④	⑤	⑥	⑦	⑧	⑨	⓪	40	①	②	③	④	⑤	⑥	⑦	⑧	⑨	⓪	65	①	②	③	④	⑤	⑥	⑦	⑧	⑨	⓪	90	①	②	③	④	⑤	⑥	⑦	⑧	⑨	⓪
16	①	②	③	④	⑤	⑥	⑦	⑧	⑨	⓪	41	①	②	③	④	⑤	⑥	⑦	⑧	⑨	⓪	66	①	②	③	④	⑤	⑥	⑦	⑧	⑨	⓪	91	①	②	③	④	⑤	⑥	⑦	⑧	⑨	⓪
17	①	②	③	④	⑤	⑥	⑦	⑧	⑨	⓪	42	①	②	③	④	⑤	⑥	⑦	⑧	⑨	⓪	67	①	②	③	④	⑤	⑥	⑦	⑧	⑨	⓪	92	①	②	③	④	⑤	⑥	⑦	⑧	⑨	⓪
18	①	②	③	④	⑤	⑥	⑦	⑧	⑨	⓪	43	①	②	③	④	⑤	⑥	⑦	⑧	⑨	⓪	68	①	②	③	④	⑤	⑥	⑦	⑧	⑨	⓪	93	①	②	③	④	⑤	⑥	⑦	⑧	⑨	⓪
19	①	②	③	④	⑤	⑥	⑦	⑧	⑨	⓪	44	①	②	③	④	⑤	⑥	⑦	⑧	⑨	⓪	69	①	②	③	④	⑤	⑥	⑦	⑧	⑨	⓪	94	①	②	③	④	⑤	⑥	⑦	⑧	⑨	⓪
20	①	②	③	④	⑤	⑥	⑦	⑧	⑨	⓪	45	①	②	③	④	⑤	⑥	⑦	⑧	⑨	⓪	70	①	②	③	④	⑤	⑥	⑦	⑧	⑨	⓪	95	①	②	③	④	⑤	⑥	⑦	⑧	⑨	⓪
21	①	②	③	④	⑤	⑥	⑦	⑧	⑨	⓪	46	①	②	③	④	⑤	⑥	⑦	⑧	⑨	⓪	71	①	②	③	④	⑤	⑥	⑦	⑧	⑨	⓪	96	①	②	③	④	⑤	⑥	⑦	⑧	⑨	⓪
22	①	②	③	④	⑤	⑥	⑦	⑧	⑨	⓪	47	①	②	③	④	⑤	⑥	⑦	⑧	⑨	⓪	72	①	②	③	④	⑤	⑥	⑦	⑧	⑨	⓪	97	①	②	③	④	⑤	⑥	⑦	⑧	⑨	⓪
23	①	②	③	④	⑤	⑥	⑦	⑧	⑨	⓪	48	①	②	③	④	⑤	⑥	⑦	⑧	⑨	⓪	73	①	②	③	④	⑤	⑥	⑦	⑧	⑨	⓪	98	①	②	③	④	⑤	⑥	⑦	⑧	⑨	⓪
24	①	②	③	④	⑤	⑥	⑦	⑧	⑨	⓪	49	①	②	③	④	⑤	⑥	⑦	⑧	⑨	⓪	74	①	②	③	④	⑤	⑥	⑦	⑧	⑨	⓪	99	①	②	③	④	⑤	⑥	⑦	⑧	⑨	⓪
25	①	②	③	④	⑤	⑥	⑦	⑧	⑨	⓪	50	①	②	③	④	⑤	⑥	⑦	⑧	⑨	⓪	75	①	②	③	④	⑤	⑥	⑦	⑧	⑨	⓪	100	①	②	③	④	⑤	⑥	⑦	⑧	⑨	⓪

記入方法及び注意事項

1.記入は必ず鉛筆またはシャープペンシルで，◯の中を正確にぬりつぶして下さい。

2.訂正する場合は，消しゴムできれいに消して下さい。

3.この解答用紙を汚したり，折り曲げたりしないで下さい。

良い例	悪い例
●	⊘ ⊙ ◐

横浜清風高等学校　2022年度

◇国語◇

※ 133%に拡大していただくと，解答欄は実物大になります。

解答番号	解答記入欄									
	1	2	3	4	5	6	7	8	9	0
1	①	②	③	④	⑤	⑥	⑦	⑧	⑨	⓪
2	①	②	③	④	⑤	⑥	⑦	⑧	⑨	⓪
3	①	②	③	④	⑤	⑥	⑦	⑧	⑨	⓪
4	①	②	③	④	⑤	⑥	⑦	⑧	⑨	⓪
5	①	②	③	④	⑤	⑥	⑦	⑧	⑨	⓪
6	①	②	③	④	⑤	⑥	⑦	⑧	⑨	⓪
7	①	②	③	④	⑤	⑥	⑦	⑧	⑨	⓪
8	①	②	③	④	⑤	⑥	⑦	⑧	⑨	⓪
9	①	②	③	④	⑤	⑥	⑦	⑧	⑨	⓪
10	①	②	③	④	⑤	⑥	⑦	⑧	⑨	⓪
11	①	②	③	④	⑤	⑥	⑦	⑧	⑨	⓪
12	①	②	③	④	⑤	⑥	⑦	⑧	⑨	⓪
13	①	②	③	④	⑤	⑥	⑦	⑧	⑨	⓪
14	①	②	③	④	⑤	⑥	⑦	⑧	⑨	⓪
15	①	②	③	④	⑤	⑥	⑦	⑧	⑨	⓪
16	①	②	③	④	⑤	⑥	⑦	⑧	⑨	⓪
17	①	②	③	④	⑤	⑥	⑦	⑧	⑨	⓪
18	①	②	③	④	⑤	⑥	⑦	⑧	⑨	⓪
19	①	②	③	④	⑤	⑥	⑦	⑧	⑨	⓪
20	①	②	③	④	⑤	⑥	⑦	⑧	⑨	⓪
21	①	②	③	④	⑤	⑥	⑦	⑧	⑨	⓪
22	①	②	③	④	⑤	⑥	⑦	⑧	⑨	⓪
23	①	②	③	④	⑤	⑥	⑦	⑧	⑨	⓪
24	①	②	③	④	⑤	⑥	⑦	⑧	⑨	⓪
25	①	②	③	④	⑤	⑥	⑦	⑧	⑨	⓪

解答番号	解答記入欄									
	1	2	3	4	5	6	7	8	9	0
26	①	②	③	④	⑤	⑥	⑦	⑧	⑨	⓪
27	①	②	③	④	⑤	⑥	⑦	⑧	⑨	⓪
28	①	②	③	④	⑤	⑥	⑦	⑧	⑨	⓪
29	①	②	③	④	⑤	⑥	⑦	⑧	⑨	⓪
30	①	②	③	④	⑤	⑥	⑦	⑧	⑨	⓪
31	①	②	③	④	⑤	⑥	⑦	⑧	⑨	⓪
32	①	②	③	④	⑤	⑥	⑦	⑧	⑨	⓪
33	①	②	③	④	⑤	⑥	⑦	⑧	⑨	⓪
34	①	②	③	④	⑤	⑥	⑦	⑧	⑨	⓪
35	①	②	③	④	⑤	⑥	⑦	⑧	⑨	⓪
36	①	②	③	④	⑤	⑥	⑦	⑧	⑨	⓪
37	①	②	③	④	⑤	⑥	⑦	⑧	⑨	⓪
38	①	②	③	④	⑤	⑥	⑦	⑧	⑨	⓪
39	①	②	③	④	⑤	⑥	⑦	⑧	⑨	⓪
40	①	②	③	④	⑤	⑥	⑦	⑧	⑨	⓪
41	①	②	③	④	⑤	⑥	⑦	⑧	⑨	⓪
42	①	②	③	④	⑤	⑥	⑦	⑧	⑨	⓪
43	①	②	③	④	⑤	⑥	⑦	⑧	⑨	⓪
44	①	②	③	④	⑤	⑥	⑦	⑧	⑨	⓪
45	①	②	③	④	⑤	⑥	⑦	⑧	⑨	⓪
46	①	②	③	④	⑤	⑥	⑦	⑧	⑨	⓪
47	①	②	③	④	⑤	⑥	⑦	⑧	⑨	⓪
48	①	②	③	④	⑤	⑥	⑦	⑧	⑨	⓪
49	①	②	③	④	⑤	⑥	⑦	⑧	⑨	⓪
50	①	②	③	④	⑤	⑥	⑦	⑧	⑨	⓪

解答番号	解答記入欄									
	1	2	3	4	5	6	7	8	9	0
51	①	②	③	④	⑤	⑥	⑦	⑧	⑨	⓪
52	①	②	③	④	⑤	⑥	⑦	⑧	⑨	⓪
53	①	②	③	④	⑤	⑥	⑦	⑧	⑨	⓪
54	①	②	③	④	⑤	⑥	⑦	⑧	⑨	⓪
55	①	②	③	④	⑤	⑥	⑦	⑧	⑨	⓪
56	①	②	③	④	⑤	⑥	⑦	⑧	⑨	⓪
57	①	②	③	④	⑤	⑥	⑦	⑧	⑨	⓪
58	①	②	③	④	⑤	⑥	⑦	⑧	⑨	⓪
59	①	②	③	④	⑤	⑥	⑦	⑧	⑨	⓪
60	①	②	③	④	⑤	⑥	⑦	⑧	⑨	⓪
61	①	②	③	④	⑤	⑥	⑦	⑧	⑨	⓪
62	①	②	③	④	⑤	⑥	⑦	⑧	⑨	⓪
63	①	②	③	④	⑤	⑥	⑦	⑧	⑨	⓪
64	①	②	③	④	⑤	⑥	⑦	⑧	⑨	⓪
65	①	②	③	④	⑤	⑥	⑦	⑧	⑨	⓪
66	①	②	③	④	⑤	⑥	⑦	⑧	⑨	⓪
67	①	②	③	④	⑤	⑥	⑦	⑧	⑨	⓪
68	①	②	③	④	⑤	⑥	⑦	⑧	⑨	⓪
69	①	②	③	④	⑤	⑥	⑦	⑧	⑨	⓪
70	①	②	③	④	⑤	⑥	⑦	⑧	⑨	⓪
71	①	②	③	④	⑤	⑥	⑦	⑧	⑨	⓪
72	①	②	③	④	⑤	⑥	⑦	⑧	⑨	⓪
73	①	②	③	④	⑤	⑥	⑦	⑧	⑨	⓪
74	①	②	③	④	⑤	⑥	⑦	⑧	⑨	⓪
75	①	②	③	④	⑤	⑥	⑦	⑧	⑨	⓪

解答番号	解答記入欄									
	1	2	3	4	5	6	7	8	9	0
76	①	②	③	④	⑤	⑥	⑦	⑧	⑨	⓪
77	①	②	③	④	⑤	⑥	⑦	⑧	⑨	⓪
78	①	②	③	④	⑤	⑥	⑦	⑧	⑨	⓪
79	①	②	③	④	⑤	⑥	⑦	⑧	⑨	⓪
80	①	②	③	④	⑤	⑥	⑦	⑧	⑨	⓪
81	①	②	③	④	⑤	⑥	⑦	⑧	⑨	⓪
82	①	②	③	④	⑤	⑥	⑦	⑧	⑨	⓪
83	①	②	③	④	⑤	⑥	⑦	⑧	⑨	⓪
84	①	②	③	④	⑤	⑥	⑦	⑧	⑨	⓪
85	①	②	③	④	⑤	⑥	⑦	⑧	⑨	⓪
86	①	②	③	④	⑤	⑥	⑦	⑧	⑨	⓪
87	①	②	③	④	⑤	⑥	⑦	⑧	⑨	⓪
88	①	②	③	④	⑤	⑥	⑦	⑧	⑨	⓪
89	①	②	③	④	⑤	⑥	⑦	⑧	⑨	⓪
90	①	②	③	④	⑤	⑥	⑦	⑧	⑨	⓪
91	①	②	③	④	⑤	⑥	⑦	⑧	⑨	⓪
92	①	②	③	④	⑤	⑥	⑦	⑧	⑨	⓪
93	①	②	③	④	⑤	⑥	⑦	⑧	⑨	⓪
94	①	②	③	④	⑤	⑥	⑦	⑧	⑨	⓪
95	①	②	③	④	⑤	⑥	⑦	⑧	⑨	⓪
96	①	②	③	④	⑤	⑥	⑦	⑧	⑨	⓪
97	①	②	③	④	⑤	⑥	⑦	⑧	⑨	⓪
98	①	②	③	④	⑤	⑥	⑦	⑧	⑨	⓪
99	①	②	③	④	⑤	⑥	⑦	⑧	⑨	⓪
100	①	②	③	④	⑤	⑥	⑦	⑧	⑨	⓪

記入方法及び注意事項

1.記入は必ず鉛筆またはシャープペンシルで，◯の中を正確にぬりつぶして下さい。

2.訂正する場合は，消しゴムできれいに消して下さい。

3.この解答用紙を汚したり，折り曲げたりしないで下さい。

良い例	悪い例
●	⊘ ⊙ ◐

横浜清風高等学校　2021年度

◇数学◇

※117%に拡大していただくと，解答欄は実物大になります。

第１問

解答番号	−	1	2	3	4	5	6	7	8	9	0	a	b	c
ア	⊖	①	②	③	④	⑤	⑥	⑦	⑧	⑨	⓪	ⓐ	ⓑ	ⓒ
イ	⊖	①	②	③	④	⑤	⑥	⑦	⑧	⑨	⓪	ⓐ	ⓑ	ⓒ
ウ	⊖	①	②	③	④	⑤	⑥	⑦	⑧	⑨	⓪	ⓐ	ⓑ	ⓒ
エ	⊖	①	②	③	④	⑤	⑥	⑦	⑧	⑨	⓪	ⓐ	ⓑ	ⓒ
オ	⊖	①	②	③	④	⑤	⑥	⑦	⑧	⑨	⓪	ⓐ	ⓑ	ⓒ
カ	⊖	①	②	③	④	⑤	⑥	⑦	⑧	⑨	⓪	ⓐ	ⓑ	ⓒ
キ	⊖	①	②	③	④	⑤	⑥	⑦	⑧	⑨	⓪	ⓐ	ⓑ	ⓒ
ク	⊖	①	②	③	④	⑤	⑥	⑦	⑧	⑨	⓪	ⓐ	ⓑ	ⓒ
ケ	⊖	①	②	③	④	⑤	⑥	⑦	⑧	⑨	⓪	ⓐ	ⓑ	ⓒ
コ	⊖	①	②	③	④	⑤	⑥	⑦	⑧	⑨	⓪	ⓐ	ⓑ	ⓒ
サ	⊖	①	②	③	④	⑤	⑥	⑦	⑧	⑨	⓪	ⓐ	ⓑ	ⓒ
シ	⊖	①	②	③	④	⑤	⑥	⑦	⑧	⑨	⓪	ⓐ	ⓑ	ⓒ
ス	⊖	①	②	③	④	⑤	⑥	⑦	⑧	⑨	⓪	ⓐ	ⓑ	ⓒ
セ	⊖	①	②	③	④	⑤	⑥	⑦	⑧	⑨	⓪	ⓐ	ⓑ	ⓒ
ソ	⊖	①	②	③	④	⑤	⑥	⑦	⑧	⑨	⓪	ⓐ	ⓑ	ⓒ
タ	⊖	①	②	③	④	⑤	⑥	⑦	⑧	⑨	⓪	ⓐ	ⓑ	ⓒ
チ	⊖	①	②	③	④	⑤	⑥	⑦	⑧	⑨	⓪	ⓐ	ⓑ	ⓒ
ツ	⊖	①	②	③	④	⑤	⑥	⑦	⑧	⑨	⓪	ⓐ	ⓑ	ⓒ
テ	⊖	①	②	③	④	⑤	⑥	⑦	⑧	⑨	⓪	ⓐ	ⓑ	ⓒ
ト	⊖	①	②	③	④	⑤	⑥	⑦	⑧	⑨	⓪	ⓐ	ⓑ	ⓒ
ナ	⊖	①	②	③	④	⑤	⑥	⑦	⑧	⑨	⓪	ⓐ	ⓑ	ⓒ
ニ	⊖	①	②	③	④	⑤	⑥	⑦	⑧	⑨	⓪	ⓐ	ⓑ	ⓒ
ヌ	⊖	①	②	③	④	⑤	⑥	⑦	⑧	⑨	⓪	ⓐ	ⓑ	ⓒ
ネ	⊖	①	②	③	④	⑤	⑥	⑦	⑧	⑨	⓪	ⓐ	ⓑ	ⓒ
ノ	⊖	①	②	③	④	⑤	⑥	⑦	⑧	⑨	⓪	ⓐ	ⓑ	ⓒ

第２問

解答番号	−	1	2	3	4	5	6	7	8	9	0	a	b	c
ア	⊖	①	②	③	④	⑤	⑥	⑦	⑧	⑨	⓪	ⓐ	ⓑ	ⓒ
イ	⊖	①	②	③	④	⑤	⑥	⑦	⑧	⑨	⓪	ⓐ	ⓑ	ⓒ
ウ	⊖	①	②	③	④	⑤	⑥	⑦	⑧	⑨	⓪	ⓐ	ⓑ	ⓒ
エ	⊖	①	②	③	④	⑤	⑥	⑦	⑧	⑨	⓪	ⓐ	ⓑ	ⓒ
オ	⊖	①	②	③	④	⑤	⑥	⑦	⑧	⑨	⓪	ⓐ	ⓑ	ⓒ
カ	⊖	①	②	③	④	⑤	⑥	⑦	⑧	⑨	⓪	ⓐ	ⓑ	ⓒ
キ	⊖	①	②	③	④	⑤	⑥	⑦	⑧	⑨	⓪	ⓐ	ⓑ	ⓒ
ク	⊖	①	②	③	④	⑤	⑥	⑦	⑧	⑨	⓪	ⓐ	ⓑ	ⓒ
ケ	⊖	①	②	③	④	⑤	⑥	⑦	⑧	⑨	⓪	ⓐ	ⓑ	ⓒ
コ	⊖	①	②	③	④	⑤	⑥	⑦	⑧	⑨	⓪	ⓐ	ⓑ	ⓒ
サ	⊖	①	②	③	④	⑤	⑥	⑦	⑧	⑨	⓪	ⓐ	ⓑ	ⓒ
シ	⊖	①	②	③	④	⑤	⑥	⑦	⑧	⑨	⓪	ⓐ	ⓑ	ⓒ
ス	⊖	①	②	③	④	⑤	⑥	⑦	⑧	⑨	⓪	ⓐ	ⓑ	ⓒ
セ	⊖	①	②	③	④	⑤	⑥	⑦	⑧	⑨	⓪	ⓐ	ⓑ	ⓒ
ソ	⊖	①	②	③	④	⑤	⑥	⑦	⑧	⑨	⓪	ⓐ	ⓑ	ⓒ
タ	⊖	①	②	③	④	⑤	⑥	⑦	⑧	⑨	⓪	ⓐ	ⓑ	ⓒ
チ	⊖	①	②	③	④	⑤	⑥	⑦	⑧	⑨	⓪	ⓐ	ⓑ	ⓒ
ツ	⊖	①	②	③	④	⑤	⑥	⑦	⑧	⑨	⓪	ⓐ	ⓑ	ⓒ
テ	⊖	①	②	③	④	⑤	⑥	⑦	⑧	⑨	⓪	ⓐ	ⓑ	ⓒ
ト	⊖	①	②	③	④	⑤	⑥	⑦	⑧	⑨	⓪	ⓐ	ⓑ	ⓒ
ナ	⊖	①	②	③	④	⑤	⑥	⑦	⑧	⑨	⓪	ⓐ	ⓑ	ⓒ
ニ	⊖	①	②	③	④	⑤	⑥	⑦	⑧	⑨	⓪	ⓐ	ⓑ	ⓒ
ヌ	⊖	①	②	③	④	⑤	⑥	⑦	⑧	⑨	⓪	ⓐ	ⓑ	ⓒ
ネ	⊖	①	②	③	④	⑤	⑥	⑦	⑧	⑨	⓪	ⓐ	ⓑ	ⓒ
ノ	⊖	①	②	③	④	⑤	⑥	⑦	⑧	⑨	⓪	ⓐ	ⓑ	ⓒ

第３問

解答番号	−	1	2	3	4	5	6	7	8	9	0	a	b	c
ア	⊖	①	②	③	④	⑤	⑥	⑦	⑧	⑨	⓪	ⓐ	ⓑ	ⓒ
イ	⊖	①	②	③	④	⑤	⑥	⑦	⑧	⑨	⓪	ⓐ	ⓑ	ⓒ
ウ	⊖	①	②	③	④	⑤	⑥	⑦	⑧	⑨	⓪	ⓐ	ⓑ	ⓒ
エ	⊖	①	②	③	④	⑤	⑥	⑦	⑧	⑨	⓪	ⓐ	ⓑ	ⓒ
オ	⊖	①	②	③	④	⑤	⑥	⑦	⑧	⑨	⓪	ⓐ	ⓑ	ⓒ
カ	⊖	①	②	③	④	⑤	⑥	⑦	⑧	⑨	⓪	ⓐ	ⓑ	ⓒ
キ	⊖	①	②	③	④	⑤	⑥	⑦	⑧	⑨	⓪	ⓐ	ⓑ	ⓒ
ク	⊖	①	②	③	④	⑤	⑥	⑦	⑧	⑨	⓪	ⓐ	ⓑ	ⓒ
ケ	⊖	①	②	③	④	⑤	⑥	⑦	⑧	⑨	⓪	ⓐ	ⓑ	ⓒ
コ	⊖	①	②	③	④	⑤	⑥	⑦	⑧	⑨	⓪	ⓐ	ⓑ	ⓒ
サ	⊖	①	②	③	④	⑤	⑥	⑦	⑧	⑨	⓪	ⓐ	ⓑ	ⓒ
シ	⊖	①	②	③	④	⑤	⑥	⑦	⑧	⑨	⓪	ⓐ	ⓑ	ⓒ
ス	⊖	①	②	③	④	⑤	⑥	⑦	⑧	⑨	⓪	ⓐ	ⓑ	ⓒ
セ	⊖	①	②	③	④	⑤	⑥	⑦	⑧	⑨	⓪	ⓐ	ⓑ	ⓒ
ソ	⊖	①	②	③	④	⑤	⑥	⑦	⑧	⑨	⓪	ⓐ	ⓑ	ⓒ
タ	⊖	①	②	③	④	⑤	⑥	⑦	⑧	⑨	⓪	ⓐ	ⓑ	ⓒ
チ	⊖	①	②	③	④	⑤	⑥	⑦	⑧	⑨	⓪	ⓐ	ⓑ	ⓒ
ツ	⊖	①	②	③	④	⑤	⑥	⑦	⑧	⑨	⓪	ⓐ	ⓑ	ⓒ
テ	⊖	①	②	③	④	⑤	⑥	⑦	⑧	⑨	⓪	ⓐ	ⓑ	ⓒ
ト	⊖	①	②	③	④	⑤	⑥	⑦	⑧	⑨	⓪	ⓐ	ⓑ	ⓒ
ナ	⊖	①	②	③	④	⑤	⑥	⑦	⑧	⑨	⓪	ⓐ	ⓑ	ⓒ
ニ	⊖	①	②	③	④	⑤	⑥	⑦	⑧	⑨	⓪	ⓐ	ⓑ	ⓒ
ヌ	⊖	①	②	③	④	⑤	⑥	⑦	⑧	⑨	⓪	ⓐ	ⓑ	ⓒ
ネ	⊖	①	②	③	④	⑤	⑥	⑦	⑧	⑨	⓪	ⓐ	ⓑ	ⓒ
ノ	⊖	①	②	③	④	⑤	⑥	⑦	⑧	⑨	⓪	ⓐ	ⓑ	ⓒ

第４問

解答番号	−	1	2	3	4	5	6	7	8	9	0	a	b	c
ア	⊖	①	②	③	④	⑤	⑥	⑦	⑧	⑨	⓪	ⓐ	ⓑ	ⓒ
イ	⊖	①	②	③	④	⑤	⑥	⑦	⑧	⑨	⓪	ⓐ	ⓑ	ⓒ
ウ	⊖	①	②	③	④	⑤	⑥	⑦	⑧	⑨	⓪	ⓐ	ⓑ	ⓒ
エ	⊖	①	②	③	④	⑤	⑥	⑦	⑧	⑨	⓪	ⓐ	ⓑ	ⓒ
オ	⊖	①	②	③	④	⑤	⑥	⑦	⑧	⑨	⓪	ⓐ	ⓑ	ⓒ
カ	⊖	①	②	③	④	⑤	⑥	⑦	⑧	⑨	⓪	ⓐ	ⓑ	ⓒ
キ	⊖	①	②	③	④	⑤	⑥	⑦	⑧	⑨	⓪	ⓐ	ⓑ	ⓒ
ク	⊖	①	②	③	④	⑤	⑥	⑦	⑧	⑨	⓪	ⓐ	ⓑ	ⓒ
ケ	⊖	①	②	③	④	⑤	⑥	⑦	⑧	⑨	⓪	ⓐ	ⓑ	ⓒ
コ	⊖	①	②	③	④	⑤	⑥	⑦	⑧	⑨	⓪	ⓐ	ⓑ	ⓒ
サ	⊖	①	②	③	④	⑤	⑥	⑦	⑧	⑨	⓪	ⓐ	ⓑ	ⓒ
シ	⊖	①	②	③	④	⑤	⑥	⑦	⑧	⑨	⓪	ⓐ	ⓑ	ⓒ
ス	⊖	①	②	③	④	⑤	⑥	⑦	⑧	⑨	⓪	ⓐ	ⓑ	ⓒ
セ	⊖	①	②	③	④	⑤	⑥	⑦	⑧	⑨	⓪	ⓐ	ⓑ	ⓒ
ソ	⊖	①	②	③	④	⑤	⑥	⑦	⑧	⑨	⓪	ⓐ	ⓑ	ⓒ
タ	⊖	①	②	③	④	⑤	⑥	⑦	⑧	⑨	⓪	ⓐ	ⓑ	ⓒ
チ	⊖	①	②	③	④	⑤	⑥	⑦	⑧	⑨	⓪	ⓐ	ⓑ	ⓒ
ツ	⊖	①	②	③	④	⑤	⑥	⑦	⑧	⑨	⓪	ⓐ	ⓑ	ⓒ
テ	⊖	①	②	③	④	⑤	⑥	⑦	⑧	⑨	⓪	ⓐ	ⓑ	ⓒ
ト	⊖	①	②	③	④	⑤	⑥	⑦	⑧	⑨	⓪	ⓐ	ⓑ	ⓒ
ナ	⊖	①	②	③	④	⑤	⑥	⑦	⑧	⑨	⓪	ⓐ	ⓑ	ⓒ
ニ	⊖	①	②	③	④	⑤	⑥	⑦	⑧	⑨	⓪	ⓐ	ⓑ	ⓒ
ヌ	⊖	①	②	③	④	⑤	⑥	⑦	⑧	⑨	⓪	ⓐ	ⓑ	ⓒ
ネ	⊖	①	②	③	④	⑤	⑥	⑦	⑧	⑨	⓪	ⓐ	ⓑ	ⓒ
ノ	⊖	①	②	③	④	⑤	⑥	⑦	⑧	⑨	⓪	ⓐ	ⓑ	ⓒ

記入方法及び注意事項

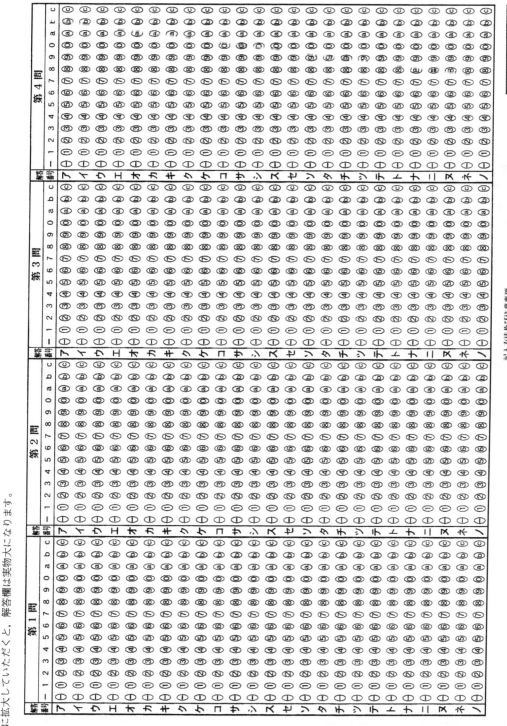

1.記入は必ず鉛筆またはシャープペンシルで，()の中を正確にぬりつぶして下さい。

2.訂正する場合は，消しゴムできれいに消して下さい。

3.この解答用紙を汚したり，折り曲げたりしないで下さい。

良い例	悪い例
●	∅ ⊙ ◧

横浜清風高等学校　2021年度

◇英語◇

※126%に拡大していただくと，解答欄は実物大になります。

解答番号	解答記入欄 1	2	3	4	5	6	7	8	9	0
1	①	②	③	④	⑤	⑥	⑦	⑧	⑨	⓪
2	①	②	③	④	⑤	⑥	⑦	⑧	⑨	⓪
3	①	②	③	④	⑤	⑥	⑦	⑧	⑨	⓪
4	①	②	③	④	⑤	⑥	⑦	⑧	⑨	⓪
5	①	②	③	④	⑤	⑥	⑦	⑧	⑨	⓪
6	①	②	③	④	⑤	⑥	⑦	⑧	⑨	⓪
7	①	②	③	④	⑤	⑥	⑦	⑧	⑨	⓪
8	①	②	③	④	⑤	⑥	⑦	⑧	⑨	⓪
9	①	②	③	④	⑤	⑥	⑦	⑧	⑨	⓪
10	①	②	③	④	⑤	⑥	⑦	⑧	⑨	⓪
11	①	②	③	④	⑤	⑥	⑦	⑧	⑨	⓪
12	①	②	③	④	⑤	⑥	⑦	⑧	⑨	⓪
13	①	②	③	④	⑤	⑥	⑦	⑧	⑨	⓪
14	①	②	③	④	⑤	⑥	⑦	⑧	⑨	⓪
15	①	②	③	④	⑤	⑥	⑦	⑧	⑨	⓪
16	①	②	③	④	⑤	⑥	⑦	⑧	⑨	⓪
17	①	②	③	④	⑤	⑥	⑦	⑧	⑨	⓪
18	①	②	③	④	⑤	⑥	⑦	⑧	⑨	⓪
19	①	②	③	④	⑤	⑥	⑦	⑧	⑨	⓪
20	①	②	③	④	⑤	⑥	⑦	⑧	⑨	⓪
21	①	②	③	④	⑤	⑥	⑦	⑧	⑨	⓪
22	①	②	③	④	⑤	⑥	⑦	⑧	⑨	⓪
23	①	②	③	④	⑤	⑥	⑦	⑧	⑨	⓪
24	①	②	③	④	⑤	⑥	⑦	⑧	⑨	⓪
25	①	②	③	④	⑤	⑥	⑦	⑧	⑨	⓪
26	①	②	③	④	⑤	⑥	⑦	⑧	⑨	⓪
27	①	②	③	④	⑤	⑥	⑦	⑧	⑨	⓪
28	①	②	③	④	⑤	⑥	⑦	⑧	⑨	⓪
29	①	②	③	④	⑤	⑥	⑦	⑧	⑨	⓪
30	①	②	③	④	⑤	⑥	⑦	⑧	⑨	⓪
31	①	②	③	④	⑤	⑥	⑦	⑧	⑨	⓪
32	①	②	③	④	⑤	⑥	⑦	⑧	⑨	⓪
33	①	②	③	④	⑤	⑥	⑦	⑧	⑨	⓪
34	①	②	③	④	⑤	⑥	⑦	⑧	⑨	⓪
35	①	②	③	④	⑤	⑥	⑦	⑧	⑨	⓪
36	①	②	③	④	⑤	⑥	⑦	⑧	⑨	⓪
37	①	②	③	④	⑤	⑥	⑦	⑧	⑨	⓪
38	①	②	③	④	⑤	⑥	⑦	⑧	⑨	⓪
39	①	②	③	④	⑤	⑥	⑦	⑧	⑨	⓪
40	①	②	③	④	⑤	⑥	⑦	⑧	⑨	⓪
41	①	②	③	④	⑤	⑥	⑦	⑧	⑨	⓪
42	①	②	③	④	⑤	⑥	⑦	⑧	⑨	⓪
43	①	②	③	④	⑤	⑥	⑦	⑧	⑨	⓪
44	①	②	③	④	⑤	⑥	⑦	⑧	⑨	⓪
45	①	②	③	④	⑤	⑥	⑦	⑧	⑨	⓪
46	①	②	③	④	⑤	⑥	⑦	⑧	⑨	⓪
47	①	②	③	④	⑤	⑥	⑦	⑧	⑨	⓪
48	①	②	③	④	⑤	⑥	⑦	⑧	⑨	⓪
49	①	②	③	④	⑤	⑥	⑦	⑧	⑨	⓪
50	①	②	③	④	⑤	⑥	⑦	⑧	⑨	⓪
51	①	②	③	④	⑤	⑥	⑦	⑧	⑨	⓪
52	①	②	③	④	⑤	⑥	⑦	⑧	⑨	⓪
53	①	②	③	④	⑤	⑥	⑦	⑧	⑨	⓪
54	①	②	③	④	⑤	⑥	⑦	⑧	⑨	⓪
55	①	②	③	④	⑤	⑥	⑦	⑧	⑨	⓪
56	①	②	③	④	⑤	⑥	⑦	⑧	⑨	⓪
57	①	②	③	④	⑤	⑥	⑦	⑧	⑨	⓪
58	①	②	③	④	⑤	⑥	⑦	⑧	⑨	⓪
59	①	②	③	④	⑤	⑥	⑦	⑧	⑨	⓪
60	①	②	③	④	⑤	⑥	⑦	⑧	⑨	⓪
61	①	②	③	④	⑤	⑥	⑦	⑧	⑨	⓪
62	①	②	③	④	⑤	⑥	⑦	⑧	⑨	⓪
63	①	②	③	④	⑤	⑥	⑦	⑧	⑨	⓪
64	①	②	③	④	⑤	⑥	⑦	⑧	⑨	⓪
65	①	②	③	④	⑤	⑥	⑦	⑧	⑨	⓪
66	①	②	③	④	⑤	⑥	⑦	⑧	⑨	⓪
67	①	②	③	④	⑤	⑥	⑦	⑧	⑨	⓪
68	①	②	③	④	⑤	⑥	⑦	⑧	⑨	⓪
69	①	②	③	④	⑤	⑥	⑦	⑧	⑨	⓪
70	①	②	③	④	⑤	⑥	⑦	⑧	⑨	⓪
71	①	②	③	④	⑤	⑥	⑦	⑧	⑨	⓪
72	①	②	③	④	⑤	⑥	⑦	⑧	⑨	⓪
73	①	②	③	④	⑤	⑥	⑦	⑧	⑨	⓪
74	①	②	③	④	⑤	⑥	⑦	⑧	⑨	⓪
75	①	②	③	④	⑤	⑥	⑦	⑧	⑨	⓪
76	①	②	③	④	⑤	⑥	⑦	⑧	⑨	⓪
77	①	②	③	④	⑤	⑥	⑦	⑧	⑨	⓪
78	①	②	③	④	⑤	⑥	⑦	⑧	⑨	⓪
79	①	②	③	④	⑤	⑥	⑦	⑧	⑨	⓪
80	①	②	③	④	⑤	⑥	⑦	⑧	⑨	⓪
81	①	②	③	④	⑤	⑥	⑦	⑧	⑨	⓪
82	①	②	③	④	⑤	⑥	⑦	⑧	⑨	⓪
83	①	②	③	④	⑤	⑥	⑦	⑧	⑨	⓪
84	①	②	③	④	⑤	⑥	⑦	⑧	⑨	⓪
85	①	②	③	④	⑤	⑥	⑦	⑧	⑨	⓪
86	①	②	③	④	⑤	⑥	⑦	⑧	⑨	⓪
87	①	②	③	④	⑤	⑥	⑦	⑧	⑨	⓪
88	①	②	③	④	⑤	⑥	⑦	⑧	⑨	⓪
89	①	②	③	④	⑤	⑥	⑦	⑧	⑨	⓪
90	①	②	③	④	⑤	⑥	⑦	⑧	⑨	⓪
91	①	②	③	④	⑤	⑥	⑦	⑧	⑨	⓪
92	①	②	③	④	⑤	⑥	⑦	⑧	⑨	⓪
93	①	②	③	④	⑤	⑥	⑦	⑧	⑨	⓪
94	①	②	③	④	⑤	⑥	⑦	⑧	⑨	⓪
95	①	②	③	④	⑤	⑥	⑦	⑧	⑨	⓪
96	①	②	③	④	⑤	⑥	⑦	⑧	⑨	⓪
97	①	②	③	④	⑤	⑥	⑦	⑧	⑨	⓪
98	①	②	③	④	⑤	⑥	⑦	⑧	⑨	⓪
99	①	②	③	④	⑤	⑥	⑦	⑧	⑨	⓪
100	①	②	③	④	⑤	⑥	⑦	⑧	⑨	⓪

記入方法及び注意事項

1.記入は必ず鉛筆またはシャープペンシルで，○の中を正確にぬりつぶして下さい。

2.訂正する場合は，消しゴムできれいに消して下さい。

3.この解答用紙を汚したり，折り曲げたりしないで下さい。

良い例	悪い例
●	∅ ⊙ ◐

横浜清風高等学校　2021年度

◇国語◇

※128%に拡大していただくと，解答欄は実物大になります。

解答番号	解答記入欄										解答番号	解答記入欄										解答番号	解答記入欄										解答番号	解答記入欄									
	1	2	3	4	5	6	7	8	9	0		1	2	3	4	5	6	7	8	9	0		1	2	3	4	5	6	7	8	9	0		1	2	3	4	5	6	7	8	9	0
1	①	②	③	④	⑤	⑥	⑦	⑧	⑨	⓪	26	①	②	③	④	⑤	⑥	⑦	⑧	⑨	⓪	51	①	②	③	④	⑤	⑥	⑦	⑧	⑨	⓪	76	①	②	③	④	⑤	⑥	⑦	⑧	⑨	⓪
2	①	②	③	④	⑤	⑥	⑦	⑧	⑨	⓪	27	①	②	③	④	⑤	⑥	⑦	⑧	⑨	⓪	52	①	②	③	④	⑤	⑥	⑦	⑧	⑨	⓪	77	①	②	③	④	⑤	⑥	⑦	⑧	⑨	⓪
3	①	②	③	④	⑤	⑥	⑦	⑧	⑨	⓪	28	①	②	③	④	⑤	⑥	⑦	⑧	⑨	⓪	53	①	②	③	④	⑤	⑥	⑦	⑧	⑨	⓪	78	①	②	③	④	⑤	⑥	⑦	⑧	⑨	⓪
4	①	②	③	④	⑤	⑥	⑦	⑧	⑨	⓪	29	①	②	③	④	⑤	⑥	⑦	⑧	⑨	⓪	54	①	②	③	④	⑤	⑥	⑦	⑧	⑨	⓪	79	①	②	③	④	⑤	⑥	⑦	⑧	⑨	⓪
5	①	②	③	④	⑤	⑥	⑦	⑧	⑨	⓪	30	①	②	③	④	⑤	⑥	⑦	⑧	⑨	⓪	55	①	②	③	④	⑤	⑥	⑦	⑧	⑨	⓪	80	①	②	③	④	⑤	⑥	⑦	⑧	⑨	⓪
6	①	②	③	④	⑤	⑥	⑦	⑧	⑨	⓪	31	①	②	③	④	⑤	⑥	⑦	⑧	⑨	⓪	56	①	②	③	④	⑤	⑥	⑦	⑧	⑨	⓪	81	①	②	③	④	⑤	⑥	⑦	⑧	⑨	⓪
7	①	②	③	④	⑤	⑥	⑦	⑧	⑨	⓪	32	①	②	③	④	⑤	⑥	⑦	⑧	⑨	⓪	57	①	②	③	④	⑤	⑥	⑦	⑧	⑨	⓪	82	①	②	③	④	⑤	⑥	⑦	⑧	⑨	⓪
8	①	②	③	④	⑤	⑥	⑦	⑧	⑨	⓪	33	①	②	③	④	⑤	⑥	⑦	⑧	⑨	⓪	58	①	②	③	④	⑤	⑥	⑦	⑧	⑨	⓪	83	①	②	③	④	⑤	⑥	⑦	⑧	⑨	⓪
9	①	②	③	④	⑤	⑥	⑦	⑧	⑨	⓪	34	①	②	③	④	⑤	⑥	⑦	⑧	⑨	⓪	59	①	②	③	④	⑤	⑥	⑦	⑧	⑨	⓪	84	①	②	③	④	⑤	⑥	⑦	⑧	⑨	⓪
10	①	②	③	④	⑤	⑥	⑦	⑧	⑨	⓪	35	①	②	③	④	⑤	⑥	⑦	⑧	⑨	⓪	60	①	②	③	④	⑤	⑥	⑦	⑧	⑨	⓪	85	①	②	③	④	⑤	⑥	⑦	⑧	⑨	⓪
11	①	②	③	④	⑤	⑥	⑦	⑧	⑨	⓪	36	①	②	③	④	⑤	⑥	⑦	⑧	⑨	⓪	61	①	②	③	④	⑤	⑥	⑦	⑧	⑨	⓪	86	①	②	③	④	⑤	⑥	⑦	⑧	⑨	⓪
12	①	②	③	④	⑤	⑥	⑦	⑧	⑨	⓪	37	①	②	③	④	⑤	⑥	⑦	⑧	⑨	⓪	62	①	②	③	④	⑤	⑥	⑦	⑧	⑨	⓪	87	①	②	③	④	⑤	⑥	⑦	⑧	⑨	⓪
13	①	②	③	④	⑤	⑥	⑦	⑧	⑨	⓪	38	①	②	③	④	⑤	⑥	⑦	⑧	⑨	⓪	63	①	②	③	④	⑤	⑥	⑦	⑧	⑨	⓪	88	①	②	③	④	⑤	⑥	⑦	⑧	⑨	⓪
14	①	②	③	④	⑤	⑥	⑦	⑧	⑨	⓪	39	①	②	③	④	⑤	⑥	⑦	⑧	⑨	⓪	64	①	②	③	④	⑤	⑥	⑦	⑧	⑨	⓪	89	①	②	③	④	⑤	⑥	⑦	⑧	⑨	⓪
15	①	②	③	④	⑤	⑥	⑦	⑧	⑨	⓪	40	①	②	③	④	⑤	⑥	⑦	⑧	⑨	⓪	65	①	②	③	④	⑤	⑥	⑦	⑧	⑨	⓪	90	①	②	③	④	⑤	⑥	⑦	⑧	⑨	⓪
16	①	②	③	④	⑤	⑥	⑦	⑧	⑨	⓪	41	①	②	③	④	⑤	⑥	⑦	⑧	⑨	⓪	66	①	②	③	④	⑤	⑥	⑦	⑧	⑨	⓪	91	①	②	③	④	⑤	⑥	⑦	⑧	⑨	⓪
17	①	②	③	④	⑤	⑥	⑦	⑧	⑨	⓪	42	①	②	③	④	⑤	⑥	⑦	⑧	⑨	⓪	67	①	②	③	④	⑤	⑥	⑦	⑧	⑨	⓪	92	①	②	③	④	⑤	⑥	⑦	⑧	⑨	⓪
18	①	②	③	④	⑤	⑥	⑦	⑧	⑨	⓪	43	①	②	③	④	⑤	⑥	⑦	⑧	⑨	⓪	68	①	②	③	④	⑤	⑥	⑦	⑧	⑨	⓪	93	①	②	③	④	⑤	⑥	⑦	⑧	⑨	⓪
19	①	②	③	④	⑤	⑥	⑦	⑧	⑨	⓪	44	①	②	③	④	⑤	⑥	⑦	⑧	⑨	⓪	69	①	②	③	④	⑤	⑥	⑦	⑧	⑨	⓪	94	①	②	③	④	⑤	⑥	⑦	⑧	⑨	⓪
20	①	②	③	④	⑤	⑥	⑦	⑧	⑨	⓪	45	①	②	③	④	⑤	⑥	⑦	⑧	⑨	⓪	70	①	②	③	④	⑤	⑥	⑦	⑧	⑨	⓪	95	①	②	③	④	⑤	⑥	⑦	⑧	⑨	⓪
21	①	②	③	④	⑤	⑥	⑦	⑧	⑨	⓪	46	①	②	③	④	⑤	⑥	⑦	⑧	⑨	⓪	71	①	②	③	④	⑤	⑥	⑦	⑧	⑨	⓪	96	①	②	③	④	⑤	⑥	⑦	⑧	⑨	⓪
22	①	②	③	④	⑤	⑥	⑦	⑧	⑨	⓪	47	①	②	③	④	⑤	⑥	⑦	⑧	⑨	⓪	72	①	②	③	④	⑤	⑥	⑦	⑧	⑨	⓪	97	①	②	③	④	⑤	⑥	⑦	⑧	⑨	⓪
23	①	②	③	④	⑤	⑥	⑦	⑧	⑨	⓪	48	①	②	③	④	⑤	⑥	⑦	⑧	⑨	⓪	73	①	②	③	④	⑤	⑥	⑦	⑧	⑨	⓪	98	①	②	③	④	⑤	⑥	⑦	⑧	⑨	⓪
24	①	②	③	④	⑤	⑥	⑦	⑧	⑨	⓪	49	①	②	③	④	⑤	⑥	⑦	⑧	⑨	⓪	74	①	②	③	④	⑤	⑥	⑦	⑧	⑨	⓪	99	①	②	③	④	⑤	⑥	⑦	⑧	⑨	⓪
25	①	②	③	④	⑤	⑥	⑦	⑧	⑨	⓪	50	①	②	③	④	⑤	⑥	⑦	⑧	⑨	⓪	75	①	②	③	④	⑤	⑥	⑦	⑧	⑨	⓪	100	①	②	③	④	⑤	⑥	⑦	⑧	⑨	⓪

記入方法及び注意事項

1.記入は必ず鉛筆またはシャープペンシルで，◯の中を正確にぬりつぶして下さい。

2.訂正する場合は，消しゴムできれいに消して下さい。

3.この解答用紙を汚したり，折り曲げたりしないで下さい。

良い例	悪い例
●	⊘ ⊙ ◐

横浜清風高等学校　2020年度

◇数学◇

※117%に拡大していただくと，解答欄は実物大になります。

第１問

解答番号	−	1	2	3	4	5	6	7	8	9	0	a	b	c
ア	−	1	2	3	4	5	6	7	8	9	0	a	b	c
イ	−	1	2	3	4	5	6	7	8	9	0	a	b	c
ウ	−	1	2	3	4	5	6	7	8	9	0	a	b	c
エ	−	1	2	3	4	5	6	7	8	9	0	a	b	c
オ	−	1	2	3	4	5	6	7	8	9	0	a	b	c
カ	−	1	2	3	4	5	6	7	8	9	0	a	b	c
キ	−	1	2	3	4	5	6	7	8	9	0	a	b	c
ク	−	1	2	3	4	5	6	7	8	9	0	a	b	c
ケ	−	1	2	3	4	5	6	7	8	9	0	a	b	c
コ	−	1	2	3	4	5	6	7	8	9	0	a	b	c
サ	−	1	2	3	4	5	6	7	8	9	0	a	b	c
シ	−	1	2	3	4	5	6	7	8	9	0	a	b	c
ス	−	1	2	3	4	5	6	7	8	9	0	a	b	c
セ	−	1	2	3	4	5	6	7	8	9	0	a	b	c
ソ	−	1	2	3	4	5	6	7	8	9	0	a	b	c
タ	−	1	2	3	4	5	6	7	8	9	0	a	b	c
チ	−	1	2	3	4	5	6	7	8	9	0	a	b	c
ツ	−	1	2	3	4	5	6	7	8	9	0	a	b	c
テ	−	1	2	3	4	5	6	7	8	9	0	a	b	c
ト	−	1	2	3	4	5	6	7	8	9	0	a	b	c
ナ	−	1	2	3	4	5	6	7	8	9	0	a	b	c
ニ	−	1	2	3	4	5	6	7	8	9	0	a	b	c
ヌ	−	1	2	3	4	5	6	7	8	9	0	a	b	c
ネ	−	1	2	3	4	5	6	7	8	9	0	a	b	c
ノ	−	1	2	3	4	5	6	7	8	9	0	a	b	c

第２問

解答番号	−	1	2	3	4	5	6	7	8	9	0	a	b	c
ア	−	1	2	3	4	5	6	7	8	9	0	a	b	c
イ	−	1	2	3	4	5	6	7	8	9	0	a	b	c
ウ	−	1	2	3	4	5	6	7	8	9	0	a	b	c
エ	−	1	2	3	4	5	6	7	8	9	0	a	b	c
オ	−	1	2	3	4	5	6	7	8	9	0	a	b	c
カ	−	1	2	3	4	5	6	7	8	9	0	a	b	c
キ	−	1	2	3	4	5	6	7	8	9	0	a	b	c
ク	−	1	2	3	4	5	6	7	8	9	0	a	b	c
ケ	−	1	2	3	4	5	6	7	8	9	0	a	b	c
コ	−	1	2	3	4	5	6	7	8	9	0	a	b	c
サ	−	1	2	3	4	5	6	7	8	9	0	a	b	c
シ	−	1	2	3	4	5	6	7	8	9	0	a	b	c
ス	−	1	2	3	4	5	6	7	8	9	0	a	b	c
セ	−	1	2	3	4	5	6	7	8	9	0	a	b	c
ソ	−	1	2	3	4	5	6	7	8	9	0	a	b	c
タ	−	1	2	3	4	5	6	7	8	9	0	a	b	c
チ	−	1	2	3	4	5	6	7	8	9	0	a	b	c
ツ	−	1	2	3	4	5	6	7	8	9	0	a	b	c
テ	−	1	2	3	4	5	6	7	8	9	0	a	b	c
ト	−	1	2	3	4	5	6	7	8	9	0	a	b	c
ナ	−	1	2	3	4	5	6	7	8	9	0	a	b	c
ニ	−	1	2	3	4	5	6	7	8	9	0	a	b	c
ヌ	−	1	2	3	4	5	6	7	8	9	0	a	b	c
ネ	−	1	2	3	4	5	6	7	8	9	0	a	b	c
ノ	−	1	2	3	4	5	6	7	8	9	0	a	b	c

第３問

解答番号	−	1	2	3	4	5	6	7	8	9	0	a	b	c
ア	−	1	2	3	4	5	6	7	8	9	0	a	b	c
イ	−	1	2	3	4	5	6	7	8	9	0	a	b	c
ウ	−	1	2	3	4	5	6	7	8	9	0	a	b	c
エ	−	1	2	3	4	5	6	7	8	9	0	a	b	c
オ	−	1	2	3	4	5	6	7	8	9	0	a	b	c
カ	−	1	2	3	4	5	6	7	8	9	0	a	b	c
キ	−	1	2	3	4	5	6	7	8	9	0	a	b	c
ク	−	1	2	3	4	5	6	7	8	9	0	a	b	c
ケ	−	1	2	3	4	5	6	7	8	9	0	a	b	c
コ	−	1	2	3	4	5	6	7	8	9	0	a	b	c
サ	−	1	2	3	4	5	6	7	8	9	0	a	b	c
シ	−	1	2	3	4	5	6	7	8	9	0	a	b	c
ス	−	1	2	3	4	5	6	7	8	9	0	a	b	c
セ	−	1	2	3	4	5	6	7	8	9	0	a	b	c
ソ	−	1	2	3	4	5	6	7	8	9	0	a	b	c
タ	−	1	2	3	4	5	6	7	8	9	0	a	b	c
チ	−	1	2	3	4	5	6	7	8	9	0	a	b	c
ツ	−	1	2	3	4	5	6	7	8	9	0	a	b	c
テ	−	1	2	3	4	5	6	7	8	9	0	a	b	c
ト	−	1	2	3	4	5	6	7	8	9	0	a	b	c
ナ	−	1	2	3	4	5	6	7	8	9	0	a	b	c
ニ	−	1	2	3	4	5	6	7	8	9	0	a	b	c
ヌ	−	1	2	3	4	5	6	7	8	9	0	a	b	c
ネ	−	1	2	3	4	5	6	7	8	9	0	a	b	c
ノ	−	1	2	3	4	5	6	7	8	9	0	a	b	c

第４問

解答番号	−	1	2	3	4	5	6	7	8	9	0	a	b	c
ア	−	1	2	3	4	5	6	7	8	9	0	a	b	c
イ	−	1	2	3	4	5	6	7	8	9	0	a	b	c
ウ	−	1	2	3	4	5	6	7	8	9	0	a	b	c
エ	−	1	2	3	4	5	6	7	8	9	0	a	b	c
オ	−	1	2	3	4	5	6	7	8	9	0	a	b	c
カ	−	1	2	3	4	5	6	7	8	9	0	a	b	c
キ	−	1	2	3	4	5	6	7	8	9	0	a	b	c
ク	−	1	2	3	4	5	6	7	8	9	0	a	b	c
ケ	−	1	2	3	4	5	6	7	8	9	0	a	b	c
コ	−	1	2	3	4	5	6	7	8	9	0	a	b	c
サ	−	1	2	3	4	5	6	7	8	9	0	a	b	c
シ	−	1	2	3	4	5	6	7	8	9	0	a	b	c
ス	−	1	2	3	4	5	6	7	8	9	0	a	b	c
セ	−	1	2	3	4	5	6	7	8	9	0	a	b	c
ソ	−	1	2	3	4	5	6	7	8	9	0	a	b	c
タ	−	1	2	3	4	5	6	7	8	9	0	a	b	c
チ	−	1	2	3	4	5	6	7	8	9	0	a	b	c
ツ	−	1	2	3	4	5	6	7	8	9	0	a	b	c
テ	−	1	2	3	4	5	6	7	8	9	0	a	b	c
ト	−	1	2	3	4	5	6	7	8	9	0	a	b	c
ナ	−	1	2	3	4	5	6	7	8	9	0	a	b	c
ニ	−	1	2	3	4	5	6	7	8	9	0	a	b	c
ヌ	−	1	2	3	4	5	6	7	8	9	0	a	b	c
ネ	−	1	2	3	4	5	6	7	8	9	0	a	b	c
ノ	−	1	2	3	4	5	6	7	8	9	0	a	b	c

記入方法及び注意事項

1.記入は必ず鉛筆またはシャープペンシルで，（ ）の中を正確にぬりつぶして下さい。

2.訂正する場合は，消しゴムできれいに消して下さい。

3.この解答用紙を汚したり，折り曲げたりしないで下さい。

良い例	悪い例
●	∅ ⊙ ◧

横浜清風高等学校　2020年度

◇英語◇

※126%に拡大していただくと，解答欄は実物大になります。

解答番号	解答記入欄										解答番号	解答記入欄										解答番号	解答記入欄										解答番号	解答記入欄									
	1	2	3	4	5	6	7	8	9	0		1	2	3	4	5	6	7	8	9	0		1	2	3	4	5	6	7	8	9	0		1	2	3	4	5	6	7	8	9	0
1	①	②	③	④	⑤	⑥	⑦	⑧	⑨	⓪	26	①	②	③	④	⑤	⑥	⑦	⑧	⑨	⓪	51	①	②	③	④	⑤	⑥	⑦	⑧	⑨	⓪	76	①	②	③	④	⑤	⑥	⑦	⑧	⑨	⓪
2	①	②	③	④	⑤	⑥	⑦	⑧	⑨	⓪	27	①	②	③	④	⑤	⑥	⑦	⑧	⑨	⓪	52	①	②	③	④	⑤	⑥	⑦	⑧	⑨	⓪	77	①	②	③	④	⑤	⑥	⑦	⑧	⑨	⓪
3	①	②	③	④	⑤	⑥	⑦	⑧	⑨	⓪	28	①	②	③	④	⑤	⑥	⑦	⑧	⑨	⓪	53	①	②	③	④	⑤	⑥	⑦	⑧	⑨	⓪	78	①	②	③	④	⑤	⑥	⑦	⑧	⑨	⓪
4	①	②	③	④	⑤	⑥	⑦	⑧	⑨	⓪	29	①	②	③	④	⑤	⑥	⑦	⑧	⑨	⓪	54	①	②	③	④	⑤	⑥	⑦	⑧	⑨	⓪	79	①	②	③	④	⑤	⑥	⑦	⑧	⑨	⓪
5	①	②	③	④	⑤	⑥	⑦	⑧	⑨	⓪	30	①	②	③	④	⑤	⑥	⑦	⑧	⑨	⓪	55	①	②	③	④	⑤	⑥	⑦	⑧	⑨	⓪	80	①	②	③	④	⑤	⑥	⑦	⑧	⑨	⓪
6	①	②	③	④	⑤	⑥	⑦	⑧	⑨	⓪	31	①	②	③	④	⑤	⑥	⑦	⑧	⑨	⓪	56	①	②	③	④	⑤	⑥	⑦	⑧	⑨	⓪	81	①	②	③	④	⑤	⑥	⑦	⑧	⑨	⓪
7	①	②	③	④	⑤	⑥	⑦	⑧	⑨	⓪	32	①	②	③	④	⑤	⑥	⑦	⑧	⑨	⓪	57	①	②	③	④	⑤	⑥	⑦	⑧	⑨	⓪	82	①	②	③	④	⑤	⑥	⑦	⑧	⑨	⓪
8	①	②	③	④	⑤	⑥	⑦	⑧	⑨	⓪	33	①	②	③	④	⑤	⑥	⑦	⑧	⑨	⓪	58	①	②	③	④	⑤	⑥	⑦	⑧	⑨	⓪	83	①	②	③	④	⑤	⑥	⑦	⑧	⑨	⓪
9	①	②	③	④	⑤	⑥	⑦	⑧	⑨	⓪	34	①	②	③	④	⑤	⑥	⑦	⑧	⑨	⓪	59	①	②	③	④	⑤	⑥	⑦	⑧	⑨	⓪	84	①	②	③	④	⑤	⑥	⑦	⑧	⑨	⓪
10	①	②	③	④	⑤	⑥	⑦	⑧	⑨	⓪	35	①	②	③	④	⑤	⑥	⑦	⑧	⑨	⓪	60	①	②	③	④	⑤	⑥	⑦	⑧	⑨	⓪	85	①	②	③	④	⑤	⑥	⑦	⑧	⑨	⓪
11	①	②	③	④	⑤	⑥	⑦	⑧	⑨	⓪	36	①	②	③	④	⑤	⑥	⑦	⑧	⑨	⓪	61	①	②	③	④	⑤	⑥	⑦	⑧	⑨	⓪	86	①	②	③	④	⑤	⑥	⑦	⑧	⑨	⓪
12	①	②	③	④	⑤	⑥	⑦	⑧	⑨	⓪	37	①	②	③	④	⑤	⑥	⑦	⑧	⑨	⓪	62	①	②	③	④	⑤	⑥	⑦	⑧	⑨	⓪	87	①	②	③	④	⑤	⑥	⑦	⑧	⑨	⓪
13	①	②	③	④	⑤	⑥	⑦	⑧	⑨	⓪	38	①	②	③	④	⑤	⑥	⑦	⑧	⑨	⓪	63	①	②	③	④	⑤	⑥	⑦	⑧	⑨	⓪	88	①	②	③	④	⑤	⑥	⑦	⑧	⑨	⓪
14	①	②	③	④	⑤	⑥	⑦	⑧	⑨	⓪	39	①	②	③	④	⑤	⑥	⑦	⑧	⑨	⓪	64	①	②	③	④	⑤	⑥	⑦	⑧	⑨	⓪	89	①	②	③	④	⑤	⑥	⑦	⑧	⑨	⓪
15	①	②	③	④	⑤	⑥	⑦	⑧	⑨	⓪	40	①	②	③	④	⑤	⑥	⑦	⑧	⑨	⓪	65	①	②	③	④	⑤	⑥	⑦	⑧	⑨	⓪	90	①	②	③	④	⑤	⑥	⑦	⑧	⑨	⓪
16	①	②	③	④	⑤	⑥	⑦	⑧	⑨	⓪	41	①	②	③	④	⑤	⑥	⑦	⑧	⑨	⓪	66	①	②	③	④	⑤	⑥	⑦	⑧	⑨	⓪	91	①	②	③	④	⑤	⑥	⑦	⑧	⑨	⓪
17	①	②	③	④	⑤	⑥	⑦	⑧	⑨	⓪	42	①	②	③	④	⑤	⑥	⑦	⑧	⑨	⓪	67	①	②	③	④	⑤	⑥	⑦	⑧	⑨	⓪	92	①	②	③	④	⑤	⑥	⑦	⑧	⑨	⓪
18	①	②	③	④	⑤	⑥	⑦	⑧	⑨	⓪	43	①	②	③	④	⑤	⑥	⑦	⑧	⑨	⓪	68	①	②	③	④	⑤	⑥	⑦	⑧	⑨	⓪	93	①	②	③	④	⑤	⑥	⑦	⑧	⑨	⓪
19	①	②	③	④	⑤	⑥	⑦	⑧	⑨	⓪	44	①	②	③	④	⑤	⑥	⑦	⑧	⑨	⓪	69	①	②	③	④	⑤	⑥	⑦	⑧	⑨	⓪	94	①	②	③	④	⑤	⑥	⑦	⑧	⑨	⓪
20	①	②	③	④	⑤	⑥	⑦	⑧	⑨	⓪	45	①	②	③	④	⑤	⑥	⑦	⑧	⑨	⓪	70	①	②	③	④	⑤	⑥	⑦	⑧	⑨	⓪	95	①	②	③	④	⑤	⑥	⑦	⑧	⑨	⓪
21	①	②	③	④	⑤	⑥	⑦	⑧	⑨	⓪	46	①	②	③	④	⑤	⑥	⑦	⑧	⑨	⓪	71	①	②	③	④	⑤	⑥	⑦	⑧	⑨	⓪	96	①	②	③	④	⑤	⑥	⑦	⑧	⑨	⓪
22	①	②	③	④	⑤	⑥	⑦	⑧	⑨	⓪	47	①	②	③	④	⑤	⑥	⑦	⑧	⑨	⓪	72	①	②	③	④	⑤	⑥	⑦	⑧	⑨	⓪	97	①	②	③	④	⑤	⑥	⑦	⑧	⑨	⓪
23	①	②	③	④	⑤	⑥	⑦	⑧	⑨	⓪	48	①	②	③	④	⑤	⑥	⑦	⑧	⑨	⓪	73	①	②	③	④	⑤	⑥	⑦	⑧	⑨	⓪	98	①	②	③	④	⑤	⑥	⑦	⑧	⑨	⓪
24	①	②	③	④	⑤	⑥	⑦	⑧	⑨	⓪	49	①	②	③	④	⑤	⑥	⑦	⑧	⑨	⓪	74	①	②	③	④	⑤	⑥	⑦	⑧	⑨	⓪	99	①	②	③	④	⑤	⑥	⑦	⑧	⑨	⓪
25	①	②	③	④	⑤	⑥	⑦	⑧	⑨	⓪	50	①	②	③	④	⑤	⑥	⑦	⑧	⑨	⓪	75	①	②	③	④	⑤	⑥	⑦	⑧	⑨	⓪	100	①	②	③	④	⑤	⑥	⑦	⑧	⑨	⓪

記入方法及び注意事項

1.記入は必ず鉛筆またはシャープペンシルで，⓪の中を正確にぬりつぶして下さい。
2.訂正する場合は，消しゴムできれいに消して下さい。
3.この解答用紙を汚したり，折り曲げたりしないで下さい。

良い例	悪い例
●	∅ ⊙ ◧

横浜清風高等学校　　2020年度

◇国語◇

※128％に拡大していただくと，解答欄は実物大になります。

解答番号	解答記入欄										解答番号	解答記入欄										解答番号	解答記入欄										解答番号	解答記入欄									
	1	2	3	4	5	6	7	8	9	0		1	2	3	4	5	6	7	8	9	0		1	2	3	4	5	6	7	8	9	0		1	2	3	4	5	6	7	8	9	0
1	①	②	③	④	⑤	⑥	⑦	⑧	⑨	⓪	26	①	②	③	④	⑤	⑥	⑦	⑧	⑨	⓪	51	①	②	③	④	⑤	⑥	⑦	⑧	⑨	⓪	76	①	②	③	④	⑤	⑥	⑦	⑧	⑨	⓪
2	①	②	③	④	⑤	⑥	⑦	⑧	⑨	⓪	27	①	②	③	④	⑤	⑥	⑦	⑧	⑨	⓪	52	①	②	③	④	⑤	⑥	⑦	⑧	⑨	⓪	77	①	②	③	④	⑤	⑥	⑦	⑧	⑨	⓪
3	①	②	③	④	⑤	⑥	⑦	⑧	⑨	⓪	28	①	②	③	④	⑤	⑥	⑦	⑧	⑨	⓪	53	①	②	③	④	⑤	⑥	⑦	⑧	⑨	⓪	78	①	②	③	④	⑤	⑥	⑦	⑧	⑨	⓪
4	①	②	③	④	⑤	⑥	⑦	⑧	⑨	⓪	29	①	②	③	④	⑤	⑥	⑦	⑧	⑨	⓪	54	①	②	③	④	⑤	⑥	⑦	⑧	⑨	⓪	79	①	②	③	④	⑤	⑥	⑦	⑧	⑨	⓪
5	①	②	③	④	⑤	⑥	⑦	⑧	⑨	⓪	30	①	②	③	④	⑤	⑥	⑦	⑧	⑨	⓪	55	①	②	③	④	⑤	⑥	⑦	⑧	⑨	⓪	80	①	②	③	④	⑤	⑥	⑦	⑧	⑨	⓪
6	①	②	③	④	⑤	⑥	⑦	⑧	⑨	⓪	31	①	②	③	④	⑤	⑥	⑦	⑧	⑨	⓪	56	①	②	③	④	⑤	⑥	⑦	⑧	⑨	⓪	81	①	②	③	④	⑤	⑥	⑦	⑧	⑨	⓪
7	①	②	③	④	⑤	⑥	⑦	⑧	⑨	⓪	32	①	②	③	④	⑤	⑥	⑦	⑧	⑨	⓪	57	①	②	③	④	⑤	⑥	⑦	⑧	⑨	⓪	82	①	②	③	④	⑤	⑥	⑦	⑧	⑨	⓪
8	①	②	③	④	⑤	⑥	⑦	⑧	⑨	⓪	33	①	②	③	④	⑤	⑥	⑦	⑧	⑨	⓪	58	①	②	③	④	⑤	⑥	⑦	⑧	⑨	⓪	83	①	②	③	④	⑤	⑥	⑦	⑧	⑨	⓪
9	①	②	③	④	⑤	⑥	⑦	⑧	⑨	⓪	34	①	②	③	④	⑤	⑥	⑦	⑧	⑨	⓪	59	①	②	③	④	⑤	⑥	⑦	⑧	⑨	⓪	84	①	②	③	④	⑤	⑥	⑦	⑧	⑨	⓪
10	①	②	③	④	⑤	⑥	⑦	⑧	⑨	⓪	35	①	②	③	④	⑤	⑥	⑦	⑧	⑨	⓪	60	①	②	③	④	⑤	⑥	⑦	⑧	⑨	⓪	85	①	②	③	④	⑤	⑥	⑦	⑧	⑨	⓪
11	①	②	③	④	⑤	⑥	⑦	⑧	⑨	⓪	36	①	②	③	④	⑤	⑥	⑦	⑧	⑨	⓪	61	①	②	③	④	⑤	⑥	⑦	⑧	⑨	⓪	86	①	②	③	④	⑤	⑥	⑦	⑧	⑨	⓪
12	①	②	③	④	⑤	⑥	⑦	⑧	⑨	⓪	37	①	②	③	④	⑤	⑥	⑦	⑧	⑨	⓪	62	①	②	③	④	⑤	⑥	⑦	⑧	⑨	⓪	87	①	②	③	④	⑤	⑥	⑦	⑧	⑨	⓪
13	①	②	③	④	⑤	⑥	⑦	⑧	⑨	⓪	38	①	②	③	④	⑤	⑥	⑦	⑧	⑨	⓪	63	①	②	③	④	⑤	⑥	⑦	⑧	⑨	⓪	88	①	②	③	④	⑤	⑥	⑦	⑧	⑨	⓪
14	①	②	③	④	⑤	⑥	⑦	⑧	⑨	⓪	39	①	②	③	④	⑤	⑥	⑦	⑧	⑨	⓪	64	①	②	③	④	⑤	⑥	⑦	⑧	⑨	⓪	89	①	②	③	④	⑤	⑥	⑦	⑧	⑨	⓪
15	①	②	③	④	⑤	⑥	⑦	⑧	⑨	⓪	40	①	②	③	④	⑤	⑥	⑦	⑧	⑨	⓪	65	①	②	③	④	⑤	⑥	⑦	⑧	⑨	⓪	90	①	②	③	④	⑤	⑥	⑦	⑧	⑨	⓪
16	①	②	③	④	⑤	⑥	⑦	⑧	⑨	⓪	41	①	②	③	④	⑤	⑥	⑦	⑧	⑨	⓪	66	①	②	③	④	⑤	⑥	⑦	⑧	⑨	⓪	91	①	②	③	④	⑤	⑥	⑦	⑧	⑨	⓪
17	①	②	③	④	⑤	⑥	⑦	⑧	⑨	⓪	42	①	②	③	④	⑤	⑥	⑦	⑧	⑨	⓪	67	①	②	③	④	⑤	⑥	⑦	⑧	⑨	⓪	92	①	②	③	④	⑤	⑥	⑦	⑧	⑨	⓪
18	①	②	③	④	⑤	⑥	⑦	⑧	⑨	⓪	43	①	②	③	④	⑤	⑥	⑦	⑧	⑨	⓪	68	①	②	③	④	⑤	⑥	⑦	⑧	⑨	⓪	93	①	②	③	④	⑤	⑥	⑦	⑧	⑨	⓪
19	①	②	③	④	⑤	⑥	⑦	⑧	⑨	⓪	44	①	②	③	④	⑤	⑥	⑦	⑧	⑨	⓪	69	①	②	③	④	⑤	⑥	⑦	⑧	⑨	⓪	94	①	②	③	④	⑤	⑥	⑦	⑧	⑨	⓪
20	①	②	③	④	⑤	⑥	⑦	⑧	⑨	⓪	45	①	②	③	④	⑤	⑥	⑦	⑧	⑨	⓪	70	①	②	③	④	⑤	⑥	⑦	⑧	⑨	⓪	95	①	②	③	④	⑤	⑥	⑦	⑧	⑨	⓪
21	①	②	③	④	⑤	⑥	⑦	⑧	⑨	⓪	46	①	②	③	④	⑤	⑥	⑦	⑧	⑨	⓪	71	①	②	③	④	⑤	⑥	⑦	⑧	⑨	⓪	96	①	②	③	④	⑤	⑥	⑦	⑧	⑨	⓪
22	①	②	③	④	⑤	⑥	⑦	⑧	⑨	⓪	47	①	②	③	④	⑤	⑥	⑦	⑧	⑨	⓪	72	①	②	③	④	⑤	⑥	⑦	⑧	⑨	⓪	97	①	②	③	④	⑤	⑥	⑦	⑧	⑨	⓪
23	①	②	③	④	⑤	⑥	⑦	⑧	⑨	⓪	48	①	②	③	④	⑤	⑥	⑦	⑧	⑨	⓪	73	①	②	③	④	⑤	⑥	⑦	⑧	⑨	⓪	98	①	②	③	④	⑤	⑥	⑦	⑧	⑨	⓪
24	①	②	③	④	⑤	⑥	⑦	⑧	⑨	⓪	49	①	②	③	④	⑤	⑥	⑦	⑧	⑨	⓪	74	①	②	③	④	⑤	⑥	⑦	⑧	⑨	⓪	99	①	②	③	④	⑤	⑥	⑦	⑧	⑨	⓪
25	①	②	③	④	⑤	⑥	⑦	⑧	⑨	⓪	50	①	②	③	④	⑤	⑥	⑦	⑧	⑨	⓪	75	①	②	③	④	⑤	⑥	⑦	⑧	⑨	⓪	100	①	②	③	④	⑤	⑥	⑦	⑧	⑨	⓪

記入方法及び注意事項

1.記入は必ず鉛筆またはシャープペンシルで，◯の中を正確にぬりつぶして下さい。

2.訂正する場合は，消しゴムできれいに消して下さい。

3.この解答用紙を汚したり，折り曲げたりしないで下さい。

良い例	悪い例
●	⊘ ⊙ ◐

東京学参の
中学校別入試過去問題シリーズ

＊出版校は一部変更することがあります。一覧にない学校はお問い合わせください。

東京ラインナップ

あ　青山学院中等部(L04)
麻布中学(K01)
桜蔭中学(K02)
お茶の水女子大附属中学(K07)
か　海城中学(K09)
開成中学(M01)
学習院中等科(M03)
慶應義塾中等部(K04)
啓明学園中学(N29)
晃華学園中学(N13)
攻玉社中学(L11)
国学院大久我山中学
（一般・CC）(N22)
（ＳＴ）(N23)
駒場東邦中学(L01)
さ　芝中学(K16)
芝浦工業大附属中学(M06)
城北中学(M05)
女子学院中学(K03)
巣鴨中学(M02)
成蹊中学(N06)
成城中学(K28)
成城学園中学(L05)
青稜中学(K23)
創価中学(N14)★
た　玉川学園中学部(N17)
中央大附属中学(N08)
筑波大附属中学(K06)
筑波大附属駒場中学(L02)
帝京大中学(N16)
東海大菅生高中等部(N27)
東京学芸大附属竹早中学(K08)
東京都市大付属中学(L13)
桐朋中学(N03)
東洋英和女学院中学部(K15)
豊島岡女子学園中学(M12)
な　日本大第一中学(M14)
日本大第三中学(N19)
日本大第二中学(N10)
は　雙葉中学(K05)
法政大学中学(N11)
本郷中学(M08)
ま　武蔵中学(N01)
明治大付属中野中学(N05)
明治大付属八王子中学(N07)
明治大付属明治中学(K13)
ら　立教池袋中学(M04)
わ　和光中学(N21)
早稲田中学(K10)
早稲田実業学校中等部(K11)
早稲田大高等学院中学部(N12)

神奈川ラインナップ

あ　浅野中学(O04)
栄光学園中学(O06)
か　神奈川大附属中学(O08)
鎌倉女学院中学(O27)
関東学院六浦中学(O31)
慶應義塾湘南藤沢中等部(O07)
慶應義塾普通部(O01)
さ　相模女子大中学部(O32)
サレジオ学院中学(O17)
逗子開成中学(O22)
聖光学院中学(O11)
清泉女学院中学(O20)
洗足学園中学(O18)
捜真女学校中学部(O29)
た　桐蔭学園中等教育学校(O02)
東海大付属相模高中等部(O24)
桐光学園中学(O16)
な　日本大中学(O09)
は　フェリス女学院中学(O03)
法政大第二中学(O19)
や　山手学院中学(O15)
横浜隼人中学(O26)

千・埼・茨・他ラインナップ

あ　市川中学(P01)
浦和明の星女子中学(Q06)
か　海陽中等教育学校
（入試Ⅰ・Ⅱ）(T01)
（特別給費生選抜）(T02)
久留米大附設中学(Y04)
さ　栄東中学（東大・難関大）(Q09)
栄東中学（東大特待）(Q10)
狭山ヶ丘高校付属中学(Q01)
芝浦工業大柏中学(P14)
渋谷教育学園幕張中学(P09)
城北埼玉中学(Q07)
昭和学院秀英中学(P05)
清真学園中学(S01)
西南学院中学(Y02)
西武学園文理中学(Q03)
西武台新座中学(Q02)
専修大松戸中学(P13)
た　筑紫女学園中学(Y03)
千葉日本大第一中学(P07)
千葉明徳中学(P12)
東海大付属浦安高中等部(P06)
東邦大付属東邦中学(P08)
東洋大附属牛久中学(S02)
獨協埼玉中学(Q08)
な　長崎日本大中学(Y01)
成田高校付属中学(P15)
は　函館ラ・サール中学(X01)
日出学園中学(P03)
福岡大附属大濠中学(Y05)
北嶺中学(X03)
細田学園中学(Q04)
や　八千代松陰中学(P10)
ら　ラ・サール中学(Y07)
立命館慶祥中学(X02)
立教新座中学(Q05)
わ　早稲田佐賀中学(Y06)

公立中高一貫校ラインナップ

北海道　市立札幌開成中等教育学校(J22)
宮　城　宮城県仙台二華・古川黎明中学校(J17)
市立仙台青陵中等教育学校(J33)
山　形　県立東桜学館・致道館中学校(J27)
茨　城　茨城県立中学・中等教育学校(J09)
栃　木　県立宇都宮東・佐野・矢板東高校附属中学校(J11)
群　馬　県立中央・市立四ツ葉学園中等教育学校・
市立太田中学校(J10)
埼　玉　市立浦和中学校(J06)
県立伊奈学園中学校(J31)
さいたま市立大宮国際中等教育学校(J32)
川口市立高等学校附属中学校(J35)
千　葉　県立千葉・東葛飾中学校(J07)
市立稲毛国際中等教育学校(J25)
東　京　区立九段中等教育学校(J21)
都立大泉高等学校附属中学校(J28)
都立両国高等学校附属中学校(J01)
都立白鷗高等学校附属中学校(J02)
都立富士高等学校附属中学校(J03)
都立三鷹中等教育学校(J29)
都立南多摩中等教育学校(J30)
都立武蔵高等学校附属中学校(J04)
都立立川国際中等教育学校(J05)
都立小石川中等教育学校(J23)
都立桜修館中等教育学校(J24)
神奈川　川崎市立川崎高等学校附属中学校(J26)
県立平塚・相模原中等教育学校(J08)
横浜市立南高等学校附属中学校(J20)
横浜サイエンスフロンティア高校附属中学校(J34)
広　島　県立広島中学校(J16)
県立三次中学校(J37)
徳　島　県立城ノ内中等教育学校・富岡東・川島中学校(J18)
愛　媛　県立今治東・松山西中等教育学校(J19)
福　岡　福岡県立中学校・中等教育学校(J12)
佐　賀　県立香楠・致遠館・唐津東・武雄青陵中学校(J13)
宮　崎　県立五ヶ瀬中等教育学校・宮崎西・都城泉ヶ丘高校附属中学校(J15)
長　崎　県立長崎東・佐世保北・諫早高校附属中学校(J14)

公立中高一貫校「適性検査対策」問題集シリーズ

作文問題編

数と図形編

生活と科学編

実力確認テスト編

私立中・高スクールガイド
THE（ザ） 私立

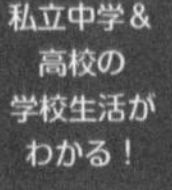

東京学参の
高校別入試過去問題シリーズ

＊出版校は一部変更することがあります。一覧にない学校はお問い合わせください。

東京ラインナップ

あ 愛国高校(A59)
青山学院高等部(A16)★
桜美林高校(A37)
お茶の水女子大附属高校(A04)
か 開成高校(A05)★
共立女子第二高校(A40)★
慶應義塾女子高校(A13)
啓明学園高校(A68)★
国学院高校(A30)
国学院大久我山高校(A31)
国際基督教大高校(A06)
小平錦城高校(A61)★
駒澤大高校(A32)
さ 芝浦工業大附属高校(A35)
修徳高校(A52)
城北高校(A21)
専修大附属高校(A28)
創価高校(A66)★
た 拓殖大第一高校(A53)
立川女子高校(A41)
玉川学園高等部(A56)
中央大高校(A19)
中央大杉並高校(A18)★
中央大附属高校(A17)
筑波大附属高校(A01)
筑波大附属駒場高校(A02)
帝京大高校(A60)
東海大菅生高校(A42)
東京学芸大附属高校(A03)
東京農業大第一高校(A39)
桐朋高校(A15)
都立青山高校(A73)★
都立国立高校(A76)★
都立国際高校(A80)★
都立国分寺高校(A78)★
都立新宿高校(A77)★
都立墨田川高校(A81)★
都立立川高校(A75)★
都立戸山高校(A72)★
都立西高校(A71)★
都立八王子東高校(A74)★
都立日比谷高校(A70)★
な 日本大櫻丘高校(A25)
日本大第一高校(A50)
日本大第三高校(A48)
日本大第二高校(A27)
日本大鶴ヶ丘高校(A26)
日本大豊山高校(A23)
は 八王子学園八王子高校(A64)
法政大高校(A29)
ま 明治学院高校(A38)
明治学院東村山高校(A49)
明治大付属中野高校(A33)
明治大付属八王子高校(A67)
明治大付属明治高校(A34)★
明法高校(A63)
わ 早稲田実業学校高等部(A09)
早稲田大高等学院(A07)

神奈川ラインナップ

あ 麻布大附属高校(B04)
アレセイア湘南高校(B24)
か 慶應義塾高校(A11)
神奈川県公立高校特色検査(B00)
さ 相洋高校(B18)
た 立花学園高校(B23)
桐蔭学園高校(B01)
東海大付属相模高校(B03)★
桐光学園高校(B11)
な 日本大高校(B06)
日本大藤沢高校(B07)
は 平塚学園高校(B22)
藤沢翔陵高校(B08)
法政大国際高校(B17)
法政大第二高校(B02)★
や 山手学院高校(B09)
横須賀学院高校(B20)
横浜商科大高校(B05)
横浜市立横浜サイエンスフロンティア高校(B70)
横浜翠陵高校(B14)
横浜清風高校(B10)
横浜創英高校(B21)
横浜隼人高校(B16)
横浜富士見丘学園高校(B25)

千葉ラインナップ

あ 愛国学園大附属四街道高校(C26)
我孫子二階堂高校(C17)
市川高校(C01)★
か 敬愛学園高校(C15)
さ 芝浦工業大柏高校(C09)
渋谷教育学園幕張高校(C16)★
翔凜高校(C34)
昭和学院秀英高校(C23)
専修大松戸高校(C02)
た 千葉英和高校(C18)
千葉敬愛高校(C05)
千葉経済大附属高校(C27)
千葉日本大第一高校(C06)★
千葉明徳高校(C20)
千葉黎明高校(C24)
東海大付属浦安高校(C03)
東京学館高校(C14)
東京学館浦安高校(C31)
な 日本体育大柏高校(C30)
日本大習志野高校(C07)
は 日出学園高校(C08)
や 八千代松陰高校(C12)
ら 流通経済大付属柏高校(C19)★

埼玉ラインナップ

あ 浦和学院高校(D21)
大妻嵐山高校(D04)★
か 開智高校(D08)
開智未来高校(D13)★
春日部共栄高校(D07)
川越東高校(D12)
慶應義塾志木高校(A12)
さ 埼玉栄高校(D09)
栄東高校(D14)
狭山ヶ丘高校(D24)
昌平高校(D23)
西武学園文理高校(D10)
西武台高校(D06)
た 東京農業大第三高校(D18)
は 武南高校(D05)
本庄東高校(D20)
や 山村国際高校(D19)
ら 立教新座高校(A14)
わ 早稲田大本庄高等学院(A10)

北関東・甲信越ラインナップ

あ 愛国学園大附属龍ヶ崎高校(E07)
宇都宮短大附属高校(E24)
か 鹿島学園高校(E08)
霞ヶ浦高校(E03)
共愛学園高校(E31)
甲陵高校(E43)
国立高等専門学校(A00)
さ 作新学院高校
（トップ英進・英進部）(E21)
（情報科学・総合進学部）(E22)
常総学院高校(E04)
た 中越高校(R03)＊
土浦日本大高校(E01)
東洋大附属牛久高校(E02)
な 新潟青陵高校(R02)
新潟明訓高校(R04)
日本文理高校(R01)
は 白鷗大足利高校(E25)
ま 前橋育英高校(E32)
や 山梨学院高校(E41)

中京圏ラインナップ

あ 愛知高校(F02)
愛知啓成高校(F09)
愛知工業大名電高校(F06)
愛知みずほ大瑞穂高校(F25)
暁高校（３年制）(F50)
鶯谷高校(F60)
栄徳高校(F29)
桜花学園高校(F14)
岡崎城西高校(F34)
か 岐阜聖徳学園高校(F62)
岐阜東高校(F61)
享栄高校(F18)
さ 桜丘高校(F36)
至学館高校(F19)
椙山女学園高校(F10)
鈴鹿高校(F53)
星城高校(F27)★
誠信高校(F33)
清林館高校(F16)★
た 大成高校(F28)
大同大大同高校(F30)
高田高校(F51)
滝高校(F03)★
中京高校(F63)
中京大附属中京高校(F11)★
中部大春日丘高校(F26)★
中部大第一高校(F32)
津田学園高校(F54)
東海高校(F04)★
東海学園高校(F20)
東邦高校(F12)
同朋高校(F22)
豊田大谷高校(F35)
な 名古屋高校(F13)
名古屋大谷高校(F23)
名古屋経済大市邨高校(F08)
名古屋経済大高蔵高校(F05)
名古屋女子大高校(F24)
名古屋たちばな高校(F21)
日本福祉大付属高校(F17)
人間環境大附属岡崎高校(F37)
は 光ヶ丘女子高校(F38)
誉高校(F31)
ま 三重高校(F52)
名城大附属高校(F15)

宮城ラインナップ

さ 尚絅学院高校(G02)
聖ウルスラ学院英智高校(G01)★
聖和学園高校(G05)
仙台育英学園高校(G04)
仙台城南高校(G06)
仙台白百合学園高校(G12)
た 東北学院高校(G03)★
東北学院榴ヶ岡高校(G08)
東北高校(G11)
東北生活文化大高校(G10)
常盤木学園高校(G07)
は 古川学園高校(G13)
ま 宮城学院高校(G09)★

北海道ラインナップ

さ 札幌光星高校(H06)
札幌静修高校(H09)
札幌第一高校(H01)
札幌北斗高校(H04)
札幌龍谷学園高校(H08)
は 北海高校(H03)
北海学園札幌高校(H07)
北海道科学大高校(H05)
ら 立命館慶祥高校(H02)

★はリスニング音声データのダウンロード付き。

都道府県別 公立高校入試過去問シリーズ

- 全国47都道府県別に出版
- 最近数年間の検査問題収録
- リスニングテスト音声対応

公立高校入試対策問題集シリーズ

- 目標得点別・公立入試の数学（基礎編）
- 実戦問題演習・公立入試の数学（実力錬成編）
- 実戦問題演習・公立入試の英語（基礎編・実力錬成編）
- 形式別演習・公立入試の国語
- 実戦問題演習・公立入試の理科
- 実戦問題演習・公立入試の社会

高校入試特訓問題集シリーズ

- 英語長文難関攻略33選（改訂版）
- 英語長文テーマ別難関攻略30選
- 英文法難関攻略20選
- 英語難関徹底攻略33選
- 古文完全攻略63選（改訂版）
- 国語融合問題完全攻略30選
- 国語長文難関徹底攻略30選
- 国語知識問題完全攻略13選
- 数学の図形と関数・グラフの融合問題完全攻略272選
- 数学難関徹底攻略700選
- 数学の難問80選
- 数学　思考力―規則性とデータの分析と活用―

2404A

〈ダウンロードコンテンツについて〉

本問題集のダウンロードコンテンツ、弊社ホームページで配信しております。現在ご利用いただけるのは「2025年度受験用」に対応したもので、**2025年3月末日**までダウンロード可能です。弊社ホームページにアクセスの上、ご利用ください。

※配信期間が終了いたしますと、ご利用いただけませんのでご了承ください。

高校別入試過去問題シリーズ

横浜清風高等学校　2025年度

ISBN978-4-8141-2970-6

[発行所] 東京学参株式会社

〒153-0043　東京都目黒区東山2-6-4

書籍の内容についてのお問い合わせは右のQRコードから　⇒ 

※書籍の内容についてのお電話でのお問い合わせ、本書の内容を超えたご質問には対応できませんのでご了承ください。

2024年7月11日　初版